東京オリンピックへの鎮魂歌

岡邦行
Kuniyuki Oka

ゆいぽおと

東京オリンピックへの鎮魂歌

岡　邦行

東京オリンピックへの鎮魂歌　もくじ

序章　最終聖火ランナー「祭典のあと」

第一章　消えたオリンピアン　35

第二章　オリンピアン、汚れなき声　87

第三章　彼女、彼らの東京オリンピック　133

序章　最終聖火ランナー「祭典(うたげ)のあと」

一九四五（昭和二十）年夏の敗戦から十九年目、一九六四（昭和三十九）年十月十日――。

アジアで初めて開催された東京オリンピック（第十八回オリンピック）は、「日本オリンピック」とも称された。史上最大の九十三の国と地域から五千人を超える選手が参加。開会式が行われた国立競技場の三本のメインポールには、午後二時の式典開始十分前には左から順に日章旗、オリンピック旗、東京都旗が翻り、その下の電光掲示板の右半分には近代オリンピックの始祖ピエール・ド・クーベルタン（一九三七年没、享年七十四）が提唱した「オリンピック・モットー」が、ゴシック文字の英文で表示された。

THE MOST IMPORTANT THING IN THE OLYMPIC GAMES IS NOT TO WIN BUT TO TAKE PART, JUST AS THE MOST IMPORTANT THING IN LIFE IS NOT THE TRIUMPH BUT THE STRUGGLE.

PIERRE DE COUBERTIN

その左半分にはクーベルタンの母国の仏文で書かれ、日本語に訳せば次の通りである。

オリンピック大会において重要なことは、勝つことではなく、参加することである。まさに人生においてそうであるように、戦いに勝ったかどうかではなく、よく闘ったどうかが大切である。

ピエール・ド・クーベルタン

「みずみずしい若さ」三島由紀夫は評した

前日までの雨模様の天気は一転し、開会式のこの日は雲ひとつ見当たらない清しい秋晴れ。午後一時四十三分から放送開始のＮＨＫテレビ中継を担当したアナウンサーの北出清五郎は、マイクを前に高揚する気持ちを抑えるように口を開いた。

「世界中の青空を全部東京に持ってきたような、素晴らしい秋日和でございます。なにか素晴らしい事が起こりそうな、国立競技場であります……」

時計の針が午後二時を指した。團伊玖磨作曲の「オリンピック序曲」が演奏され、続いて古関裕而作曲の「オリンピック・マーチ」が鳴り響き、入場行進が始まった。自衛隊の存在を国民に認知させる一方、世界にアピールするためだろう。一か月ほど前まではボーイスカウトの高校生が担うはずだった国名が書かれたプラカードは、防衛大学校の学生が持ち、まずはオリンピック発祥の地、ギリシャの選手団が国立競技場に姿を現した。

続いてアルファベット順に次つぎと各国・地域選手団が入場。真っ赤なブレザーに白のスラックス姿の四百三十七名の日本選手団はしんがりで入場した。フィールドに整列した選手団を見守るように、国際オリンピック委員会（ＩＯＣ）会長アベリー・ブランデージ（一九七五年没、享年八十八）が、「天皇陛下に大会宣言をお願い申し上げます」と願い、それに対して昭和天皇は、厳かな口調で「第十八回近代オリンピアードを祝い、ここにオリンピック東京大会の開会を宣言します」と応じた。

そして、足踏みをしながら小学生の鼓笛隊が小気味よいリズムで演奏を開始。前回大会開催地のイタリア・ローマ市長からオリンピック旗が東京都知事の東龍太郎に引き継がれ、高さ十五メートル二十一センチの織田ポールに掲揚された。同時に隣接する聖徳記念絵画館前に待機していた陸上自衛隊が五秒間隔で三発の祝砲を鳴らし、午後三時が過ぎた頃だ。さらに東京オリンピック・ファンファーレが鳴り響き、トーチに聖火を点(とも)した最終聖火ランナーの坂井義則が国立競技場に姿を現した。アナウンサーの北出清五郎は、マイクを前に中継ブースから実況した。

「聖火が入場して参りました。栄光の最終走者は、昭和二十年八月六日生まれ。無限の未来と可能性を持った十九歳の若者、坂井義則君です。オリンピックの理想を高々とうたい上げて、聖火は秋空へ秋空へと登って行きます……」

間を置いてから再び北出はアナウンスを続けた。

「……ついに坂井君は、聖火台に立ちます。日本の秋の大空を背景にすくと立った坂井君。燃えよ、オリンピックの火。フェアプレーの精神で競え、世界の若人……」

午後三時十分過ぎ。七万四千余人の大観衆が見守るなか、秋空の下に聖火が点った。この瞬間、テレビの視聴率はNHKと民放放送局を合わせれば実に80パーセントを超えた。

続いて全選手を代表し、敗戦後に初めて日本が参加を許されたヘルシンキ大会、続くメルボルン大会、ローマ大会、そして東京大会とオリンピック四大会連続出場を果たした体操競技の三十三歳の小野喬(たかし)が選手宣誓。平和のシンボルである八千羽の鳩が放され、航空自衛隊のブルーインパルスが澄みきった秋空に、きれいに五つの輪のオリンピックマークを描いたのだ。

当時三十九歳の作家三島由紀夫は、翌十一日の毎日新聞に寄稿している。抜粋したい。

《日本選手団の赤一色のブレザー群の入場にもまして、今日の開会式の頂点は、やはり聖火の入場と点火だったといえるであろう。

その何気ない登場もよく、坂井君は聖火を高くかかげて、完全なフォームで走った。ここには、日本の青春の簡素なさわやかさが結集し、彼の肢体には、権力のほてい腹や、金権のはげ頭が、どんなに逆立ちしても及ばぬところの、みずみずしい若さによる日本支配の威が見られた。この数分間でも、全日本は青春によって代表されたのだった。》

六四年の東京オリンピックでは、開催に向けて全国各地を駆け巡った聖火リレーも大きな話題となった。四千百八十八人が聖火を点したトーチを手にし、サポート役の副走者と随走者を加えれば聖火リレー参加者は実に十万七百十三人に及んだ。そのほとんどは明日の日本を担う高校生を中心とした若者たちだった。

しかし、東京オリンピック大会組織委員会の当初の原案では、都道府県知事を筆頭とした各自治体の首長や議員、財界有力者、スポーツ功労者たちが優先的に聖火ランナーに選ばれることになっていた。

そのことに異を唱えたのが、当時五十五歳の選手強化対策本部長兼日本選手団団長の大島鎌吉(けんきち)（一九八五年没、享年七十七）だった。

一九三二（昭和七）年。関西大学の学生だった大島は、第十回オリンピック・ロサンゼルス大会の陸上競技三段跳で銅メダル獲得。その四年後のベルリン大会では日本選手団主将として旗手を務めている。冒頭に記したクーベルタンが提唱したオリンピック・モットーを初めて日本に紹介し、オリンピック関係の著書も多く、小学校国語教科書でもオリンピックの素晴らしさを伝えている。仲間から「跳ぶ哲学者」と呼ばれ、後に「東京オリンピックをつくった男」とも称された人物である。

その大島が組織委員会の総務委員会の席上、次のような発言をしたのだ。

64年東京オリンピックの選手強化対策本部長・日本選手団団長だった大島鎌吉

「この原案には反対です。スポーツとは無縁のビール腹の大人たちが、パンツ姿で公道を走ったらどうなるか。あなたたちは想像したことがありますか？　世界中から集まる青年たちのスポーツの祭典が、開会する前にイメージダウンしてしまう。聖火ランナーは若者に任せればいいんです。異論のある者は反論してください……」

この大島の主張に、組織委員会事務総長の与謝野秀（しげる）（一九七一年没、享年六十七）たちお偉方は黙ってしまった。

そのような重苦しい雰囲気のなかで大島鎌吉を擁護するように発言したのが、一九二八（昭和三）年開催の第九回オリンピック・アムステルダム大会で日本に初の金メダル（三段跳）をもたらした織田幹雄（一九九八年没、享年九十三）だった。それまでの組織委員会の意向では、最終聖火ランナーは織田の単独、もしくは南部忠平（一九九七年没、享年九十三）と田島直人（一九九〇年没、享年七十八）を加えた三人による案がでていた。南部は第十回オリンピック・ロサンゼルス大会、田島は第十一回オリンピック・ベルリン大会で、織田に続いて三大会連続で三段跳において金メダルを獲得していた。三人は戦前の日本スポーツ界を代表する、「金メダリスト・トリオ」であった。

挙手した織田幹雄は、次のように発言したという。

「まったく大島君のいう通りです。私も若者たちに任せるべきだと考えます。国立競技場の百八十段以上もある階段を、五十歳を過ぎた私たちが一気に駆け上がるのは大変です。そういったことを考えても、聖火ランナーは元気な若者たちに任せるべきです……」

こうして聖火リレーは若者中心で行われることになったのだ。

聖火台まで三分間の瞬間芸

日本一の繁華街である、東京は新宿——。

ＪＲ新宿駅東口を背に立つ。スタジオ・アルタを擁するビルと第２アオキビルがあり、その右側に歌舞伎町に通じる路地がある。私の歩幅で九十歩ほど。二〇一七（平成二十九）年十月末に多くの常連客に惜しまれつつ店仕舞いしたが、靖国通りに面した第２サンパークビル五階にアスリートが集う居酒屋「酒寮大小原（だいこはら）」はあった。

「お帰りなさーい、お疲れさま！」

心安らぐ威勢のいい声がとんでくる。一九四四（昭和十九）年生まれの「大ちゃん」こと店主の大小原貞夫が、微笑みをやどしつつオシボリを広げて手渡し、両手で冷えたビールをグラスに注いでくれる。壁にはマジックインキで力強く「汗はその日のストレス解消　涙は明日へのエネルギー！」と書かれ、店内の隅々、天井にまで有名無名を問わずアスリートたちのサイン色紙や写真、記念品類が飾られている。外国人の常連客も多く、サッカー元フランス代表ジネディーヌ・ジダンの直筆サイン入りユニフォームもある。

群馬県甘楽郡下仁田町の農家生まれ。七人兄弟の五番目の大ちゃんが新宿にやってきたのは、東京オリンピック開催一年前の一九六三（昭和三十八）年で、初めて国立競技場に足を運んだのは六七年夏だった。ユニバーシアード東京大会を観戦するためだったが、高い入場券を買うことはできない。仕方なく競技場の周りをうろうろした。

そのときだったという。年配の大会運営関係者が声をかけてきた。「何をしているんだ?」と。大ちゃんは素直に「お金がないため入れません」と応じた。それに対し、「お金はいい。ここから入って観なさい」と言ったのだ。

国立競技場に足を踏み入れたときの感動、フィールドの緑の芝生の眩しさを、いまも大ちゃんは忘れない。それ以来、スポーツ界の人たちを大事にしようと決めた。ユニバーシアード後、いつしか大ちゃんが修業する寿司店にオリンピアンをはじめとするアスリートやスポーツ関係者が姿を見せるようになった。

そして、上京してから三十二年目の一九九五（平成七）年の十一月。長年勤務していた寿司店から独立し、「酒寮大小原」の看板を掲げた。

私が初めて最終聖火ランナーの坂井義則を見たのも酒寮大小原だった。黙って日本酒を呑んでいた。大ちゃんは囁くように言った。

「あれが本当のお酒呑みの所作です。気持ちが落ちついているときは、口がお酒を迎えにいく。今夜の坂井さんは、いいお酒を味わっていますね……」

酒寮大小原で呑む坂井義則を見るたびに遠い日を思いだした。福島県南相馬市（当時は原町市）生まれの私は、東京オリンピックが開催された年の春、中学の修学旅行の観光バスの車窓から初めて国立競技場を見た。そして、五か月後の十月だ。聖火台に聖火を点した坂井義則の勇姿を十四インチのモノクロームのテレビで観たことを……。

私が初めて坂井義則をインタビューしたのは、二〇〇四（平成十六）年一月二十一日の水曜日。東京オリンピックから四十年後、第二十八回オリンピックが聖地のアテネで開催される年だった。東京・港区台場にある勤務先のフジテレビを訪ねると、スポーツ部専任部長の肩書の彼は、「もうあと一年で定年を迎えるんだよ」と苦笑。穏やかな口調で四十年前の、あの開会式の日を振り返った。

「……あの十月十日は、お昼前から国立競技場に隣接するちゃんぽんや皿うどんの店、いまもある『水明亭』で待機していたね。もう前日から『もっと雨が降らないかな』とか『地震でも起きて、開会式が中止にならないか』なんて考えていた。七万人以上の観客がいたしね。緊張のあまり顔面蒼白で、係員から『そろそろ出番です』と言われ、隣の神宮プール前に行くと、ぼくの前の聖火ランナーは十五歳の女子中学生で、彼女の笑顔を見た瞬間だね。すーっと緊張がほぐれた」

そう語る坂井の言葉に、私は頷いた。続けた。

「最終聖火ランナーとして聖火台まで走る距離は、おおよそ五百メートルでね、聖火台に点火するまで時間にして三分ほど。とにかく、組織委員会の役員から『きれいなフォームで、見栄えよく、三分でやれ』と言われていた。アルミニウムとスチール製のトーチは長さ七十二センチで、重さは一キロ二百グラムかな。トラックを四分の三周ほど走って、バックストレートから百八十二段の階段を一気に駆け上がって、聖火台の横に立ち、点火するまで三分の時間内にやる。そのことに関しては自信があった。ただね、国立競技場の北ゲートから競技場内に入るんだが、小学生の鼓笛隊の演奏が終わっていなかった。だから、『ここで入場したらまずいな、みっともないな……』などと考え、自分のアドリブで二十秒ほど足踏みをして待った。それがよかったと思う。

競技場に入ったときは、フィールドにいる各国の選手団が着ているブレザーとか民族衣装の色が眩しかった。そのことははっきりと覚えているんだが、ファンファーレの音や観衆の声などは聞こえなかった。入場する際、絵画館前で陸上自衛隊が三発の祝砲を撃ったけど、その音も聞こえない。緊張感はなかったんだが、静寂のなかを走っているという感じ。たぶんゾーンに入っていたと思う。

それで入場した際、思わず『やばい、危ないな』と。入場すると同時にフィールド内にいた外国人の選手たちが、より近くでぼくを観たいと思ったんだろうな。トラックのほうにぞろぞろと近寄ってきた。接触したらこれはもう一大事だと……。

実はリハーサルのときは第1コースと第2コースを走っていたんだが、前日のリハーサルのときにアドリブというか、思いつきでぼくが『中ほどの第3コースがいいと思います。走りやすいです』

と言った。つまり、内側の第１コースや第２コースを走っていたら選手たちと接触することもあり得たしね。そういったことを思えば、あれは三分間の瞬間芸だったよね……」

四十年前の思い出を語る坂井の言葉に私は何度も頷き、黙って話に耳を傾けた。

「本番まで三、四回ほどリハーサルをした。思い出として残っているのは、前日の九日までは観客のほうから見て聖火台の右側に立ち、トーチを左手で持って点火することになっていた。ところが、組織委員会の人が『インドでは左手は不浄の手だと言われている。聖火を左手で点火するのはいかん』とね。それで聖火台の左側に立って、トーチを右手で持つことになった。

まあ、リハーサルもやったし、問題はきちんと点火できるかだけでね。聖火台の下にはプロパンガスが入った大きなボンベが四機あって、それぞれに係員がいた。その係員とぼくの呼吸が大事だった。つまり、係員がぼくの動作を見て、ガスボンベの手動式のバルブをひねって開く。ぼくはガスがあがってくる微(かす)かな音を確かめながらタイミングを見計らい、トーチを聖火台に近づけて点火しなければならない。聖火台に立ったときは、『やってやる！』の思いだよね。点火するときは、はっきりとガスがあがってくるのを確認して『いまだな』と右手に持ったトーチを聖火台に近づけた……」

こうしてオリンピックの聖火は、東京の、日本の、アジアの地に初めて点されたのだ。

一拍置いて坂井は、続けて遠い日を語った。

「そういえば、面白かったというか、驚いたのは点火した後にトーチの聖火を消そうとね。水の入ったバケツにトーチを入れたんだが、なかなか消えない。つまり、開会式が雨天になったときのことを想定し、水に強い新兵器のトーチを製作したわけだ。高度経済成長時代初期の日本の技術力の凄さだよね。

とにかく、前日までは雨模様だったのに、まさに本番の日はピーカン（快晴）。聖火台に立つと、遠くに丹沢が見え、富士山もはっきりと見えたし、凄くいい眺めだった。下を見ると赤茶色のアンツーカのトラック、それに各国選手団の色彩豊かな制服ね。パレットの絵具のようできれいだった。すばらしい一日、開会式だったよね」

補足すれば一年後に公開された、市川崑総監督の記録映画「東京オリンピック」での坂井は、笑顔で聖火台に立っている。

アトミック・ボーイ

それでは坂井義則が、最終聖火ランナーに選ばれるまでの経緯はどうだったのか――。

東京オリンピックが開催される四か月前の六月。オリンピック陸上競技四百メートル種目強化選手だった早稲田大学一年生の坂井は、日本陸上競技選手権大会兼代表選手最終選考会に出場したものの、アキレス腱を痛めて準決勝で敗退。念願だったオリンピック出場は夢と消えた。

ところが、思わぬ事態が起こる。坂井の故郷は広島県三次市。それも敗戦の年の一九四五年八月六日生まれ。つまり、広島市に原爆が投下された日に誕生したことが、「平和のシンボル」としての最終聖火ランナーに選ばれる大いなる決め手となったのだ。

代表選手選考会から二か月後の八月初旬、三次市の実家に帰省していたときだ。坂井に一枚のハガキが届く。差出人は早稲田大学競走部の先輩で、東京オリンピック陸上競技コーチのオリンピアン小掛照二（二〇一〇年没、享年七十八）だった。

「最終選考にもれたぼくは、もうやけくそでね。帰省して実家にいたら、小掛さんからハガキがきて『最終聖火ランナーの候補に上がっている。生活を自重せよ』と。正直、そのときは『最終聖火ランナーって何？』という思い。それから数日経ってからが大変だった。メディアのスッパ抜き合戦が始まったんだね。

まずは、朝日新聞の記者が三次市の実家にやってきて、ぼくを強引に列車に乗せて大阪本社に向かった。それで、今度はセスナに乗せられた。初めて飛行機に乗るため、もう怖くって『こんな小型機で東京まで飛べるんですか？』と聞いたら、パイロットが『ケネディ大統領も乗ってたんだ』なんて言う。

まあ、無事に羽田空港に着いたら、そのままホテルに連れて行かれて今度は軟禁状態。その間に他社にバレないように国立競技場の聖火台の前で写真を撮られ、スクープということで朝日が号外（八月十日）で報道した。もちろん、他社は怒ってね。ＮＨＫはニュースで『坂井君の行動は、まことにけしからん！』と、ぼくまで批判する。すぐに組織委員会が記者会見を開き、正式発表をしてくれたけどね」

最終聖火ランナーが坂井義則であることをスクープしたのは、朝日新聞運動部記者、中央大学陸上競技部出身の三島庸道だった。在住する都下の八王子市に出向くと、彼は私に次のようなウラ話を披露した。

「当時のマスコミは、東京オリンピック一色の報道で、なかでも最終聖火ランナーが誰に決まるかが大きな関心事でね。各社のスクープ合戦も熱くなって、指名するのは織田（幹雄）さんではないかと考え、それで自宅に盗聴器を仕掛けた社もあったし、日本陸連の金庫が破られる事件も起きるほどだった。

私がスクープできたのは、日本オリンピック委員会（ＪＯＣ、当時は日本体育協会＝現・日本スポーツ協会の一委員会、八九年に財団法人として独立）総務主事だった青木（半治。二〇一〇年没、享年九十五）さんの市ヶ谷（千代田区）の自宅を訪ねたときだね。麻雀をやっていたら、青木さんが『全国高校選手権を視察したが、（最終聖火ランナーになる）いい高校生ランナーはいなかった』と言う。そこで私が『それじゃあ、大学生の陸上選手ですか？』と尋ねたら黙っていた。それで大学生の陸上選手を中心に取材を開始したわけだね。

坂井に目を付けたのは、もちろん、広島の原爆投下の日の八月六日生まれの『原爆っ子（アトミックボーイ）』ということもあったが、四百メートル選手で走るフォームもきれいで、オーストラリアのロン・クラーク（東京オリンピック陸上競技一万メートル銅メダリスト）に似ていると評判だった。クラークは、八年前のメルボルンオリンピックの最終聖火ランナーでもあったしね。それに青木さんとしては、早稲田の後輩を最終聖火ランナーにしたいはずだと読んだ。大学生の候補選手は二、三人いたんだが、『坂井に間違いない』とね。広島の実家に帰っているということで、別な記者を広島に行かせた。もう間一髪というか、ＴＢＳも坂井を追っていたが、朝日の記者のほうが五分ほど先に実家に着くことができた。

それで坂井を東京行の汽車に乗せてね。途中、車内放送で記者に明石駅で下車するように指示した。そのまんま汽車で上京させたら、大阪駅や名古屋駅、少なくとも東京駅で待ち構える他社につかまってしまう。そこで兵庫県の明石駅で降ろし、車で朝日の大阪本社に向かわせ、そこから伊丹空港に行ってね。朝日のセスナ機『朝風』で東京に連れてきた。その後は麻布のプリンスホテルにかくまった。

まあ、そんな感じでスクープをものにしたんだが、後で他社の連中は『朝日は、やり過ぎだ！』なんて怒っていた。悔しかったんだろう、その気持ちは同じ記者だからわかるけどね」

坂井によれば、最終聖火ランナーは敗戦後生まれの復興を象徴する有名人から選出するのが基準だったはず。十九歳の単なるオリンピック強化選手の自分が選出されたのは不思議だったという。そう思うのも当然だろう。前述したように広島原爆投下の日に生まれたとしても、広島市と故郷の三次市は七十キロも離れているからだ。

「もちろん、三次市で生まれたぼくも両親も被爆していない。でも、最終聖火ランナーが原爆投下の日に生まれた十九歳の大学生だとニュースで流れると、『ワシントン・ポスト』か『ニューヨーク・タイムズ』のどっちか忘れたけど、『なぜに日本はオリンピックに〝ヒロシマ〟とか〝原爆〟を持ちだすのか』という論調でね、ぼくを〝アトミック・ボーイ〟と呼んで、批判的に書いた。考えてみれば、日本が太平洋戦争の発端となった〝真珠湾攻撃〟をだされたら気分を害する。当然、スポーツと政治は別だしね……。

ただね、ぼくは原爆とは関係ないけど、生まれた日に広島に原爆が投下され、その三日後には長崎にも投下された。そのために最終聖火ランナーになった。それは素直に認めなければならないし、ぼくの宿命だと思う。当時のオリンピック大臣の河野一郎さん（一九六五年没、享年六十七）、織田さん、青木半治さんたちは、ぼくが所属していた早稲田大競走部のOBで、当時のスポーツ界に影響力があった……」

ともあれ、最終聖火ランナーの坂井義則は、三分間のドラマをみごと演じたのだ。

殺されたアマチュアリズム

酒寮大小原で顔を合せるたびに坂井義則は、私に気軽に接してくれた。大ちゃんと一緒に講演会に行けば、「たった三分間の出来事を、二時間近く話さなければならない。終わったら一杯やろう」と頬を崩して誘う。

私にとって、とくに坂井の話で印象的で興味深かったのは、フジテレビ定年退職後の二〇一〇（平成二十二）年六月六日の日曜日、午後二時から行われた東京・お茶の水の明治大学での講演会のときだ。もちろん、東京オリンピックでの最終聖火ランナーを務めた際の話を詳細に語るだけでなく、その後のオリンピックをはじめとするスポーツ界の様変わりに苦言を呈したからだ。

その講演会を再現する一方、その日の夜に彼から聞いたスポーツに関連する話を加え、要約したい。

「……フジテレビに入社して三十七年間、報道部とスポーツ部に在籍し、いろんな事件を取材してきた。七二（昭和四十七）年のミュンヘンでのオリンピックのときは、パレスチナゲリラが選手村でイスラエル選手十一人を銃で殺害するという事件が起きた。そこでぼくは、顔馴染みの水球選手のＩＤカードを借り、選手村に潜入取材を試みた。ぼくにとって選手が殺害された、それも大会期間中にね。もう大ショックだったし、オリンピックに政治が介入したということで、『オリンピックって何なの？』と。正直、そう痛感した。

……ぼくの持論を言わせていただきたい。六四年の東京オリンピックは、まさに平和の祭典、民俗の祭典、スポーツの祭典だった。しかし、いまのオリンピックは、純粋ではない。東京オリンピックのときのＩＯＣ会長のブランデージは、アマチュアリズムの権化と言われていたが、アスリート誰もが尊敬し、納得して従っていた。

たとえば、最終聖火ランナーの学生だったぼくは、オリンピック後にテレビの番組に出演してほしいと依頼される。それで出演した際は、民放局は番組のスポンサー名を外さなければならなかった。現役選手がテレビ番組に出演した場合は、アマチュア規定違反になるためにね。もちろん、出演してもギャラはいただけない……」

参加者は少なく三十人ほどだったが、講演前に坂井は「たとえ聞く人が一人でもいつものように話すだけ。呼んでいただいただけで幸せだね」と言っていた。同行していた早稲田人学時代からの親友で、元毎日新聞政治部記者の平田毅（つよし）は、「義則はそういう気楽な、いい男なんだよ」と言って苦笑していた。講演会での坂井の話を続けよう。

「……パレスチナゲリラが選手村を襲撃したミュンヘン大会から四年後、七六年のモントリオール大会では、人種差別に反対するアフリカ勢が参加をボイコットした。続く四年後の八〇年モスクワ大会のときは、旧ソ連がアフガニスタンに軍事侵攻したため、当時のアメリカのカーター大統領が抗議し、それに同調した日本はモスクワ行きが決まっていた選手たちを尊重せず、政治の圧力で参加することをボイコットした。つまり、ミュンヘン大会後は、次つぎと政治によってオリンピックが汚(けが)されているんだよね。

それから四年後の八四年のロサンゼルス大会の際は、モスクワ大会のお返しとばかりに、旧ソ連をはじめとした東欧諸国が参加をボイコットした。もう、そのロスオリンピックから百八十度変わってしまった。早い話が、ピーター・ユベロスという商売人がオリンピック組織委員会の委員長になり、テレビ局に放映権を信じられない高額で売ったり、すべてお金がらみの商業主義に舵(かじ)を切ってしまい、それをＩＯＣも容認してしまう……。

八〇（昭和五十五）年だったかな。スペイン人のサマランチがＩＯＣ会長になってからは、〝ドリームチーム〟などと言って、バスケットボールやテニスなどのプロ選手がオリンピックに出場するようになり、お金がらみの商業主義になってしまった。そうぼくは思っている。テレビの放映権料などが、もう巨額になってしまったからね。つまり、それまで大事にしていたオリンピック憲章の核であったアマチュアリズムを無視して、プロ化に移行してしまった……」

坂井が語るように、七〇年代までの日本スポーツ界にはかろうじてアマチュアリズムが存在していた。こんな話がある。七九年に日本オリンピック委員会（ＪＯＣ）は、「がんばれニッポン！」のキャンペーンを展開し、有名オリンピアンをテレビＣＭに出演させる一方、全国各地で開かれるイベントに招いた。しかし、私が何度となく取材したオリンピアンの高田裕司（七六年モントリオール大会レスリング52キロ級金メダリスト）によれば、ＣＭや年間百回に及ぶイベントに参加しても報酬はナシ。日本体育協会（日本スポーツ協会）から「栄養費」の名目で月三万円支払われるのみだった。

　坂井の話に、三十人ほどの参加者は黙って聞き入った。続ける。

「……八一年だった。ぼくは、フジテレビの運動部にいて、男子の東京国際マラソン（現在の東京マラソンの前身）をスタートさせた。そのときに海外から選手を招待しなければならない。世界のスター選手を連れてこなくては、視聴率は取れないためにね。

　ところが、知名度のある外国人のスター選手ほどお金を要求してくる。本人やエージェントが『坂井さん、いくらくれるんですか？　出演料は？　記録をだしたときのボーナスは？』なんてね。もうぼくが驚くほどの金額を要求してきた。ぼくらテレビ局の者にも大いに責任があるんだが、たとえば、オリンピックや世界選手権では採用されていないのに、テレビ中継されるマラソン大会ではペースメーカーを走らせる。一秒でもいい記録をださせるためにね……。

　とにかく、ぼくは痛感した。『もうアマチュアリズムは死んじゃった。殺された』と……。でも、ＩＯＣを筆頭としたスポーツ競技の連盟や協会などの組織に限らず選手も同じで、商業主義に徹したほうがいいと考えるようになった。口では、平和の祭典と言いながらもお金儲けのイベントにしてしまった。その後はもう、純粋じゃないんだ。選手のなかには勝てばお金が入るため、より強くなりたいと考えてね。違反薬物に頼ったりする。事実、八八年のソウルオリンピックのとき、百㍍で金メダリストになったベン・ジョンソン（カナダ）は、ドーピング検査で違反薬物が検出され、メダルを剥奪された。

　たしかに一流のアスリートであればあるほどスポンサーから多額の契約金をいただく。サポートも得られる。トレーナーやコーチを雇う。そうしないと勝てない。それがいまのスポーツ界の現実だけど、情けないし、むなしいですよ……」

坂井は正直な胸の内を語った。ときには苦渋に満ちた表情を見せた。続けて語る。

「……たしかにメディア側、テレビの世界にいるぼくが口にするのもおかしい。でも、だからこそオリンピックを見直すべきなんだ。JOCは、東京を二〇一六年オリンピック開催都市に招致するため、昨年（二〇〇九年）の夏まで招致運動を展開していた。ぼくもできるだけイベントに参加し、東京招致に協力したけどね。

まあ、あのときつくづく厭になったのは、石原（慎太郎）都知事を筆頭とした招致委員会の幹部たちは、偉そうにトップダウンで下のスタッフに命令していた。それにJOCの幹部連中も口にするのは、お金に関してのことばっかり。『招致すれば一兆円を超す経済効果がある』なんて……。招致運営費に驚くべき百億円以上も投じ、IOC委員や海外メディアなどから『使い過ぎだ』と批判された。あれでは国民も納得しないいんだ。みんなにオリンピックの理念とか意義、そのすばらしさをアピールすべきなんだ。結果は、昨年十月のIOC総会で東京は落選し、リオデジャネイロに決まった。落選が決まった際、都庁の職員たちは喜んでいたと聞いた。石原知事に不満があったからだと思うな。

まあ、四十六年前の東京オリンピックを振り返れば、最終聖火ランナーをやったからといっても、金品類は何もいただかなかった。もちろん、ぼくはアマ選手で、プロじゃなかったからね。開会式の前に組織委員会事務総長の与謝野（秀）さんから『よろしく頼むよ』と言われ、胸に大きく日の丸が描かれた白いランニングシャツとシューズを手渡されただけ。オリンピック後、あるテレビ局にランニングシャツを貸したら、失くしたらしく戻ってこなかったけどね……」

この日の坂井義則は約二時間にわたり、いつもの穏やかな口調で話し続けた。質疑応答にも気楽に応じ、講演会が終わると参加者全員と握手。持参した東京オリンピックで使用した聖火トーチを握らせ、一緒に記念撮影もした。トーチを右手に持ち、「こうして国立競技場の百八十二段の階段を一気に上がったんだよ」と言い、駆け上がる格好までした。終始、笑顔だった。

二つの誕生日を持つ男の最期

元日本陸上競技連盟職員の田中学。彼と坂井義則との関係は親密だった。私は二人が酒寮大小原で向き合い、ときには険しい表情で語り合っている場面を目撃している。

一九五〇(昭和二十五)年、新潟県長岡市生まれ。私と同様に中学時代に東京オリンピックをモノクロームのテレビで観戦。最終聖火ランナーの坂井義則の勇姿を脳裏に焼き付けている田中は、国士舘大学陸上競技部出身。アメリカやカナダに留学経験があり、語学が堪能だったこともある。日本陸連に請われたのは、九一年の国立競技場をメイン会場として開催された第三回世界陸上競技大会のときだった。

東京・新宿駅西口近くの喫茶店。田中は私を前に、坂井義則との思い出を語った。

「坂井さんと私の関係は、親密というか濃い付き合いだった。二〇一一(平成二十三)年の韓国の大邱(てぐ)で開催された世界陸上のときは、奥さんの朗子(ろう)さんの三人で行ってね、毎晩のように呑んでいた。坂井さんはヘビースモーカーだったために『健康に悪いですから、禁煙してください！』なんて言うと、『うるせいんだよ！』と怒る。それで言い争いしたこともあるよね。

たしかに坂井さんは、いまのオリンピックを批判していた。お金まみれだと言ってね。思い出としては、オリンピック・イヤーになると、東京オリンピック最終聖火ランナーの坂井さんの映像をテレビ各局が流す。だから、私は坂井さんに何度も『肖像権を何で行使しないんですか？　お金を取ることができます。そのお金を集めればチャリティで何かできますよ』なんて言うと、『仕事と名誉は別だろう』と言って怒る。坂井さんらしいよね。

まあ、坂井さんとは何度も議論し、何度も言い争いをした。たとえば、坂井さんが日本陸連の悪口を言えば、私が『そんなことはないです。私は陸連の職員です！』と強く言って逆らう。それで半年以上も口を利かないこともあった。でも、『会いたいなあ』と思っていると、タイミングよく坂井さんから『田中、大小原で呑むぞ！』と電話がかかってくる。もちろん、急いで大小原に行きますよ……」

そして、田中学はしんみり顔で語る。

「よく坂井さんは言っていた。『俺には、二つの誕生日がある』とね。当然、〝八月六日〟と〝十月十日〟なんだが……。その中間の〝九月十日〟に亡くなってしまった。六十九歳でね。いまの私と同じ歳だし、もう残念というか悔しいですよ……」

田中が最後に坂井と電話で話をしたのは、二〇一四（平成二十六）年三月二十七日の夜で、その数時間後の二十八日未明。坂井は脳内出血で倒れ、都下の武蔵野市にある武蔵野赤十字病院に搬送された。

三月二十八日の朝。妻の朗子から夫義則が倒れたことを電話で知らされた早稲田大学時代からの親友、前出の元毎日新聞政治部記者の平田毅は話す。

「義則が倒れたとき、私は奥さんに『慶應大学病院ですか?』と聞いた。それと言うのも以前、体調を崩して信濃町（新宿区）の慶應大学病院に入院したことがあるしね。あのときの義則は『俺はまだ死んだりしないよ』と言って笑っていた。その後は元気になり、毎日欠かさずに血圧を測ったり、薬を飲んだりして健康に気をつけていたしね。

とにかく、入院当時から意識はなく、面会謝絶になった。家族ぐるみの付き合いをしていた私と親友の斎藤（利紀夫）は、義則の兄貴として見舞うことができたけどね……」

都下の府中市。少年時代から住んでいるという平田の自宅を訪ねると、私を前に快く坂井義則との思い出を語った。居間のテレビには、二〇二〇年の東京オリンピック・パラリンピックを招致した後、坂井がインタビューに応じる映像が収められたＤＶＤがセッティングされ、映しだされている。亡くなる九か月前に放映された番組だという。

「オリンピックでいう平和って何だろうということを、それをもう一回考える。本気で考える場所にしたいですよね、二〇二〇年の東京オリンピックは……」

「もう一度原点に戻り、オリンピックそのものを考えなくてはならない。平和の祭典といわれるオリンピック。果たして平和なのだろうか。オリンピックに銃はいらない……」

テレビ画面の坂井義則は、真顔でカメラを直視して訴えている。孫を連れて東京オリンピックを観たいとも言っていた。

私に酒を勧め、平田は親友坂井義則との半世紀にわたる長い付き合いを続けて語る。

「早稲田時代の義則と私には、他に三人の親友がいた。早稲田の同期生の林宜昭。一緒に義則を見舞った齋藤は私の小学校時代の同級生。もう一人は大貫哲（旧姓・大矢）で、私の中学時代の同級生だね。大貫は平成二十年五月に亡くなったんだが、告別式で義則は親友を失ったショックが大きかったんだろうな。棺（ひつぎ）の中の大貫と別れるのが辛く、私らに促されてようやく対面した……。

義則との思い出は尽きないよね。早稲田を卒業したときだった。私らは約束した。お互い結婚した際は、給料の四割をご祝儀としてだそうと。それで最初に結婚したのが義則でね。結婚したのは東京オリンピックから丸七年後の昭和四十六（一九七一）年十月十日。オリンピック以来、毎年十月十日は義則の第二の誕生日だったからね……。

まあ、義則が倒れて、入院してからはちょくちょく病院に見舞いに行った。手を握ると、握り返すようなときもあったが、医者や看護師は『意識はない状態です』と……。順天堂大学病院（文京区）に転院し、九月十日に亡くなった。通夜と告別式は、練馬区の義則の自宅近くの本立寺で営まれた。私と妻、斎藤夫妻、林、大貫未亡人は親類縁者の席に座り、参列者から挨拶を受けました。特別なことは行わなかった。義則らしい、質素な告別式だったね……」

武蔵野赤十字病院から順天堂大学病院に転院できたのは、前出の田中学によれば、坂井義則が早稲田大学時代から懇意にしていた、オリンピアンの澤木啓祐（順天堂大学名誉教授）の粋な計らいがあったからだという。澤木は、東京オリンピックの最終聖火ランナーの候補者の一人でもあった。

酒寮大小原の店主、大ちゃんこと大小原貞夫が武蔵野赤十字病院に駆けつけたのは、坂井義則が入院して間もなくだった。「面会謝絶」だったが、止める看護師を振り切って病室に入った。

「看護師は驚いていたけど、私は『親族以上の関係だ。坂井さんと奥さんが結婚する前からの付き合いだ！』と言ったよね。坂井さんの顔を一目見ないと帰れないからね」

そう語る大ちゃんは、ベッドに横になる坂井の顔を見て叫んだ。

「坂井さん、何でこんなところで寝てんだ。この酔っぱらい。起きろ、起きろ、起きろ！」

それに呼応するかのように、坂井の手足がわずかに動いた。大ちゃんは再び叫んだ。

「坂井さん、聖火台はもうすぐだ。ガンバレ、ガンバレ、ガンバレ！」

大ちゃんは見た。病床の坂井がトーチを手に、国立競技場の聖火台をめざす姿を……。

私が酒寮大小原を訪ねたのは、坂井義則が亡くなって一週間ほど経った頃だ。大ちゃんは、十九歳の坂井が東京オリンピックの開会式でトーチを持つ写真と、フジテレビ定年退職後に撮ったスーツ姿の二枚の写真を手にしていた。

「残念です。坂井さんに二〇二〇年の東京オリンピックを見せてあげたかったです……」

酒寮大小原の大ちゃん　左の写真が 19 歳の坂井義則、右がフジテレビ定年退職後

その夜、大ちゃんは久しぶりに私を、店のあるビル屋上に誘った。誰もいない屋上からネオンの灯(あか)りに染まった夜の新宿の街を眺めた。大ちゃんは眼下の歌舞伎町に通じる、靖国通りの横断歩道に視線を落として言った。

「人間一人ひとりには、それぞれ違った人生があるんですよねえ。そういった人たちに、私はいろんなことを教わった。岡さんはそういった人たちを書いている……」

大ちゃんのいつもの口癖だが、この夜はしんみり顔でこう言った。

「坂井さんに会えた。感謝したいです。ご冥福をお祈りしたいですよねえ……」

あの日から六年。二〇二〇年のオリンピック・イヤーがやってきた。しかし、世界を震撼させている新型コロナウイルスの感染拡大で東京オリンピック・パラリンピックは一年延期となり、いまや中止の声も聞こえてくる。

そのような厳しい状況のなかでの九月、一九六四年東京オリンピック最終聖火ランナー坂井義則の七回忌は滞(とどこお)ることなく行われた。享年六十九、戒名「聖則院昭友日義居士」——。

7回忌を終えた坂井義則の墓

第一章　消えたオリンピアン

つい最近だ。ラジオを聴いていたら、ある評論家が「平成生まれの若者の言動には呆れ返る」と嘆いていた。それというのも、かつて日本とアメリカが戦争をした話をしたときだという。数人の若者は信じられないといった表情を見せ、二十歳（はたち）前後の女性はこう聞き返してきたというのだ。

「うっそー、それでどっちが勝ったんですかあ。アメリカなの？　それとも日本？」

この話に私は評論家同様に愕然（がくぜん）とした。しかし、敗戦から七十年以上の星霜を経ていることを思えば、そのような若者が令和の時代にいても不思議ではないかもしれない。だからこそ戦争の怖さと悲惨さを、未来に語り継がなければならない。

三十八人の戦没オリンピアン

戦争が廊下の奥に立ってゐた――渡辺白泉

戦歿（せんぼつ）の友のみ若し霜柱――三橋敏雄

戦争の恐怖、戦地で命を落とした友を悼（いた）む句を詠んだ、俳人の名が脳裏をよぎる。

一九六四年十月、東京オリンピックは開催された。その二十一年前、一九四三（昭和十八）年の同じ十月だ。雨降る二十一日に学徒出陣の壮行会が挙行された。くしくも場所は二〇一九（令和元）年十二月に竣工した新国立競技場と同じ敷地にあった、明治神宮外苑競技場。軍服姿の内閣総理大臣の東條英機は「進め悠久大義の道、敵米英学徒を圧倒せよ！」と訓示し、文部大臣の岡部長景は「聖戦完遂の一途。皇国男子の本懐」と祝辞を述べた。しかし、当時の大日本帝国の為政者たちがアジアをはじめ、欧米に仕掛けた戦争による邦人犠牲者だけでも、実に三百万人を超えている。

当然のごとく国家に翻弄され、戦争で死を遂げたオリンピアンも多い。その正確な人数は未だ把握されていない。だが、モントリオール大会（七六年）の陸上競技走高跳に出場しているオリンピアンで、広島市立大学名誉教授の曾根幹子（みきこ）が二〇一四（平成二十六）年から戦没オリンピアンの追跡調査を開始。これまで判明している戦没オリンピアンは三十八人（女性一人、四十、四十一ページの一覧表参照）である。

日本が初めてオリンピックに参加したのは一九一二（大正元）のストックホルム大会だった。それ以来、二〇（大正九）年アントワープ大会、二四（大正十三）年パリ大会、二八（昭和三）年アムステルダム大会、三二（昭和七）年ロサンゼルス大会、三六（昭和十一）年のベルリン大会まで戦前に行われた夏季大会。加えて冬季大会（一九二八年サンモリッツ大会、三二年レークプラシッド大会、三六年ガルミッシュ・パルテンキルヘン大会の三大会）を含めれば計九回で、参加者数は役員を含めて延べ六百二十五人。男子選手だけに限ると延べ四百四十七人であり、そのうち三十七人の選手が二回以上出場している。つまり、驚くべきことに男子オリンピアン十一人に一人は戦争で命を落としたことになる。戦地に否応なしに送られたオリンピアンは、いうまでもなく大日本帝国軍部が若者を戦地に征（ゆ）かせる「皇国青年の士気を昂揚（こうよう）す」に利用されたのだ。

よく知られている戦没オリンピアンの名をあげれば、一九三二年のロサンゼルス大会馬術競技大賞典障害飛越で金メダリストになった「バロン西」こと陸軍大佐の西竹一は、戦地を転戦。その最期は敗戦の年の三月、四十二歳のときに硫黄（いおう）島の戦いで戦死した。また、三六年のベルリン大会陸上競技棒高跳で銅メダリストになった大江季雄は、フィリピン・ルソン島での戦闘で二十八歳の若さで戦死している。後に美談として知られることになるが、ベルリン大会の際は、同じ棒高跳で銀メダリストとなった西田修平（一九九七年没、享年八十七）が大江を二位の表彰台に立たせるという粋な計らいを見せ、帰国後は互いにメダルを切断。銀・銅二色の「友情のメダル」を作成したのだった。

曾根幹子の追跡調査で判明した戦没オリンピアンで印象深かったのは、一九四三（昭和十八）年一月に南太平洋、ソロモン諸島のガダルカナル島で戦死（享年二十八）した松永行だ。三六年ベルリン大会サッカー代表だった彼は、優勝候補のスウェーデン戦のときだった。二対二の後半四十分、敵陣のペナルティーエリア内に突進し、左サイドから逆転ゴールを決め、後に「ベルリンの奇跡」と称される勝利の立役者になっている。

その松永は、オランダ領の東インド方面に転戦した際、オランダ兵が残したサッカーボールを見つけ、部下たちとサッカーに興じたとの逸話が伝えられている。ベルリン大会後の翌三七年に二十三歳で陸軍に召集される際、彼は家族に本音を吐露していた。

「戦争には行きたくない。もう一度ドイツに行って蹴球（サッカー）を学び、いずれは指導者になりたいんだ……」

松永について同じオリンピアンの曾根幹子は、次のように感想を述べている。

「戦場でボールを蹴った際に松永は、一瞬でも自分の置かれた戦禍での状況を忘れたかもしれない。戦没オリンピアンが戦地で何を感じたのか。敗戦から何年経とうと次の世代にその思いを残すべきです」

そして、曾根はこうも言っている。

「若い学生に戦没オリンピアンについて話すと『金メダリストでも戦争に行ったのですか？』と驚かれます。そのたびに『それが戦争の現実なのよ』と話してきました」

もちろん、戦没オリンピアンの一覧表を見ればわかるように、戦死した場所も激戦地の南太平洋や中国大陸、沖縄だけに限らなかった。著名な照明デザイナー石井幹子の実父である、竹内悌三（一九四六年没、享年三十七）のようにソ連軍の捕虜となり、極寒のシベリアに抑留されて収容所で餓死や病死した例、戦地で負傷して帰国後に命尽きた例もあるし、国内の空襲で亡くなったオリンピアンもいる。ちなみに松永行とともにサッカーでベルリン大会に出場したキャプテンの竹内悌三は、二〇〇六年に日本サッカー殿堂入り。長女の石井幹子の発案で二〇一五年には母子家庭でサッカーに励む小学生の作文コンクール「竹内悌三賞」が創設された。

以上の西竹一と大江季雄、松永行をはじめとする日本人戦没オリンピアンは、先に述べたように三十八人。そのうち三十人の名前は、異国の地であるドイツ・ベルリンのオリンピック・スタジアムに置かれる「平和の鐘」の台座に、二十三か国二百五十人の戦没オリンピアンとともに刻印されている。

あえて附記すれば、こんな実話もある。三六年のベルリン大会終了後だった。金メダル三個、銀メダル二個、銅メダル五個を掌中にした日本水泳競技選手団（五十九名）は、ロンドンへ行く予定でエールフランス機を予約していた。ところが、搭乗できなかった。強引にナチス・ドイツの軍人が割り込んできたからだが、なんとそのエールフランス機は墜落し、乗客乗員は全員死亡した。もし日本水泳競技選手団が予定通りに搭乗していたら……。

ほとんど知られていないが、敗戦から十一年目の一九五六（昭和三十一）年六月二十三日。「オリ

戦没オリンピアンリスト

競技	氏名	出身校	大会名 出場種目、成績	戦死年月(昭和) 場所	年齢 結婚
陸上	相沢巌夫	京都大	アムステルダム 100m、200m　予選落ち	20 年 10 月 ルソン島で戦病死	39歳 既婚
	落合正義	明治大	ロサンゼルス ハンマー投　12位	14 年 12 月 中国	30歳 独身
	長尾三郎	関西大	ロサンゼルス やり投　10位 ベルリン 出場せず	18 年 11 月 ニューギニア	33歳 既婚
	阿武巌夫	慶應大から中央大へ	ロサンゼルス 100m、400mリレー　5位	14 年 12 月 中国	31歳 既婚
	大江季雄	慶應大	ベルリン 棒高跳　3位	16 年 12 月 フィリピン	28歳 独身
	高野重幾	明治大	ベルリン 陸上監督	20 年 7 月 甲府市空襲	37歳 既婚
	鈴木房重	日本大	ベルリン 10000m　記録なし	20 年 6 月 ルソン島	31歳 既婚
	谷口睦生	関西大	ベルリン 200m　予選落ち	18 年 10 月 ブーゲンビル島	30歳 独身
	鈴木聞多	慶應大	ベルリン 100m　予選落ち 400m　バトンタッチで失格	14 年 7 月 中国河南省	27歳 独身
	高田静雄＊	旧制広陵中中退	ベルリン 砲丸投　予選失格	38 年 12 月 原爆症	54歳 既婚
水泳	内田正練	北海道大	アントワープ 100m自由形　予選落ち	20 年 2 月 ニューギニア	47歳 既婚
	斎藤魏洋	立教大	パリ 100m背泳　決勝戦欠場	19 年 9 月 マニラ	41歳 既婚
	武村寛雄	明治大	ロサンゼルス 出場せず	20 年 7 月 ミンダナオ島	31歳 既婚
	石田英勝	慶應大	ロサンゼルス 高飛び込み　8位	19 年 2 月 フィリピン	36歳 独身
	河石達吾	慶應大	ロサンゼルス 100m自由形　2位	20 年 3 月 硫黄島	33歳 既婚
	吉田喜一	早稲田大	ベルリン 100m背泳　5位	19 年 12 月 ミンダナオ島	26歳 独身
	児島泰彦	慶應大	ベルリン 100m背泳　6位	20 年 6 月 沖縄	26歳 独身
	田中一男	早稲田大	ベルリン 自由形　出場せず	20 年 3 月 ニューギニア	30歳 独身
	新井茂雄	立教大	ベルリン 800mリレー　優勝 100m自由形　3位	19 年 8 月 インパール	26歳 既婚
	横山隆志＊	早稲田大	ロサンゼルス 400m自由形　4位 800mリレー　優勝	20 年　国内	31歳

競技	氏名	出身校	大会名 出場種目、成績	戦死年月(昭和) 場所	年齢 結婚
水泳	大沢政代＊	九段精華高女	ベルリン 飛板飛び込み　6位 高飛び込み　14位	21 年 1 月 中国	32歳 既婚
	前田倍三＊	早稲田大	ベルリン 水球　予選リーグ敗退	18年 ソロモン群島	28歳
	若山滝美＊	早稲田大	ベルリン 水球　予選リーグ敗退	16 年 9 月 中国	27歳 既婚
	土井修爾＊	早稲田大	ロサンゼルス 水球　4位	13年 国内	29歳
ホッケー	中村英一	慶應大	ロサンゼルス 2位	20 年 5 月 東京空襲	36歳 既婚
	柴田勝巳	東京商大 （一橋大）	ロサンゼルス 2位	17 年 8 月 中国	34歳 既婚
	脇坂貞雄	東京商大 （一橋大）	ベルリン 予選リーグ敗退	20 年 4 月 フィリピン	30歳 独身
サッカー	竹内悌三	東京大	ベルリン 2回戦敗退	21 年 4 月 シベリア	37歳 既婚
	松永　行	東京高等師範 （筑波大）	ベルリン 2回戦敗退	18 年 1 月 ガダルカナル島	28歳 独身
	右近徳太郎	慶應大	ベルリン 2回戦敗退	ブーゲンビル島	31歳
	高橋豊二＊	東京大	ベルリン 2回戦敗退	15 年 3 月 国内	25歳
ボート	斎藤盈夫	早稲田大	ロサンゼルス エイト　予選失格	14 年 5 月 中国	29歳 既婚
	村山又芳	慶應大	ロサンゼルス 出場せず	20 年 5 月 国内で病死	32歳 既婚
	満留　勉	早稲田大	ベルリン かじ付きペア　敗者復活戦敗退	20 年 6 月 沖縄	31歳 独身
馬術	西　竹一	陸軍騎兵学校	ロサンゼルス 大障害飛越　1位 ベルリン 総合馬術個人　12位	20 年 3 月 硫黄島	42歳 既婚
ヨット	吉本善多	同志社大	ベルリン 出場せず	19 年 5 月 ビルマ（インパール）	29歳 既婚
体操	有本彦六	日本体育会体操学校 （日体大）	ベルリン 団体9位　個人54位	20 年 5 月 東シナ海	30歳 既婚
スケート	木谷徳雄＊	大和学校 （満州国）	レークプラシッド 500、1500、5000、10000m すべて予選敗退	22 年 1 月 シベリア	37歳

＊は1982（昭和57）年当時不明で「平和の鐘」の台座に刻まれていない物故者（8名）
刻銘者は30名、本表全38名　　表作成協力：遠藤靖夫（元朝日新聞）

アントワープ大会　1920（大正9）年　　パリ大会　1924（大正13）年
アムステルダム大会　1928（昭和3）年　　ロサンゼルス大会　1932（昭和7）年
レークプラシッド大会（冬季）　1932（昭和7）年　　ベルリン大会　1936（昭和11）年

ンピックデー」（一八九四年六月二十三日、クーベルタンの提唱でオリンピック復興が決定し、ＩＯＣが創設されたことを記念する日）のときだった。東京・千代田区御茶ノ水にあった日本体育協会（日本スポーツ協会）の内庭でオリンピックに関係した物故者の慰霊祭が行われていた。

そのときの参列者に配布された『１９５６　ＯＬＹＭＰＩＣＤＡＹ』を閲覧すると、日本が初参加した第五回オリンピック・ストックホルム大会（一九一二年）で本部役員を務めた嘉納治五郎（一九三八年没、享年七十八）と大森兵蔵（一九一三年没、享年三十七）、選手の三島彌彦（一九五四年没、享年六十八）をはじめ、四十四年間に百二名の物故者を数えることができる。もちろん、判明した戦没オリンピアンの名前も記載され、代理として遺族が出席している。

また、東京・千代田区の靖国神社宝物遺品館では、六四年東京オリンピック開催時期の十月一日から十一月末まで「戦歿オリンピアンの遺品展」を開催している。さらに二十八年後の九二年十月一日から十二月下旬まで「戦歿スポーツ選手を偲ぶ展」が開かれた。

そして、敗戦から三十七年後の八二（昭和五十七）年七月だった。序章で記述した六四年東京オリンピックで選手強化本部長兼日本選手団団長を務めた「東京オリンピックをつくった男」「跳ぶ哲学者」と称される大島鎌吉が、アジア人として初めてオリンピック平和賞（ハンス・ハインリッヒ・ジーフェルト賞）を受賞した。

そのドイツ（当時は西ドイツ）での授章式（七月三十一日）に出向いたときだった。大島が日本人戦没オリンピアン三十人の名簿を持参し、ベルリンのオリンピック・スタジアムの「平和の鐘」の台座に刻印されたのだ。

このことについて詳しく説明すれば、世界に三十の支部を持つ、ＯＩ（Olympian International＝オリンピック参加者国際協会）の名誉会員兼アジア担当副会長でもあった大島は、その年の春にＯＩ会長であるスイス人のハンス・ブュティコッファーからの手紙により、十一月に平和の鐘の新たな台座に「不戦のシンボル」として、世界の戦没オリンピアンの名前が刻印されることを知った。そこで母校の関西大学教授の伴義孝（名誉教授、六四年東京オリンピック・レスリング強化選手）と日本体育協会職員の土屋和平の協力を得て、戦死したオリンピアンの遺族を探して確認。とりあえず三十人の戦没オリンピアン名簿を作成したのだった。

それから二年後の八四年、「大島鎌吉信奉者」を自認する、朝日新聞記者の遠藤靖夫があらためて戦没オリンピアンに着目し、遺族を取材。第二十三回オリンピック・ロサンゼルス大会が開催される一か月前の七月二十七日だった。同日夕刊に「戦火に散ったオリンピアン名簿『平和の鐘』に日本の30人」の見出しで大きく取り上げた。その記事を目にした遺族や読者の通報により、新たな戦没オリンピアンが判明。その名簿を基に前出の曾根幹子が追跡調査し、戦没オリンピアン三十八人の名前が明らかになったのだ。

大島鎌吉は、仲間のオリンピアンが亡くなれば、その魂（たましい）を弔（とむら）うことを忘れなかった。

二〇一三（平成二十五）年九月に私は、『大島鎌吉の東京オリンピック』（東海教育研究所）を出版した。その後のことだが、あらためて大島鎌吉ならではの実話を知った。先に述べた戦没オリンピアンの大江季雄と西田修平の銀・銅二色の「友情のメダル」の話は、大島の著書『世界のオリンピック』（偕成社、六九年）に収録されている。

もちろん、これだけではない。大島には亡くなったオリンピアンとのこんな逸話もある。一つは、三六（昭和十一）年のベルリン大会陸上競技砲丸投に出場した広島市生まれの高田静雄との逸話だ。広島市立大学名誉教授の曾根幹子が提供した話だと思われるが、二〇一八（平成三十）年七月十七日に中国新聞ヒロシマ平和メディアセンターが報じた「被爆オリンピアンの視点　砲丸投げ故高田静雄さん撮影　26日から東京などで巡回展」のタイトルが付いた記事を見つけた。要約したい。

一九〇九（明治四十二）年、広島市生まれの高田静雄は、戦前は「砲丸王」と呼ばれ、日本陸上競技選手権大会に通算六回優勝。三六年のベルリン大会では予選落ちと振るわなかったが、持参したカメラで撮影するなど内外のオリンピアンと積極的に交流した。しかし、敗戦の年の四五年八月六日午前八時十五分だ。勤務先の中国電力本店で原爆投下に遭って被爆するだけでなく、建物疎開作業に学徒動員されていた長女を失った。敗戦後の彼は被爆の後遺症に襲われるが、「原爆症では後輩の指導もできない。せめて写真を通じて指導してやれればとカメラを始めた」と語っている。

そして、プロのカメラマンになった高田の作品は、六〇年のローマオリンピックに伴う国際写真コンテストに選ばれて話題となった。その後も多くのアスリートを被写体に撮り続けたが、年々被爆の後遺症による白血病が悪化。撮影もままならず、東京オリンピック開催十か月前の六三年十二月十日に永眠した。享年五十四。

そのような高田静雄と旧交を温めていたのが、大島鎌吉だった。「開会式の写真を撮りたい」と語っていた彼の意を汲み、大島は遺影を胸ポケットに収め、開会式の入場行進に臨んでいる。

関西大学名誉教授で「大島鎌吉研究」をライフワークとする伴義孝は語る。

「高田静雄さんの遺影だけでなく、少なくとも戦前のロサンゼルス大会に出場した関西大学のやり投の長尾三郎、ベルリン大会に出場した陸上競技短距離の谷口睦生の二人の後輩の遺影もポケットに収めて入場行進をしたことは間違いない。とくに長尾は同じ金沢出身で、二人とも太平洋の激戦地で亡くなった戦没オリンピアン。もちろん、大島は交流のあった戦没オリンピアン全員の想いを胸に忍ばせていた。大島鎌吉はそういう人間です」

伴によれば、生前の大島は強い口調でこう言っていた。

「戦争の最大の犠牲者は青少年で、敗戦後の我われの使命は健全な青少年育成であった」

大島の逸話には続きがある。戦没オリンピアン以外の遺影も胸に忍ばせていたのだ。

「跳ぶ哲学者」に抱かれた遺影

加賀百万石の城下町として知られる、石川県金沢市――。

二〇一九(令和元)年十二月十四日だった。この日も金沢市は「弁当忘れても傘忘れるな」の諺(ことわざ)通り、朝は晴れていたものの、昼前になると曇天になり、午後になるとときおり激しい雨に見舞われた。

前日午後に金沢入りをした私は、兵庫県神戸市の自宅から駆けつけた伴義孝と合流。夜は久しぶりに一献傾けつつ大島鎌吉について語り合い、翌十四日は大島家の菩提寺、金沢市小立野五丁目の経王寺に出向いた。

この日は、経王寺住職の新林孝道をはじめ、大島の功績を讃える金沢市在住の「大島鎌吉スポーツ文化金沢研究会」のメンバーたちが「大島鎌吉顕彰碑」を建立し、その除幕式が経王寺で行われたのだ。

午後一時三十分からの開式では、大島の母校である金沢商業高校の生徒たちが制作した、大島の功績を描いた紙芝居を披露。回向（えこう）法要後に墓参し、親族も参列した除幕式は滞ることなく行われた。大島家の墓に建立された顕彰碑は、経王寺住職の新林孝道が発案。横六十㌢、縦七十㌢の黒御影石には大島の経歴が記され、「日本人唯一のオリンピック平和賞受賞者・大島鎌吉氏眠る」の文言とともに、写真を基にレザー照射で顔が描かれている。参列者は約四十人で、北陸放送、北國新聞、テレビ金沢、NHK金沢放送局などの地元メディアも取材に駆けつけた。

2019 年 12 月 14 日に除幕された大島鎌吉の顕彰碑（金沢市経王寺）

そして、午後三時からの茶話会のときだった。大島鎌吉スポーツ文化金沢研究会のメンバーで発起人の一人である、テレビ番組制作会社を営む片桐真佐紀から私は、大島の思わぬ逸話を聞かされたのだ。

片桐の姉の片桐寿美子は、敗戦から二年目の四七年に石川県で開催された第二回国民体育大会（二〇二四年から「国民スポーツ大会」に改称される）の際、事務局を切盛りし、大会を招致した大島に全面協力。後に「石川スポーツの百科辞典」とまで言われ、石川県体育協会の事務局長を務めた人物である。すでに鬼籍に入っているが、生前の大島とは強い信頼関係にあった。

そのような姉を持つ、片桐真佐紀がこう言ったのだ。

「……八二年に大島さんがオリンピック平和賞を受賞した際、ドイツに日本人の戦没オリンピアンの名簿を持参していますが、あの話を知って思いだしたんです。実は六四年の東京オリンピック開催の前年の夏です。地元の金沢高校から立教大学に入学した、東京オリンピック自転車競技強化選手だった小畑紀さんが、ヨーロッパ遠征に行く途中、インドだったと思う。飛行機事故で亡くなっているんです。もちろん、この訃報を知った同郷の大島さんは心を痛めた。それで一年後の東京オリンピック開会式の際、小畑さんの遺影をポケットに入れ、入場行進に臨んだということです。このことは当時の北國新聞が記事にしています。明日、その記事をＰＤＦで送ります……」

もちろん、私がこの話を耳にしたのは初めてだった。

翌十五日の昼前、片桐から六四年十月二日付の北國新聞の記事がメールで送られてきた。東京オリンピック日本選手団結団式が行われた翌日に報じられた、その記事のタイトルは「小畑君、遺影で参加　大島団長の胸に抱かれ入場行進」とあった。記事を要約すると――自転車競技強化選手の小畑紀は、前年の六三年七月二十九日にインド洋上で飛行機事故に遭い、帰らぬ人となっている。そのため日本アマチュア自転車連盟は、日本代表選手が開会式で着用するブレザーコートを遺族に贈り、同郷の選手団団長の大島鎌吉が胸ポケットに遺影を入れ、入場行進をすることになった――と、そう記述されていた。

記事を読んだ私は、同じ自転車競技で東京オリンピックに出場した班目秀雄に電話をした。それというのも金沢市を訪ねる三日前の十二月十日に福島県に出向き、後述する須賀川市出身の自殺したマラソン銅メダリスト円谷幸吉について取材。その足で同じ福島県の白河市在住の班目に会って取材していたからだ（第二章に詳述）。

私の話を聞き、班目はこう言った。

「その話は知ってるね。当時の私は日大の学生で、一級下の小畑君は立教（大学）の一年生。金沢高校は自転車競技の名門校で、たしか東京オリンピックには卒業生三人が出場している。中央（大学）の山尾（裕）君と缶（範男）君、中京（大学）の辻（昌憲）君の三人だね。

まあ、小畑君は不運だった。ヨーロッパ遠征に行く直前に落車したんだろう。彼は怪我のために我われよりも遅れてヨーロッパに来ることになった。ところが、その途中のインド、たしかカルカッタ（コルカタ）だったと思う。飛行機事故に遭って亡くなった。生きていれば今年で七十五（歳）だね。現役時代の私も何度となく落車して大怪我をしているが、こうして生きている……」

そして、一拍置いてから班目は続けてこう言ったのだ。

「飛行機事故で思いだしたんだが、同じ金沢高ＯＢの辻君も飛行機事故で亡くなっているんだな。あの御巣鷹山に墜落した日航機に搭乗していてね（一九八五年八月十二日）。あのときは、五百人以上の犠牲者がでたと思うが、当時の辻君は大阪のシマノレーシングの監督をしていた。生と死は紙一重だよねえ……」

あの五百二十人もの犠牲者をだした「大阪行日本航空１２３便」にオリンピアンが搭乗していたとは……。辻昌憲については後述したい。

「8」にこだわった山田宏臣の矜持

予期せぬ死と直面したとき、修羅場を潜り抜けてきたオリンピアンは何を思うのか――。

「残酷物語ですよ、オリンピックは……。息子をあんなに若くして死に追いやったのはオリンピックです。もう三年も経ちますけどね、いまもって悔しいんです。普通の人よりも何十倍も身体をいじめたでしょ。息子は言っていました。『ぼくは四十歳くらいで死んじゃうかもしれない』ってね……。絶対にロスオリンピックなんか観ません。息子の命を縮めたオリンピックなんか、騒ぐだけ騒いで、競馬馬みたいに酷使するだけ酷使して……。オリンピックなんかに出場したって、ご飯なんか食べられませんからね。息子は外地に行ったまま帰ってこないんだと思ってね、いまは諦めているんですよ」

一九八四(昭和五十九)年の夏。息子を亡くした母親の声は、切実で重く、私を圧倒した。

陸上競技走幅跳で東京大会、続くメキシコ大会と二大会連続してオリンピックに出場。日本人初の八メートルジャンパーになったオリンピアンの山田宏臣の母、六十三歳になる展子は、東京・渋谷区の自宅で息子の死を悔やみ、やるせない気持ちをぶつけた。三年前の八一年七月、韓国の慶州東急ホテルの総支配人として栄転したものの、三か月後の十月二十一日だ。脳血栓で倒れ、そのまま三十九歳の若さで客死したのだから……。

前回の八〇(昭和五十五)年モスクワ大会の報復措置とばかりに、旧ソ連をはじめとした東欧諸国は参加をボイコットしたものの、百四十の国・地域から六千八百二十九人の選手が参加した、八四年のロサンゼルス大会（七月二十九日〜八月十三日）。大会運営費を民間企業から得た資金で賄う「商業オリンピック」の契機となった大会ではあったが、人びとはオリンピック報道に一喜一憂していた。日本からは二百三十一人の選手が参加し、金十、銀八、銅十四、合計三十二個のメダルを獲得した。柔道無差別級で山下泰裕、九十五キロ超級で斎藤仁（二〇一五年没、享年五十四）が金メダルを獲得し、オリンピックで初めて重量級二階級を制した。体操競技では、男子団体総合では銅メダルだったが、森末慎二が鉄棒で十点満点の完全なる演技で金メダル。個人総合でも具志堅幸司が金メダルを掌中し、合計十個の金メダルを獲得したのだった。

ただし、当時の私は六四年の東京大会、その四年後のメキシコ大会出場者のオリンピアンたちが、不思議にも四十歳前後に鬼籍に入っていることに着目した。

あの一大フィーバー、東京大会から二十年、メキシコ大会から十六年の歳月が過ぎていた。檜舞台に立ち、私たちに感動を与えた彼ら彼女らのオリンピアンは、栄光の下に着実な人生を歩んでいると思っていた。

ところが、そうではなかったのだ。ときは内閣が「所得倍増計画」を前面に打ちだした高度経済成長期時代であったことも忘れてはならないだろう。現役選手引退後は「企業戦士」として力の限り闘った末路だったのか。遺族の言葉からは、「戦死」という二文字が頭をかすめる。

あまりにも早かった死はオリンピックと無関係だったのか。私は取材を開始した——。

もちろん、山田宏臣もその一人である。

「先生、二年もすれば韓国語ペラペラになって帰りますよ。それまでは死なないでください。私が先生の死に水を取るんですからね」

八一年七月末、新たな赴任先である韓国に飛び立つ前だ。京都に住む順天堂大学時代からのコーチ、六十七歳になる朝隈善郎のもとへ挨拶に訪れたとき、そう言って山田宏臣は笑った。だが、これが師匠と愛弟子との最後の別れとなってしまう。

山田が東急電鉄に入社したのは、東京オリンピックが開催される年の六四年春。経済を優先する日本が、高度成長期に向けて拍車をかけた頃だ。アスリートとして、そのような大事な時期に社会人となった山田の仕事は、東急陸上競技部所属の選手としてばかりでなく、オリンピック強化選手として好成績をあげることだった。一応、人事部に配属され、朝の八時半前に出社。時計の針が昼を告げれば昼食を摂り、午後からは練習時間に当てられていた。早い話が、社員としての仕事は何もなく、競技だけに全神経を尖(とが)らせていればよかったのだ。

はじめのうち山田は、「好きなスポーツをやっているだけで給料をもらえるなんて、これが本当の月給ドロボーだ」と、そう考えて苦笑していた。なにせ午前中は何も置いていないデスクの上にスポーツ紙や週刊誌などを広げ、時間の経過のみを気にしていればよかったし、上司も周りの社員も何も言わなかった。

ところが、山田は徐々に不安になった。一緒に入社した同僚はバリバリ仕事をこなし、残業もいとわない。学生時代の友人にその焦りを訴えたこともある。

「大変だよ、社会人は。周りはみんなエリートで仕事のムシだ。俺なんか順天堂出身のスポーツ馬鹿だから、陸上をやめたらついて行けないよ。これじゃあ、一生平社員だ……」

オリンピック強化選手と企業の一社員という狭間に立って悩む山田宏臣。とにかく、悩みを解消するには肉体に鞭打ち、ジャンプに懸けるしかなかった。一流企業の東急電鉄に形だけの入社試験で入れたのも、走幅跳のオリンピック強化選手だったからだ。当時の東急陸上競技部から東京オリンピック出場を果たした選手は、山田を筆頭に奥沢善二（三千メートル障害）、笠原章平（ハンマー投）、三木孝志（やり投）、山口東一（千五百メートル）、船井照夫（一万メートル）、糸川照雄（砲丸投、二〇〇〇年没、享年六十）、浦田勝（四百メートルリレー）。それに女子の鳥居充子（走高跳）を加えた九人。いわば彼ら彼女らは、オリンピアンの冠を被り、会社の広告塔として好成績を上げていればよかったのだ。

たびたび山田は夜行列車に乗り、京都に足を運び、師匠の朝隈善郎の過酷なトレーニングに耐えた。知恩院の八十四段の石段を片脚ケンケンで四段抜き、五段抜きにして駆け上がる。これを一往復一セットとして四十セットから五十セットを二時間ほどかけてこなす。冷汗が流れ、ヘドを吐いて倒れる。それを見ると朝隈は、石段の上から一万円札をひらひらさせながら叫ぶ。

「おーい、山田、これが見えるか。見えたら早く上がってこーい！」

この叱咤激励で山田は奮い立ち、再び息を整えてジャンプし、石段を駆け上がる。この「朝隈流石段上がり」で脚力を鍛え、瞬発力を高めたと朝隈は語る。こうして山田は東京とメキシコの両大会に出場を果たした。

そして、メキシコ大会から二年後の一九七〇（昭和四十五）年六月七日。神奈川県小田原市の小田原市城山陸上競技場で開催された「実業団・学生対抗陸上競技大会」のときだった。朝隈との二人三脚での大悲願である、一九〇四（明治三十七）年生まれの南部忠平の日本記録七メートル九八を三センチ上回る八メートル〇一を跳び、日本人初の八メートルジャンパーになったのだ。朝隈は「俺が行くと山田の負担になる」と言い、会場に姿を見せなかったため、早速、愛弟子の山田は京都に電話。号泣しつつ師匠に報告した。

山田が現役生活引退を決意したのは、それから二年後だったが、現役時代は「八メートルの壁」を破るために末広がりの「八」と「8」の字にこだわった。競技会に出場する際はスパイクシューズを神棚に祀り、神社には八十円、ときには八百円の賽銭をあげた。銭湯に行けば下足は八や8の付く番号に入れ、ホテルに宿泊するときは8が付く部屋を強く希望した。朝隈によれば、ユニフォームにも8の字を縫い付けていた……。

ただし、三十歳で現役を引退した山田は、社会復帰に大いなる不安を感じ、社内では肩身の狭い思いをしなければならなかった。

「陸上部の特権扱いをやめろ。他の同好会並みの部活動に戻せ！」

事実、そういった批判の声も聞かれた。先に記したように東急陸上競技部からは山田を筆頭に九人の選手が東京オリンピックに出場していたが、メダリストどころか入賞者（当時は六位まで）も皆無だった。山田は、友人である俳優の浜畑賢吉に愚痴をこぼしている。

「お前ら芸能人はいいよ。歳に関係なく、いつも懸けるものがあるからなあ……」

そのような山田であったが、「スポーツで頂点に立った者ならサラリーマン社会でも頂点に立てるはずだ！」というオリンピアンとしての強い自負と意地。当然、最大の目標だった八メートルをクリアした矜持が、そのまま流される自分を許さなかった。

引退直後は東急電鉄沿線の駅改札口での切符切りを余儀なくされたが、間もなく東急ホテルズ・インターナショナルに出向。販売促進担当部員として営業マンになると、その働きぶりには同僚たちも目を見張り、驚くばかりだった。得意先の接待には進んで参加し、深夜まで席を外さずに宴会屋ぶりを発揮した。

「僭越ながら裕ちゃんの『俺は待ってるぜ』を歌わせていただきます」

マイクを手にすれば、十八番の石原裕次郎のヒット曲を披露。宿酔のときは早朝トレーニングでアルコールを抜き、そのまま得意先に直行。笑顔で深く頭を下げて「走幅跳の山田宏臣です！」を連発し、休日も返上して働きまくった。その実績が認められ、五年目には異例の抜てきで販売促進課長に昇進している。

そして、先に述べたように八一年七月に三十九歳という若さで、韓国の慶州東急ホテルの総支配人となった。もちろん、この人事も異例の抜てきである。しかし、選手時代は「八」と「8」の字にこだわったように、異常とも思えるほど神経が繊細だったオリンピアンの山田宏臣。一般人には考えられない一流選手特有の繊細さが、精神的にも肉体的にも参らせた。働けば働くほど、目に見えないストレスに身体が蝕まれたといってよい。事実、韓国に赴任する前には膵臓を悪化させ、入院を余儀なくされていた。さらに渡韓後も苦労が絶えなかったと思われる。三百人ほどの従業員のなかで日本語を話せるのは、副支配人だけだったという。

韓国に赴任して三か月後、山田宏臣は異国の地で帰らぬ人となった。母の展子が語ったように息子の死は、「残酷物語」の結末であり、モーレツ・サラリーマンの「戦死」とも言えた……。

ロスオリンピック開催中の八四年の夏、猛暑日だった。一九一四（大正三）年生まれ。三六（昭和十一）年のベルリン大会に走高跳で出場したオリンピアンの朝隈善郎は、京都に出向いた私を快く迎えてくれた。早速、営む洋装店近くの山田宏臣を指導した知恩院に案内。境内をゆっくりとした足取りで歩きつつ、愛弟子との思い出を詳細に語った。別れる際には山田の自著、サイン入り本を手渡してくれた。書名は『スポーツ馬鹿　地獄へのジャンプ—「８ｍ」』（講談社、一九七四）である。

朝隈は、山田の没後も指導者の道を歩んだ。七六（昭和五十一）年のモントリオール大会に陸上競技走高跳に出場した、先に記した戦没オリンピアンを追跡調査している、広島市立大学名誉教授の曾根幹子も指導している。その後は日本陸上競技連盟強化委員長や副会長を務め、二〇〇八（平成二十）年十二月に九十四歳で鬼籍に入った。愛弟子の分まで人生を全（まっと）うした。

「嘱託社員」金メダリスト加藤武司の意地

六四年の東京オリンピックで日本は、史上最多の十六個の金メダルを獲得。そのうち体操競技男子は団体で金メダルをとるなど、個人種目を入れれば五個の金メダルを獲得し、あらためて内外に「体操ニッポン」をアピールした。

しかし、悔し涙でメダリスト・オリンピアンの演技を見守った者がいたことも忘れてはならない。一九四二（昭和十七）年、愛知県生まれ。当時、早稲田大学四年生の体操選手の加藤武司はその一人で、残念ながら補欠選手だったからだ。

翌六五年春に加藤は、早稲田大学を卒業してソニーに入社。その三年後のメキシコ大会に出場し、体操団体総合優勝に貢献する一方、個人総合五位入賞を果たし、種目別の床運動で銅メダルを獲得した。体操ニッポンの新たなエースになりつつあった。

ところが、加藤には大いなる悩みがあった。たとえ一流企業である「世界のソニー」に入社できても、その待遇は決してよくなかったからだ。早稲田大学卒といえども二部（夜間課程）卒業のため、現役選手期間中は「嘱託社員」扱いという冷遇ぶり。その上に選手時代の勤続年数は退職金に加算されないという付帯条件も付いていた。これには、あまり愚痴をこぼさない加藤も、同じ体操競技のオリンピアンである四歳年上の妻宏子（旧姓・辻、東京オリンピック団体銅メダリスト）の前で悔しさを口にした。

「ぼくはソニーの看板を背負ってどんなに頑張っても、本当のソニーマンではないんだな。一流企業ほど厳しい……」

早稲田大学卒業を控えていた頃だ。加藤は体操部のコーチをしながらメキシコ大会をめざし、ゆくゆくは母校の体育教員になれればと考えた。しかし、体育関係の教員になるには体育専門学科を卒業していなければ、その道は拓かれていなかった。彼は商学部の学生だった。

ともあれ、ソニーに入社した加藤は、夕方まで一般社員と同じように働き、退社後は早稲田大学の体育館に通い、コツコツと技を磨いた。同じ体操選手だった妻の宏子が語るには、新たな技を積極的に開発するタイプではなく、従来の技をねばり強く繰り返す、努力型の選手だった。

ソニー入社の際に世話をし、大学時代の加藤を自宅に無償で下宿させていた早稲田大学体操部監督の大河原徳夫。彼によれば、体育館に加藤が姿を見せると、ときおりボソッと言った。

「メキシコオリンピックの代表に選ばれ、メダルを獲得すれば、ソニーに対してメンツが保てますよね、監督さん……」

そう語った加藤は、メキシコ大会で活躍。念願の金メダリストのオリンピアンとなった。地道な努力が報われ、夫婦でメダリストになったのだ。

加藤武司が次のミュンヘン大会前に潔く現役引退を決意したのは、選手生活を長く続ければ続けるほど「嘱託社員」から脱し、「正社員」になれないと考えたからだ。だが、正社員になったとはいえ、周りの眼は冷たかった。

「あいつ、残業代を稼ぐために会社にきているんじゃないの。オリンピック野郎が……」

口さがない者は、正社員になった彼をそんなふうに揶揄した。しかし、そう言われても残業をしなければ選手時代の遅れを取り戻すことはできなかったのだ。

「男なら出世しなければならない。出世したい。同僚に差をつけられてはダメだ。オリンピックのせいで俺は遅れているんだ……」

加藤は、妻宏子の前で、まるで呪文を唱えるように繰り返し言った。仕事で悩んでいるときなどは、酒を呑んでも寝つかれず、夜中に突然起きて、また呑んで寝るということもあった。そのために自宅には寝に帰ってくるといったほうがよかった。すでに子どもは二人目ができていたが、ほとんど顔を合わすこともなかったという……。

加藤武司が会社の定期検診で、「胃がんの疑いあり」と言われて入院したのは、八一年七月末だった。再度の診察の結果は胃潰瘍。胃を三分の二ほど切り取り、三か月間入院し、念には念をと再度がん検査をしてもらった。その結果、「ほぼ九十九パーセント大丈夫です」と告げる医師の診断を信じた。吉報もあった。闘病生活を終えた翌年の三月、加藤は異例ともいえるスピードでソニー本社の勤労課長就任の辞令を手にしたのだ。

「これでようやく一人前のソニーマンになれたよ。これでもう安心だ……」

そう言って、妻の宏子に課長昇進を真っ先に報告した。早速、早稲田大学体操部OB会に出席。課長の肩書が刷り込まれたばかりの名刺を持参した加藤は、照れ顔を見せつつも一人ずつに「今度ようやく課長になれました……」と言いながら手渡し、OBたちに祝福された。「体操と同じだ。コツコツやれば報われる……」と、そう加藤は確信し、自信を持った。

そんな加藤にOBたちは、早稲田大学体操部コーチ就任を打診してきた。彼は喜んで近い将来引き受けることを約束した。現役時代にいずれ引退したら「メダルを狙えるオリンピアンを育てたい」と考えていた。その夢が実現するかもしれないと思ったのだ。

しかし、その夢ははかなく消えた。がん細胞は加藤の肉体を着実に蝕み、五月に再入院したときはすでに手遅れ。悪質な直腸がんのため、三か月の余命だと宣告されたのだった。

「ぼく、まだ生きていますよ。もうすぐ退院できますから……」

残り少ない命だとも知らず、加藤武司はそう言って見舞客を前におどけた。だが、医師の宣告よりも一か月早い、八二年七月二十四日の土曜日。眠るように天国に召された。享年四十。働き盛りのオリンピアンの最期だった。

「酔いどれ」継谷昌三の愚直さ

いかにサッカーオタクといえど、「継谷昌三」の名を知っている者は少ないだろう。元日本代表監督の加茂周に彼の名を告げると、懐かしむように言った。

「継谷？　昌三だろう、知っとるよ。関西学院大学時代の同僚でね。中盤のええ選手で、東京オリンピックのときの代表選手やった。しかしなあ、いろんな面で繊細だったかもしれん。若くして亡くなった。原因？　酒かもしれんなあ。私も知っての通り、酒は好きだが、よう呑んでいたと聞いとる。地元の神戸辺りでね……」

一九四〇（昭和十五）年、兵庫県生まれ。関西学院大学時代の継谷は、アジア・ユース大会（タイ）や第四回アジア大会（ジャカルタ）に出場し、六四年東京オリンピック開催の前年に三菱重工業に入社。サッカー部（浦和レッドダイヤモンズ）に所属し、日本代表選手に選出され、若きキーマンとしてヨーロッパ遠征にも参加していた。将来を嘱望されていた有望選手だった。

「昌ちゃん、酒はほどほどにせんとあかんでえ。身体にええことあらへんわ……」

友人や昔のサッカー仲間から何度となく忠告されても、毎晩のごとく地元神戸の繁華街をハシゴ酒に明け暮れていた。それが晩年の継谷昌三の姿だ。体重八十キロを超える身体をカウンターで押さえ、多少震える手でビールを呑む姿からは、身長百六十七センチ、体重約六十キロとサッカー選手としては細身で小柄だったが、精悍な顔つきだった現役時代の面影は見られなかった。誰もが「継谷はアル中や」と言った。

関西学院大学から三菱重工業に入社したとき、継谷が配属された部署は厚生課だった。その部署における彼の仕事は、主に社員寮や施設の管理であったが、そもそも気に入らなかったようだ。

「厚生課の仕事なんか女にまかせればいい。俺は営業向きの性格なんだ。サッカーをやめてもいいから、営業の仕事がしたい。サッカーをやってもたかだか十年だ。仕事は一生もんじゃないか……」

日本代表の遠征や合宿から帰ってくるたびに彼は、同僚や友人に不満をぶつけた。ときには上司に部署替えを願ってみたが、練習に支障をきたすという理由で取り上げてもらうことはできなかった。

当時のサッカー日本代表は、当然のごとく全員がアマチュア選手だったが、ヨーロッパ遠征ともなれば確実に一か月間は仕事から離れなければならない。それを考えれば、会社側としても重要な部署に配属することはできなかったのだ。

もちろん、会社の仕事には不満をこぼしても、日本代表チームのメンバーとしてはプレーに集中していた。東京オリンピックでは、スタープレーヤーの杉山隆一や釜本邦茂の影に隠れた存在ではあったが、鋭い勘を生かしてのパスワークには定評があり、とくにフォワードの杉山を使いこなせる選手として玄人(くろうと)受けした。

ところが、継谷は次のメキシコ大会まで十分プレーできると期待されながらも、いとも簡単にサッカーから足を洗った。さらに東京オリンピックから四年後の六八年一月には、「自己都合」という理由で三菱重工業を退職してしまう。何故なら東京オリンピック後に継谷が配属された部署は、地味な内勤の会計課だった。そのことが退職した大きな要因で、友人に不満をこぼしている。

「俺はやっぱり動き回る仕事が向いている。大企業でなくとも好きな仕事ができるほうがいい。

大企業の歯車になるなんてつまらんわ……」

その友人の話によると継谷の実家は材木商で、かなり裕福であったという。ともあれ、大企業の三菱重工業を中途退職しなければ、その後の不運な人生の結末を招くことはなかった……。

実家のある神戸市に戻った継谷は、まずは材木会社に勤務した。ここでようやく営業の仕事ができるようになったのだが、二年目を迎える頃に不況の波をもろに受けて倒産。続いて関西学院大学のOBが経営する鮮魚輸送会社に勤めることになり、社長の片腕と呼ばれるまでになった。仕事は順調だった。

ところが、思わぬ問題に巻き込まれてしまうのだ。新聞で魚の汚染問題が報じられると、一気に会社は傾いた。社長は自殺し、その残務整理と、残された社長の家族の世話で継谷は疲れ果ててしまった。思わぬパスミスで一気にマークしていた相手選手にゴールを決められた、そんな地団駄を踏むような悔しい思いだったかもしれない……。

この頃から自暴自棄になったと思われる。仲間に体よく断られても、毎晩のように繁華街に出向いては呑んだ。かつての三菱重工業時代のサッカー部が関西に遠征すると後輩の杉山隆一たちを繁華街に誘った。

「先輩、落ち着いて呑みましょう……」

杉山がそう言っても一か所の飲み屋に落ち着くことはなく、二時間余で五軒、六軒とハシゴをする無茶苦茶な呑み方。完全なるアル中だった。当然のごとく肝臓をやられ、入退院を繰り返す。それでも呑んだ。

それに加えて、仕事も躓(つまず)きの連続だった。宝石、旋盤用のオイルのセールス……。立ち直らせようと心配する知人やサッカー関係者が、仕事を世話しても長続きはせず、仲間からも見放されてしまった。そんな夫に呆れ果てたのだろうか。妻は、子どもを連れて家を去った……。

一九七八（昭和五十三）年六月二日、肝硬変のため神戸市内の病院で、継谷昌三は息絶えた。自ら三十八年の短い人生にピリオドを打ったのだ。かつての仲間の杉山隆一は、私にこう言った。

「酒を呑むたびにね、継谷先輩のことを思いだしますよ……」

大企業に翻弄された猿渡武嗣の一途さ

東京オリンピックに続いて開催されたメキシコオリンピック——。

昭和三十年代後半から四十年代にかけ、日本陸上競技界を率いた選手は？　そう問われれば私の場合、まずはマラソンの寺沢徹（倉敷レーヨン）、君原健二（八幡製鉄）、円谷幸吉（一万メートルも含む、自衛隊体育学校）の三人の名を挙げたい。それに百メートルの飯島秀雄（早稲田大）と八十メートルハードルの依田郁子（リッカー）の活躍も期待され、先に記した走幅跳の山田宏臣とともに注目されていたのが、三千メートル障害の猿渡(さるわたり)武嗣だった。

一九四二（昭和十七）年に福岡県で生まれた猿渡武嗣は、中央大学時代に東京オリンピックに出場し、翌年に故郷の福岡を本拠地とする八幡製鉄に入社。メキシコ大会にも出場している。ともに予選落ちの不本意な成績に終わっているものの、日本陸上競技選手権で五連覇を達成する一方、アジア大会で二度優勝した陸上競技界中距離の第一人者として知られていた。

そのような猿渡も、四十歳を待たずして泉下の人となった。

「俺は、三十九歳で死ぬらしいよ。占いにはそうでているんだってよ」

猿渡が妻の比都美に何気なく言ってきたのは、六九（昭和四十四）年の春。結婚して間もなくだったという。

「何を言ってるのよ。あなたは殺されても死なないわよ。馬みたいなんだから……」

その妻の言葉に夫は笑った。だが、結婚十三年後にその冗談が現実となる。

その日、八二（昭和五十七）年七月二十一日だった。赴任先の新日鉄室蘭から東京の新日鉄本社に出張中だった猿渡は、前日の夜の会議を終えた後、久しぶりに会う東京本社勤務時代の同僚と好きなマージャンをし、宿泊先のホテルに帰ったのは二十一日の明け方だった。「起こさないでください」というカードを扉の外に吊るして寝たが、昼過ぎになっても起きてこない。そのために気にしたホテルの従業員が部屋を訪ね、扉を開けたところ猿渡は息を絶えていたのだ。三十九歳、心不全だった。ちなみに、その三日後に前述した体操の加藤武司は亡くなっている……。

「サル」の愛称で親しまれた猿渡は、決して傑出した選手ではなかった。

「陸上競技は才能やフォームではなく、努力と勝つことへの執念だと思います」

この猿渡流の気概でアジア大会三千メートル障害を二度制し、何度となく日本記録を書き換えたのだ。

メキシコ大会にともに出場した同僚の話によると、几帳面で独自のトレーニングメニューを作成。黙々と練習する典型的な努力型の地味な選手だったという。この辺も加藤武司の性格に通じている。

そのような性格の猿渡は、七五（昭和五十）年に現役選手引退後、社員の健康促進活動や、各部署への予算配分など文化・スポーツの活動をする厚生課に配属され、七五年から五年間の新日鉄東京本社勤務時代は社員に皇居一周マラソンを積極的に勧めていた。いってみれば、十七年間の猿渡の社会人生活のなかで東京本社勤務時代までが心休まる、牧歌的な時代だったのではないだろうか。

猿渡にとって最後の職場となる、新日鉄室蘭に厚生課長として赴任したのは、八〇（昭和五十五）年だった。もちろん、厚生課長に昇進しての最初の赴任地だったためだろう。大いにハッスルし、モーレツに働いた。接待ゴルフに接待マージャン。当然の付き合い酒で毎晩が午前さまだった。東京時代と比べると、その仕事量は天と地ほどの違いで、家族と夕食をともにできるのは週に一、二回。家族一緒に休日を過ごせるのは月に一日取れればいいほうだった。

これほどまで異常に猿渡が仕事に夢中になった理由の一つ。それは、「現役選手時代に陸上競技と水泳競技でオリンピック選手を多く輩出していた『旧八幡製鉄系』の新日鉄八幡で過ごしたことにあった」と、当時の日本陸上競技連盟関係者は証言する。新日鉄室蘭は、「旧富士製鉄系」で東京オリンピック出場選手は、柔道の神永昭夫（無差別級銀メダル）のみで、同じ会社ともいえどもライバル関係にあったことも事実だった。ちなみに敗戦後の日本経済を率いてきた「鐵（てつ）」の二大企業である、八幡製鉄と富士製鉄は、さらなる高度経済成長を期して合併。新日鉄（日本製鉄）の発足が発表されたのは、メキシコ大会が開催される年の一九六八（昭和四十三）年五月である（発足は七〇年三月）。オリンピックのサル――。ことあるごとに陰でそう揶揄された。それは愛称の「サル」ではなく、明らかに動物の「モンキー」を指していた。それを払拭するためにもオリンピアンの猿渡は、仕事は当然として、得意先の接待に意地を張ったのだ。言葉で諭すよりも態度で示したほうがいいはずだ、と……。

しかし、仕事に没頭すればするほど、その揶揄はエスカレートしたのだろうか。それまでは自分の健康管理にとマラソンやジョギングを欠かさなかったが、これもいつかやめてしまっていた。

猿渡が新日鉄室蘭に赴任して三年目、八二年七月二十日。四日間の東京出張に出発する日だった。妻の比都美に普段とは違う態度を見せた。いつもなら宿泊先や誰に会うかなど妻に教えないばかりか、連絡も入れず、そのまま北海道室蘭の会社から東京本社に出張に行くことが当たり前だった。

ところが、その日はいつもと違った。宿泊先や誰に会うかなどを克明に伝え、妻の運転する車で室蘭駅に向かった。そして、翌二十一日の未明に都内のホテルで亡くなったのだ。正直、夫の死を知らされたとき、妻はテレビのドッキリカメラの悪戯だと思ったという。

猿渡武嗣は三十九歳で泉下の人となった。死因は心不全だが、その死を早めたのは、汚名返上のために無理を重ねたからに違いない……。

自宅で首を吊った依田郁子の清純さ

六四年の東京オリンピックから四年ごとにメキシコ大会、ミュンヘン大会、モントリオール大会を経て、アメリカに追従して参加をボイコットしたモスクワ大会……。二十年のときを経て、高度成長の坂を上り切った頃だ。一九八四（昭和五十九）年夏のロサンゼルス大会に舞台は移った。

その間に惜しまれ、あるいは人知れずに急逝してしまったオリンピアン。もちろん、すでに書いた山田宏臣、加藤武司、継谷昌三、猿渡武嗣だけではない。東京オリンピックから十九年後の八三年には、やはり東京大会で観客を沸かせた二人のオリンピアンが泉下の人となっている。

一人は、九月四日に男子バレーボール銅メダリストの猫田勝敏が胃がんで逝っている。三十九歳で生涯を閉じた猫田は、東京大会後もメキシコ、ミュンヘン、モントリオールと四大会連続出場を果たした。ゲームをコントロールできる「世界一のセッター」と称され、メキシコ大会では銀メダル、続くミュンヘン大会では金メダル獲得に導いた。

こんなエピソードがある。ミュンヘン大会開幕一年前の七一年、猫田は練習中に右腕を複雑骨折。監督の松平康隆（二〇一一年没、享年八十一）は「もう金メダルは絶望的だ……」と漏らすが、懸命のリハビリで復帰すると「金メダルはいただきだ！」と手放しで喜んだ。それだけ猫田の存在は絶大だったわけだ。

四位でメダルを逃したモントリオール大会後、猫田は現役選手を引退し、所属していた専売広島（JTサンダーズ）の監督に就任。亡くなるまで指揮官を務めるが、チームを優勝に導くことができずにこう言った。

「わしにとっては、世界一になるよりも日本一になるほうが難しいかもしれん」

猫田が亡くなった二十四日後の八三年九月二十八日、広島県立体育館で日本バレーボール協会葬が行われた。参列者は実に二千人に及んだ。広島市の菩提寺である教徳寺に眠る。法名は「厳顕院釋勝行居士」。没六年後の八九（平成元）年に、生まれ故郷の広島市に猫田記念体育館が完成。猫田勝敏の偉業を記念し、その活躍を紹介するギャラリーが設けられた。

もう一人。猫田の死の一か月後に亡くなったのが依田郁子だった。

〈依田（旧姓）郁子さん自殺　東京五輪で大活躍　ヒザ関節の痛み続き〉

こんな見出しで全国紙が五段抜き、写真入りで報じたのは、十月十五日だった。前日の十四日夕方、茨城県つくば市の自宅八畳間の鴨居にネクタイを巻きつけ、首つり自殺を図ったのだ。享年四十五。

依田郁子は八十メートルハードルを専門とした、稀有（けう）なオリンピアンだった。濃い目のサングラスをかけて競技場に現れ、顔、首、肩にサロメチール軟膏を塗り、逆立ちをしてバック転。さらにレモンを丸かじりする。スタート前の彼女流の儀式というか、ルーティンと思われたが、観客は呆気に取られながらも「依田劇場」と呼んで拍手を送った。

そのような依田が、世界にその名を馳せたのは、東京オリンピック開催一年前の六三年十月。三十四の国が参加した国立競技場でのプレオリンピック（東京国際スポーツ大会）のときだった。八十メートルハードル予選で、その年の最高記録10秒6をだした。さらに決勝でも世界の強豪選手を寄せ付けず、難なく優勝を決めたのだ。

表彰式が終わった後だった。依田のコーチである、選手時代に〝暁（あかつき）の超特急〟と称された吉岡隆徳（一九三六年ベルリン大会陸上競技百メートル出場。一九八四年没、享年七十五）は、顔見知りの記者にこう語っている。

「依田の勝因？　このことは記事にしてほしくないんだが、生理前の依田はいつも調子がいいし、好タイムをだす。まさに今回がそうで、最高のコンディションで大会に臨むことができた。一年後のオリンピックが楽しみだ。今日と同じ生理前なら、メダル獲得は十分ありだよ……」

当時はまだ生理用品が十分には開発されず、タンポンなどがない時代。そのためたとえコーチ、しかも男性ならなおさら女性選手が生理などの体調について申告するのは嫌がった。だが、依田はまったく気にせず、日々の体調を詳細に日誌に書き込み、吉岡に提出していた。ちなみに女子選手の「セックスチェック」が本格的に行われるようになったのは、六八年のメキシコ大会からだった。ほとんど報じられていないが、当時の陸上競技担当記者によると、それ以前は医師の前で洋服やユニフォームを脱ぐことを拒否するだけでなく、オリンピック出場を諦めた選手もいたという……。

一九五七（昭和三十二）年春だ。全国高校陸上競技大会八十メートルハードルで二連覇した依田が、実業団のリッカーミシンに入社した際、指導する吉岡隆徳は強い口調で言った。

「私の夢は、お前をオリンピックに出場させることだ。それを実現させたいんなら、今後は恋愛禁止だ。恋人はスパイクシューズだ。私とお前は親子関係だと思え……」

その言葉に依田は素直に頷き、マンツーマンで指導する吉岡に従ってきたのだ。

そして、本番の東京オリンピック――。

八十メートルハードルに挑んだ身長百六十四センチ・体重五十三キロの依田は、いつものようにスタート前は依田劇場で観客を沸かせ、予選と準決勝を二位で通過した。当然のごとくメダルが期待されたが、惜しくも結果は五位入賞だった。だが、悔しがらずにスタンドで見守った吉岡隆徳に笑顔で手を振った。競技終了後は、師匠の元に駆け寄り、黙って煙草（たばこ）に火をつけたという。一年間禁煙して指導した師匠への愛弟子のささやかなお礼だった。

首を吊って自ら命を絶った依田郁子。実は彼女には〝前科〟がある。六〇年ローマ大会出場を逃した際も、睡眠薬で自殺を図ったことがあるからだ。

六四年東京オリンピックから二〇二一年で五十七年。依田の予期せぬ死から三十八年が過ぎた。しかし、彼女の打ち立てた金字塔は色あせることはない。敗戦後から七十六年を経た現在まで、オリンピックにおいて日本女子陸上競技個人短距離で決勝進出を果たしたオリンピアンは、未だ依田郁子のみである。

自転車競技選手、山藤浩三と辻昌憲の不運

東京オリンピック自転車競技に出場した二人のオリンピアンは、ともに三十九歳にして悲惨で悲運な死を遂げている——。

バブル経済が最盛期を迎えていた一九八〇年代。全国五十か所の競輪場の年間車券総売上額は一兆円を突破し、プロスポーツ選手として中野浩一が初の年収一億円を達成（八〇年）。約四千五百人の競輪選手の平均年俸は、プロ野球選手の平均年俸を上回った。

そんな時代の八四年五月十日、ロサンゼルス大会が開催される三か月前だ。朝日新聞社会面に家族四人の顔写真入りの六段抜きの記事が載った。

〈元五輪選手が一家心中　競輪Ａ級山藤選手〉

記事によると競輪選手の山藤浩三は妻と話し合い、茨城県取手市の自宅二階寝室にプロパンガス

を引き、中学生と小学生の二人の息子を道づれに一家心中を図ったのだ。知人によれば、妻が親族の借金の連帯保証人になってこげつき、サラ金業者に追われる日々だったという。妻の遺書には「いくら払っても借金はなくなりません……」と記されていた。

山藤は高校時代から、インターハイ千メートルタイムトライアルで優勝するなど、将来を嘱望される選手だった。法政大学在学中の東京オリンピックでは、四千メートル個人追抜き十三位、団体追抜きにも出場している。競輪選手転向後も新人王戦を制するなど、全盛時の年収は三千万円を超え、三十歳半ばまで高額賞金を掌中にできる特別競輪（G1）にも出場していた。

私の知人である、法政大学自転車競技部OBが先輩山藤を語る。

「先輩は『秋田の田舎には信号がないため、自由に練習ができて強くなった』なんて言っていたが、ひと言でクソがつくほどの真面目人間。奥さんは取手市内で喫茶店をやっていたけど、親族の借金で精神的に参っていたと思う。私ら大学のOB会や法政出身の競輪選手会は、サラ金の連中が葬儀場まで来ていたため、香典は葬儀後に直接遺族に手渡したよね……」

三十九歳で逝った、競輪選手の山藤浩三の通算獲得賞金額は、一億七千八百十八万円。だが、たびたび社会問題になっていた当時のサラ金業者の取り立ては半端ではなかった……。

もう一人の自転車競技のオリンピアン、辻昌憲の死はあまりにも悲運だ。山藤が一家心中した翌八五（昭和六十）年八月十二日だった。先に同僚オリンピアンの班目秀雄が証言したように群馬県の御巣鷹山に墜落し、五百二十人の犠牲者をだした、あの「大阪行日本航空１２３便」に搭乗していたのだから……。

自転車競技の伝統校である、石川県の金沢高校を卒業し、中京大学一年のときに東京オリンピック個人ロードレースに出場（途中棄権）。卒業後に大阪の大手自転車部品メーカーのシマノ（当時は島野工業）に入社し、二十七歳を迎えた年の七三年に創設されたシマノレーシングの初代監督に就任した。

そして、監督生活十三年目の八五年八月十二日。大阪から上京していた辻は、グリーンピア三木（兵庫県三木市）での「シマノグリーンピアロードレース」開催のため、日本アマチュア自転車連盟関係者と打ち合わせをした。その帰途、羽田空港十八時発の日航１２３便に搭乗し、帰らぬ人となったのだ。生前の辻は「東京出張は新幹線がいい。本一冊読み切れるからね」と言っていたのだが……。

あの日から二〇二〇年で三十五回目の夏を迎えた。御巣鷹山の尾根には「辻昌憲　三十九歳」と刻まれた碑がある。また、墜落事故から一年後の八六年八月だった。石川県アマチュア自転車連盟は、石川県立自転車競技場（内灘町）に「五輪の碑」を建立した。その碑には次のように記されている。

〈この碑は昭和60年8月12日不慮の飛行機事故で他界された辻昌憲氏の生前の功績を讃えると共に故人の志でもあった石川県よりオリンピック選手が育つよう願いをこめて若人に夢と希望と勇気とをテーマに故人を慕う有志の寄付により建立されたものです

昭和61年8月〉

石川県立自転車競技場に建立された「五輪の碑」

「戦死！」自衛官円谷幸吉の悲劇

四十代を迎えることなく、苦しみながら逝ってしまったオリンピアンたち。そこからは競技場では決して観ることができなかった、精神と肉体を酷使した壮絶な裏のドラマを垣間見ることができる。彼ら彼女らは一センチ、いや一ミリに全神経を尖らし、〇・一秒を競い合い、空(くう)に技を磨き、相手をかわして果敢にゴールに挑んだ。一瞬にすべてを賭けたのだ。しかし、「祭典(うたげ)のあと」もあまりにも急ぎ、一瞬の勝負にでた――。

一九六〇（昭和三十五）年七月に発足した池田勇人内閣の悲願であった「所得倍増計画」。達成したのは七年目（佐藤栄作内閣）の六七年だ。

その翌年の六八年。正月松の内が明け、メキシコ大会まであと２７６日と新聞が報じた一月九日未明だった。四年前の東京大会陸上競技マラソンで銅メダルを獲得し、唯一、日本選手として国立競技場のメインポールに日章旗を掲げた円谷(つぶらや)幸吉は、所属する自衛隊体育学校の自室で自殺。この世を去っている。

あまりにも有名になってしまった、円谷の辞世の句ともいえる遺書には、「父上様、母上様、幸吉はもうすっかり疲れ切ってしまって走れません。……」などと綴り、それも右側の頸動脈を両刃の安全カミソリで抉(えぐ)り切るという、まさに壮絶な自殺だった。それは自ら死を覚悟し、敵の砲弾に向かって突っ走った末の「戦死」である。

円谷の訃報が報じられ、遺書が公になると、作家の川端康成は、その死を「千万言も尽くせぬ哀切である」と評し、三島由紀夫は「傷つきやすい、雄雄しい、美しい自尊心による自殺であった」と書き、寺山修司は「自殺というよりは、他殺であった」と語った。

円谷幸吉が鬼籍に入ってからすでに半世紀を超える歳月が流れた。

二〇二〇（令和二）年三月まで福島県須賀川市の市立博物館館長だった安藤清美は、地元の英雄と称される円谷幸吉について詳しい。親族といまも交流し、お盆や命日に限らず墓参。両手を合わせて般若心経を唱えている。

一般紙の一面に「五輪まで227日、パラリンピックまで259日」と表記された二〇一九年十二月十日。JR東北本線須賀川駅前で待ち合わせた私を安藤は車に乗せ、円谷家の菩提寺である十念寺に案内。「故二等陸尉従七位勲六等　圓谷幸吉之墓」と大きく墓碑銘が書かれた黒御影石の墓を前に、私は両手を合わせた。そのときも安藤は線香を焚き、合掌しつつ般若心経を唱えてくれた。

「この十念寺は、一五九二年の文禄元年に開基されました。一六八九年の元禄二年には、松尾芭蕉が『奥の細道』の旅の途中で須賀川に投宿した際、参拝したお寺としても知られ、芭蕉が詠んだ『田植え歌』の句碑があります。また、江戸時代末期の女流俳人の市原多代女の句碑もあり、円谷さんも成仏していると思います」

そう丁寧な口調で説明する、一九五四（昭和二十九）年須賀川市に生まれた安藤清美。彼の存在を私が知ったのは、二〇一七（平成二十九）年の夏。故郷である南相馬市に原発事故の取材で出向いた際、地元紙の福島民報の週一の連載記事「ふくしま人（びと）」で円谷幸吉が取り上げられている（六回連載）ことに着目した。その筆者が安藤だった。同じ須賀川市生まれの強みだろうか。安藤の記事を読むと、何故に円谷が自殺に至ったのか、その真因が伝わってきたのだ。

福島県岩瀬郡須賀川町（須賀川市）生まれの円谷幸吉の父幸七は、一九一九（大正八）年に会津若松歩兵第六五連隊に入隊し、身体が強健で真面目な性格のためだろう。陸軍下士官適任證を授かっている。

除隊後の父幸七は、須賀川町で農業を営む実家に戻り、ミツと結婚。七人の子どもに恵まれ、その末っ子が一九四〇（昭和十五）年五月十三日生まれの幸吉だった。父の幸七は、子どもたちには飯炊き、風呂焚き、家畜の世話などを分担させ、次の四つを躾（しつけ）の柱とした。①呼ばれたら返事をする　②人には挨拶をする　③履物を揃える　④自分のことは自分でする――。

そのような厳格な父幸七は、週に一度は幸吉たち子どもを一列に並ばせ、号令訓練を行った。「気をつけ！」「回れ右！」「右向け右！」「右向け前へ進め！」。以上の訓練に、子どもたちは不満をこぼさずに黙って従ったという。

小学生時代から無口で内気な性格だった幸吉。こんな逸話がある。高校二年のときだ。末弟の幸吉をいつも可愛がっていた六歳上の唯一の姉である富美子が嫁ぐことになった。そのやるせない寂しさからだろう。披露宴は円谷家で行われたが、幸吉は姿をくらましてしまう。実は水を抜いた風呂桶にふたをして隠れていたのだが、披露宴が終わると姿を見せ、姉がいないことを知ると母のミツに抱きついて大声で泣いた……。

円谷幸吉が長距離ランナーとしての才能を萌芽させたのは、須賀川高校三年のときだ。県高校体育大会陸上競技五千㍍で三位に入賞。続く東北大会で六位となり、インターハイ出場権を獲得。晴れの舞台では十七位に終わったものの、翌年春に陸上自衛隊郡山駐屯地第六特科連隊に入隊し、三年目の六一（昭和三十六）年十月だった。国民体育大会陸上競技五千㍍で二位となり、一か月後の東日本縦断駅伝競走大会（青森～東京）で、福島県チームのメンバーとして活躍した。

それが認められた。翌六二年四月、円谷は開校されたばかりの自衛隊体育学校に陸上競技指導者の畠野洋夫の推薦で入校したのだ。この九歳年上の畠野との出会いが、長距離ランナー円谷の才能を一気に開花させる。早くも半年後の十月の日本陸上競技選手権大会に出場し、五千㍍と一万㍍の両種目に優勝。東京オリンピック強化選手に選ばれた。

そして、東京オリンピック開幕一年前の夏。マラソンを筆頭とした長距離ランナーの強化選手の君原健二（八幡製鉄）、寺沢徹（倉敷レーヨン）、船井照夫（東急電鉄）たちが参加したニュージーランド遠征のときだ。オークランドで開催された世界記録挑戦競技大会に出場した円谷は、二万㍍を59分51秒4、一時間走では二万八十一㍍十九㌢を走り、二種目で世界最高記録を樹立。さらにその帰途、オーストラリアで世界陸上競技選手権大会一万㍍に出場し、29分25秒2の大会新記録をマークしたのだ。遠征チームが羽田空港に到着すると、記者団に囲まれた円谷は、コーチの畠野洋夫を傍らに直立不動の姿勢を崩さずに次のように述べた。

「世界新記録をだせたのは、ニュージーランドでスピード不足をスタミナで補うことができ、自信が付きました。外国選手も怖くありません。五千㍍は14分10秒、一万㍍は29分10秒を目標に精進して参ります」

ニュージーランド遠征の際、同室で寝起きをともにした船井照夫には、二歳年下の円谷についての次のような思い出がある。愛知県豊川市の自宅を訪ねた私に、船井は白髪を手で撫でながら語った。

「ひと言で円谷という男は、クソがつくほどの真面目な男だった。寝るときはユニフォームやジャージ類をきちんとたたみ、枕元に置いて寝る。夜、みんなと酒を呑んでも毅然としている。まあ、軍人というか自衛隊員だしね。責任感が強いのはわかるが、真面目すぎて手抜きができないんだろうな。いったいどこで息抜きをしているんだと思った。無頓着な性格の私なんかには、とうてい理解できない男だったよね」

須賀川市立博物館一階にある館長室。安藤清美は私を前に語った。

「円谷さんの専門種目は一万メートルでしたが、マラソンにも出場しました。それは東京オリンピック陸上競技日本代表総監督の織田幹雄さんの推薦、後押しがあったからです。東京オリンピック開催の年、四月に開催された毎日マラソン兼代表選手選考会で円谷さんは、優勝した君原健二さんについで二位、三位は寺沢徹さん。マラソン専門で実績のある君原さんと寺沢さんの二人は、選考会で異論はなく決まりましたが、円谷さんの場合は、経験不足ということで選考委員の多くは躊躇し、意見が錯綜しました。そのときに織田さんが、『円谷君の頂点は、まだ先にある。何よりもスピードを買いたい。経験不足はこれから補える』と言い、出席していた南部忠平さんも『円谷君を推したい』と後押ししました。それでマラソン出場が決まったんです」

たしかに織田や南部をはじめ、村社講平（一九三六年ベルリン大会五千メートル・一万メートルともに四位。一九九八年没、享年九十三）や山田敬三（一九五二年ヘルシンキ大会マラソン。二〇二〇年没、享年九十三）たちオリンピアンも円谷を推した。

こうして東京オリンピック陸上競技一万メートルとマラソンの二種目に出場を決めた円谷幸吉。東京オリンピックで、まずは一万メートルで六位入賞し、コーチの畠野と抱き合って喜んだ。なにせこの種目での入賞は戦前のベルリン大会の村社講平以来、二十八年ぶりの快挙だったからだ。円谷も畠野も「これで責任の半分は果たせた」と思ったという。そして、その一週間後の十月二十一日の同じ国立競技場。六十八人のマラソンランナーは、午後一時にスタートを切った。安藤は続けて語る。

「ここ須賀川市からの応援団は、福島交通の大型バス三台に分乗し、東京須賀川会と合流して、総勢百八十人の応援団が、国立競技場に近い甲州街道の入口付近に陣取り、『円谷幸吉頑張れ！』の横断幕を張って声援を送っています。もうあのときは須賀川市の通りから人影が消えました。小学四年だった私は、学校のテレビで観ていました。いまでもエチオピアのアベベ・ビキラ（一九七三年没、享年四十一）に次いで二位で円谷さんが国立競技場に入ってきた、あの光景は覚えています。残念ながら最後はイギリスのヒートリーに抜かれて銅メダルでしたが、あれ以来、円谷さんはここ須賀川市の英雄になりました」

アベベに遅れること約四分。円谷が国立競技場に姿を見せたとき、前出の織田幹雄は人目をはばからずに泣いた。当時、陸上競技スターターの補助役員だった野崎忠信（第三章に詳述）が、私に次のように証言する。

「あのときの織田さんは、もう立ったまま涙をぼろぼろ流して泣いていた。『これでメダルは間違いない。メインポールに日の丸を揚げられる』という安堵感、責任を果たせたということで泣いたんでしょうね。前回のローマ大会のときは、陸上競技は入賞者ゼロでしたから……」
最も期待された君原健二は八位で、寺沢徹は十五位であった。

表彰式後、ローマと東京の二大会連続金メダリストとなったアベベは言った。

「次のメキシコでは、日本の円谷が強敵になるだろう」

翌日（十月二十二日）の地元紙の福島民報は一面で、銅メダルを下げた円谷幸吉の大きな写真と「あっぱれ円谷、高々と日の丸」の見出しで次のように報じた。要約したい。

《やったぞ円谷――。国立競技場を埋めた大観衆の割れるような拍手と耳をつんざく歓声に迎えられて期待の円谷幸吉選手は見事3位でゴールイン、日本陸上ただ一人のメダリストに輝いた。４２・１９５キロメートルのコースを68選手とともに死力を尽くして健闘した円谷選手が大任をはたして競技場に入ってきた。ぴたりとついてきたヒートリーが最後の1周第3コーナーで円谷を抜き去った。しかし全観衆、いや全国民は我を忘れて〝あっぱれ円谷〟と本県の生んだ小柄なファイトマン円谷選手に惜しみなく称賛の拍手を送った》

しかし、東京オリンピック後の円谷は、精神的にも肉体的にも疲れ果てていた。持病の椎間板ヘルニア、加えてアキレス腱が悪化していたが、それでも全国各地から招待される競技会に出場していた。もう一つ。円谷にとって不運だったのは、寝食をともにしていたコーチ、恩師である畠野洋夫との決別だった。それに伴う婚約者との破談だ。東京オリンピックから二年目の六六（昭和四十一）年六月下旬のことだったという。円谷はかねてから交際していた、一歳年下の女性との結婚を決意し、両親の賛成も得た。女性の存在を知っていた畠野も喜んだ。結婚式の日取りも決まり、県内の温泉地への二泊三日の新婚旅行も決まっていたという……。

ところが、この縁談はご破算となった。東京大会の際にオリンピック支援集団司令部総務部長を務め、前年の六五年三月に自衛隊体育学校校長に就いた上官が大反対したのだ。

「俺が知らん話が、何故にそこまで進んでいるんだ。結婚している場合じゃないだろう。メキシコが終わるまで待て！」

この上官の命令に元軍人だった円谷の父幸七は、黙って納得した。唯一、畠野だけは上官に異議を唱えた。

「結婚すれば、それが励みになります。結婚を許してやってください」

しかし、上官は頑として許さなかった。二週間後に畠野は円谷との師弟関係を引き裂かれる。自衛隊体育学校教官の任務を解かれ、北海道札幌市真駒内自衛隊北部方面スキー訓練部隊に転属になったのだ。左遷である。

その瞬間、円谷の思考は激しく揺れた。大海原に放り投げられた小舟のように浮沈し、悲嘆に暮れた。札幌の畠野に手紙で訴えている。

〈教官がいなくなって、自分のことを叱り、命令してくれる人がいなくなりました。すべて自分の思うようになる。それが辛いです……〉

単なるオリンピアンではなく、否応なしに周囲から注目されるメダリストとなった円谷幸吉。郷里の英雄になり、日本の円谷となり、自衛隊を代表する「我らが同胞円谷幸吉」となった。だが、精神的支柱でもあった畠野を失った代償はあまりにも大きかった。

メキシコ大会まであと一年。六七（昭和四十二）年の大事なシーズンを迎えても、円谷の体軀は悲鳴をあげ、脚と腰に激痛が走る。手術をしても完治はしなかった。十二月、最後の望みを懸け、静岡県下田市での合宿に参加した。しかし、走れる状態ではなかった。宿舎に戻ると、頭から布団をかぶって泣いた……。

一方、福島県郡山市の陸上自衛隊郡山駐屯地第六特科連隊の厚生課に勤務していた円谷の婚約者の、その後はどうだったのか。第三者の冷淡な言葉で婚約を破棄された二十代半ばの女性の心情は、本人にしかわからないだろう。ただし、破談から半年後の六六年末、円谷からプレゼントされた指輪や手紙類すべてを円谷家に返送している。

下田市での合宿を終えた円谷は、晦日に両親が待つ須賀川市に帰省。円谷家が勢ぞろいしたなかで正月三が日を過ごした。元旦には長兄が「高砂」と「羽衣」、円谷は「武田節」を謡って盛り上がった。父と母を前に干し柿やモチを食べた。兄夫婦や甥や姪たちと一緒におすし、ブドウ液、養命酒、しそめし、南ばん漬けなどの馳走を美味しくいただいた。もちろん、笑みを浮かべて口にする幸吉を見れば、親族でもこれが最後の晩餐になるとは思わなかった……。

一月三日、横浜市で働くすぐ上の兄の車に乗り、埼玉県の大宮市で降りた。そこから埼玉県朝霞市の自衛隊体育学校に向かうはずだった。だが、隊に帰ったのは五日であり、円谷が二日間どこで過ごしたかは、未だ不明である。

そして、先に述べたようにメキシコ大会開催まであと276日という、一月九日未明に自衛隊体育学校の自室で自殺に及んだのだ。四日後の十三日に行われた自衛隊体育学校葬には、北海道札幌市から畠野洋夫も駆けつけて出席した。このとき畠野は、体育学校関係者から「円谷の死因をつくったのは、お前だ！」と罵声を浴びせられたという。しかし、喪服を着た父幸七だけは違った。畠野の右手を握り締め、こう言った。

「教官殿が傍にいてくれたら、幸吉はあんなことはしなかった。絶対に……」

円谷の自殺について一万メートルのライバルだった、前出の船井照夫は私にこう言った。

「自殺したことを知ったときは、『ああ、やっぱり……』という思いだった。自衛隊の陽動作戦に利用されたというか、乗せられてしまった感じかな。メキシコを無理にめざさず、指導者になる道もあったと思う。東京オリンピックの一万メートルで私は、期待を裏切ってしまって十四位。円谷は六位入賞でマラソンにも出場して銅メダルだった。もちろん、人生に〝もし〟はないけど、マラソンに選ばれていなかったら、自殺せずに別な人生を歩んでいたんじゃないかな。八十歳になっても、こういった取材を受け、あの東京オリンピックについて語り、円谷についても振り返ると、そう思う。いまも両手を合わせたい心境だよね……」

二〇一九（令和元）年十二月十日。須賀川市立博物館館長の安藤清美は、私を車に同乗させて円谷幸吉の母校である須賀川高校、円谷幸吉メモリアルホール、須賀川市役所に案内した。いずれの地にも円谷幸吉の銅像が建てられている。また、街中の一角には円谷の大きな写真が飾られ、石碑には「忍耐　円谷幸吉」と書かれ、足形や物語ボックスまでも設けられていた。円谷幸吉は、須賀川市が誇る英雄である。

円谷幸吉メモリアルホールは、私が訪ねた二か月前の十月の台風19号で被害に遭い、残念ながら館内に入ることはできなかった。嬉しかったのは、私と同じ南相馬市出身で、母校原町高校ＯＢのトライアスロンのオリンピアンである西内洋行が、神戸市出身のレスリングのオリンピアンの井上智裕とともに復旧支援に来てくれたことだ。台風19号の影響で十月二十日開催予定だった「第三十七回円谷幸吉メモリアルマラソン大会」は中止となった。この大会には毎回、ライバルだった君原健二（第二章に詳述）が出場している。ちなみに二〇二〇年の大会もコロナ禍で中止となった。

二〇一七年夏に福島民報の連載「ふくしま人」に寄稿した安藤清美は、その円谷幸吉の記事を手に私を前にしんみり顔で言った。

「やっぱり、円谷さんの自殺の真因は、コーチであり、恩師だっ

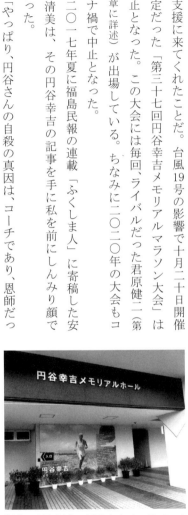

福島・須賀川市の円谷幸吉メモリアルホールとお墓

た畠野さんと別れたというか、師弟関係を引き裂かれてしまった。そこにあると、そう私は思っています」

円谷幸吉が鬼籍に入って二〇二一年で五十三年の歳月を経た。その間、一度だけ円谷が思い出の国立競技場に姿を見せたことがある。それは二〇一四年の五月四日で、国立競技場が解体される前に一般公開されたときだ。子ども時代に可愛がってもらった、八十歳になる姉の富美子が国立競技場のフィールドに立ち、額に入った写真を両手で高く掲げた。それは五十年前に首から下げた銅メダルを左手に、わずかに笑みを見せつつ、観衆に手を振る弟幸吉の写真だった。

円谷幸吉は、生まれ故郷の須賀川市の十念寺に眠る。享年二十七、戒名は「最勝院功誉是真幸吉居士」――。

金メダリスト猪熊功の「自殺合宿」

頸動脈を安全カミソリ切り、自死したメダリスト・オリンピアンの円谷幸吉――。

それから三十三年後だ。オイルショック（一九七三年秋）で高度経済成長期時代が終焉。その後、日本はバブル経済に恵まれるものの、それもあえなく崩壊し、日本経済が長い停滞期に入っていた二〇〇一（平成十三）年九月だった。実業家に転身したメダリストのオリンピアンは、封建社会における武士道を重んじ、敬っていたのだろうか。「円谷にだってできたんだ！」と語り、同じように首の頸動脈を軍人だった父の形見の脇差しで突いて自刃していた。

そのような円谷と同じく壮絶な死を遂げたオリンピアンとは――。

六四年東京オリンピック柔道八十キロ超級（重量級）金メダリストの、あの背負投を得意技とした猪熊功である。

神奈川県南東部の三浦半島に位置する横須賀市。ＪＲ横須賀線の衣笠駅から徒歩で十五分ほどの曹源寺は高台にあり、市街を一望することができる。

すでに死を決めた六十三歳の東海建設社長の猪熊功が、この菩提寺に最後に足を運んだのは、二〇〇一年九月二十二日だった。「猪熊家之奥都城」と刻まれた先祖が眠る墓を前に合掌。遠くに富士山を眺め、生まれ故郷の街を見下ろしたとき、どんな思いが去来したのだろうか……。

それから六日後の九月二十八日、東京・新宿駅中央東口近くの貸しビル内にあった東海建設本社。午後六時過ぎ、社員の退社を確認した後だ。社長室で猪熊は、軍人だった父の形見の約四十センチの脇差しを手に、側近に見守られながら練習通り狙いを定め、一気に首を突いた。自刃したのだ。

中学時代に姿三四郎に憧れて柔道を始めた猪熊が、全日本選手権で優勝したのは一九五九（昭和三十四）年の東京教育大（筑波大学）四年生のとき。身長百七十三センチ・体重八十三キロの小躯で制したのは史上初だった。そして、五年後の東京オリンピックでも八十キロ超級決勝では、百九十センチ・百二十キロのカナダのダグ・ロジャース相手に金メダルを獲得。翌六五年には、念願の世界選手権無差別級をも制し、史上初の「柔道三冠」を達成している。

二十七歳で引退した猪熊は、警視庁を退職して東海大系列の東海建設に入社。七三（昭和五十八）年には東海大教授に抜てきされ、柔道部顧問として山下泰裕（現ＪＯＣ会長）をスカウトしている。

また、七九年には、心酔する東海大学総長の松前重義の秘書役として活動。松前が国際柔道連盟会長に立候補した際は、票集めのために各国を訪問し、当選させている。

当時を私の友人で、横須賀高出身の猪熊の四歳年下の後輩小林俊一が証言した。彼は四十年間にわたり、ケニア人長距離ランナーを日本の高校、大学、実業団に紹介している。

「いまもそうだが、私はケニアのナイロビに住んでいるだろう。たしか八〇年代に入った頃かな。スペインのマドリードの空港でトランジットの際、先輩の猪熊さんと偶然お会いした。柔道関係の仕事でヨーロッパ各国を訪問していると言っていた。一応、神奈川では名門校の横（須賀）高の先輩・後輩の間柄だしね。それが縁で付き合うようになったよね。ケニアから帰国するたびに新宿の東海建設の社長室を訪ねると、壁には松前さんの写真が飾られ、それを見つつ日本や海外の柔道事情を話してくれた。当時は仲が良くなかった全柔連と講道館の関係とかね。まあ、夕方になるとホテルニューオータニの久兵衛に行き、寿司をつまみながら酒を呑む。その後は銀座の高級クラブに出向く。ひと言で豪快な先輩でしたよ……」

だが、一九九〇年代を迎えるとバブル経済が弾け、東海建設の経営は一気に悪化。後ろ盾の総長の松前重義が九一年に他界したことも、社長の猪熊が自殺する引金となる。その経緯は、井上斌・神山典士著『勝負あり　猪熊功の光と陰』（河出書房新社、二〇〇四）に詳述されているが、あまりにも大胆不敵だった。

「なーに、円谷にだってできたんだ。俺にできないはずはない」

そう猪熊が言ったのは、自殺する二週間ほど前だ。円谷とは、もちろん先に記したマラソン銅メダリストの円谷幸吉のことである。先に述べたように、六八年一月にカミソリで首の頸動脈を切って自殺していた。

その後の猪熊は、東京・世田谷の自宅に会社の側近を泊まらせ、連夜「自殺合宿」をした。あるときは脇差しの代わりに靴ベラを手に、鏡を前に首を突いて頸動脈を切る練習を繰り返す。会社の顧問弁護士宛に遺書を書き、宅配便で送る用意をした。また、支援に見向きをしなかった東海大学関係者に対しては、怨みの遺書も書いたという。

当初は自宅で命を絶つはずだったが、結局は貸しビルにある東海建設本社の社長室を死に場所に選んだ。それというのも自宅で自殺すれば近所迷惑になるだけでなく、土地や家屋の価格も下落すると考えたからだ。

六四年東京オリンピックから三十七年目。二〇〇一年九月二十八日の夜、予定通り猪熊功は脇差しで自刃した。

〈東京五輪柔道で金　猪熊さん自殺〉

そう新聞が報じた九月三十日、生まれ故郷の横須賀市の曹源寺で葬儀が行われた。戒名は「徳柔盈功居士」。それから十二日後の十月十二日だった。猪熊功が社長を務めていた東海建設は、負債総額二百億円超で破産宣告を受けた——

第二章　オリンピアン、汚れなき声

前回の一九六〇（昭和三十五）年ローマ大会での日本の金メダル獲得数は、たったの四個だった。それも、すべて男子体操競技におけるものであり、たとえ四年後の東京大会では新たに柔道（男子のみ、四階級）とバレーボール（男女）で金メダルを独占したとしても、せいぜい十個が限界と思われた。だが、開催国の日本は、金メダル十六個を獲得し、国別ではアメリカとソ連に続いて三位であった。

日本選手団四百三十七名（選手三百五十五名、役員八十二名）が参加した東京オリンピック。私はこれまで多くの東京大会に出場したオリンピアンを取材してきたが、たとえ金メダリストでなくとも心に残るオリンピアンは多い。あらためて彼らのスポーツに懸けた人生を垣間見たい——。

「アマチュア精神」を死守した君原健二

第二十五回オリンピック・バルセロナ大会まで残すところあと一年。東京オリンピックから二十七年後の一九九一（平成三）年夏だ。国立競技場をメイン会場に開催された第三回世界陸上競技選手権大会のマラソン競技で谷口浩美（旭化成）は、日本人初の金メダリストとなり、ほぼバルセロナ大会出場権獲得を決めた。

その一か月後の九一年九月初旬だった。私は五十歳になるマラソンランナーの君原健二の取材のため、九州は福岡県宗像（むなかた）市に出向いた。取材場所は、自宅に近いという駅前の喫茶店。雨模様のなか、君原は50 CCのバイクにまたがり、雨合羽姿でやってきた。

そして、席に着くなり穏やかな表情で語り始めた。

「時の流れは早いものです。もう東京オリンピックから二十七年も経ちました。マラソンの世界最高記録で金メダルを獲得したアベベのタイムは2時間12分11秒でしたが、現在の世界最高は2時間6分台ですから、時の流れを感じます。東京（オリンピック）のときはテレビの画面は白黒でしたが、いまはカラーですし、大型の画面で観られますからね。便利な時代になったと思います」

感慨深げに語る君原は、六四年東京、六八年メキシコ、七二年ミュンヘンと三大会連続でオリンピックに出場。二十七歳で挑んだ空気の薄い高地でのメキシコ大会では、苦しそうに首を傾（かし）げて走りつつも銀メダルを獲得。多くのファンを魅了している。

「私は、これまで四十四回のマラソンレースに出場し、すべて完走しています。そのうち優勝は十四回です。しかし、考えてみますと、四十四回も走って完璧に納得できるレースは何回あるのかというと……。完走したものの投げてしまったレースも何度となくあります。また、優勝しても納得できないこともあります。逆に優勝しなくても大満足のレース運びをしたこともありました。三回もオリンピックに出場した私は、大変な幸福者ですね。しかし、私にとってマラソンは、実に深みのある難しいスポーツだったことに変わりはありません」

君原健二がマラソンランナーとして注目されたのは、一九六二（昭和三十七）年十二月に行われた朝日国際マラソン（福岡国際マラソン）で二位入賞したときだった。当時、二十一歳の君原は初マラソンながら2時間18分1秒の好タイムを記録したのだ。

「あのときは、それまでの日本最高記録は2時間18分52秒でしたが、寺沢徹さんが2時間16分18秒の世界最高記録で優勝したんです。私も日本最高記録を51秒も上まわるタイムで三位。もう私自身が驚きましたが、初マラソンで従来の日本最高記録を破ったということで自信がついたことも事実でした。あの三位入賞で東京オリンピックに向けての強化選手に選ばれましたから」

その後の君原は、非凡な才能を開花させる。翌六三年五月の毎日マラソンで初優勝。トントン拍子でトップランナーの仲間入りを果たし、東京オリンピック代表選考会を兼ねた六四年四月に行われた毎日マラソンで優勝し、寺沢徹と円谷幸吉とともに東京オリンピック代表選手に選ばれたのだ。

ときおり視線を宙(ちゅう)に浮かせ、君原は六四年東京オリンピックについて語る。

「結果は八位です。順位としてはまあまあの成績でしたが、私の周囲の関係者は落胆しました。それというのも円谷選手は三位の銅メダルでしたからね。円谷選手とはオリンピック前に二回走って、私が二回とも勝って優勝しているため、私のほうが円谷選手よりいい成績をださなければ納得しなかったのでしょう。私としては自己記録に三分も及ばなかったため、悔いはありましたが、私は世界で八番ということで納得したんですが……。

ただ、オリンピックに三回出場して思うのは、三人代表選手が出場していい成績を残すのは、あまり期待のかけられない三番手の選手ということです。東京のときは私と寺沢さんに期待をかけられていましたが、寺沢さんは十五位でした。その後のオリンピックでも言えます。メキシコで私は銀メダルを獲得しましたが、あのときは若手の佐々木(精一郎)君や宇佐美(彰朗)君に期待がかけられていた。しかし、結果として、宇佐美君は九位で佐々木君は途中棄権。八四年のロサンゼルス大会の瀬古(利彦、十四位)君、その次のソウル大会のときの中山(竹通、四位)君にも言えます。つまり、期待をかけられる選手はマスコミにどんどん露出する。知らず知らずのうちに大変なプレッシャーになり、本番でなかなか実力を発揮するのは難しくなってしまうのです」

八位に終わったものの君原健二は、「オリンピック東京大会がいちばん印象深いレースでした」と言った。ところが、オリンピック後は「二度とレースはしたくない」との理由で競技会から遠ざかる。当時二十三歳。マラソンランナーとしてはこれからの彼に何が起こったのか？　君原は、私を直視してこう言った。

「一生懸命になって私は努力しました。その結果が、2時間19分49秒の八位でした。だから、私は苦しさから逃れたかったのです。オリンピックが近づくにつれて、精神的な負担も相当なもので、『頑張ろう、頑張ろう』と自分自身に言い聞かせていたのです……」

その言葉に私は頷いた。君原はレース中に給水を摂るように水を飲み、続けて語った。

「……でも、それだけの理由ではなく、私は悩んでいました。東京オリンピック当時は、勝つためには手段を選ばないといった風潮があったからです。たとえば、当時のアマチュアリズムで選手は、二か月間に一週間程度しか合宿はしてはいけないという約束事がありました。ところが、強化選手の場合は、東京オリンピックまでの一年間は合宿につぐ合宿なんですね。ですからレースに出場するたびに『俺はアマではなく、セミプロじゃないのか』ということで悩んだわけです。

強化選手以外の一般のアマチュア選手たちは、会社の仕事を終えてから練習をして、競技会に参加する。対する私たち強化選手は、国費の強化費を使って合宿し、たまにレースに出場するわけですから、セミプロといった感じです。そんなセミプロの私が、純粋なアマチュア選手たちとレースをする。これではアマチュア精神から考えれば、私は失格ではないかと何度も思った。それで悩むわけです。そういったこともあり、私は東京オリンピックを終えた後、もうレースには出場したくないと思ったのです。私は頑固者ですから……」

現在は、オリンピックをめざすトップアスリートとなれば、たとえ企業に所属していても、一般社員と同じ仕事をしている者はいないだろう。いまや賞金がでるマラソン大会は当たり前。日本最高記録をだせば、一億円の大金を手にすることもできる。プロとアマの壁はなく、オリンピックの檜舞台をめざせる。それが現在のスポーツ界だ。

しかし、半世紀前は違った。日本に限らず、世界のスポーツ界はアマチュアリズムが重んじられ、年間の合宿期間も制限されていた。

こんなことがあった。五六（昭和三十一）年に第十六回オリンピック・メルボルン大会が開催されたときだ。競輪の収益金でオリンピック派遣費が賄われることになり、それを知ったアマチュアリズムを重んじる日本フットボールラグビー協会は、「ギャンブルのテラ銭に頼るのは、アマチュアスポーツ精神に反する！」と厳しく非難。日本体育協会（日本スポーツ協会）から脱退してしまった（五七年六月復帰）。

そのような当時の慣わしを、真面目に考えていた君原健二。悩むのも当然だった。

私は尋ねた。それではカムバックした理由は？　君原は答えた。

「頑固者の私は、一度自分で決めたことは誰に言われても翻意しないです。しかし、結果として復帰しました。それはコーチの高橋進さんに言われたセリフに、私が納得したからです。『君原、青春時代にできることは青春時代にやらなければならない。歳をとれば肉体の限界を極めることはできない。いましかできない』と、そう言われてカムバックを決意したんですね。コーチとしての単なる一つの説得方法だったかもしれませんが、燃えるような熱意で言われると、もう一度オリンピックに挑戦してやろう、と。その結果、メキシコで銀メダルを手にしたわけです」

同学年だった君原健二と円谷幸吉は、無二の親友のように仲がよかった――。東京オリンピックに関わった陸上競技関係者誰もがそう証言した。

事実、君原自身も語っている。六一（昭和三十六）年十月、秋田県で開催された国民体育大会の五千メートル決勝で円谷が二位、君原が三位になった。それを契機にライバルでもあった二人は会話を交わすようになり、東京オリンピック開催二か月前の北海道札幌市での記録会のときだったという。二人揃って一万メートルの日本記録を塗り替えたときは、公園の売店でビールを買い、肩を並べて呑んだ。そのときのことは、いまも君原の懐かしい思い出になっている。

しかし、第一章で詳述したように円谷はメキシコ大会が開催される六八年の一月九日に自殺。この世を去った。君原は二〇一四年九月に発行された『スポーツゴジラ』（スポーツネットワークジャパン、第二十五号）のインタビューで、円谷の自殺についても言及している。その部分を要約したい。

「東京オリンピックのレース直後の私は自分が惨めで、日誌には『自殺しそうな気持になる。こういう敗北だけはもうしたくない』と書いています。大会後、私は一年間競技を離れます。その一年は何もせず、勝手気ままな時間を過ごしましたが、円谷さんは次のメキシコ大会でもう一度メダルを獲るために練習を続けました。さらに円谷さんには好きな女性がいて、ご両親もその結婚に賛成していても、自衛隊体育学校の校長先生から大事なメキシコ大会前にしての結婚は駄目だと。それに対して円谷さんは逆らうことができず、破談になってしまいました。

一方、私は東京オリンピックの半年後に文通していた佐賀県の女性と初めて会い、その一年後に結婚しました。初めはコーチも結婚に反対しましたが、早く結婚したい私は説得し、仲人をお願いしました。そこが自殺した円谷さんと私の違いです。円谷さんの訃報を知ったときは、悔しさばかりでした。苦しんでいた円谷さんに何もしてあげられなかったことが悔しかったです。いまでも残念です……」

以上の話でもわかるように、君原と円谷の関係は深かった。ライバルでもあった二人は、強化選手が参加する合宿の際は一緒に走り、一日も休むことなく年間約八千キロは走り込んでいた。ちなみに君原には、結婚式当日の朝も二十キロほど走ったという逸話もある。

そして、君原健二が、「円谷さんのために走ろう！」と思っていた、二回目のオリンピックのメキシコ大会。六八年十月二十日の午後スタートのマラソンは、オリンピック三連覇を狙うエチオピアのアベベ・ビキラとマモ・ウォルデ（二〇〇二年没、享年七十）を筆頭にオーストラリアのデレク・クレイトンなど強豪選手を中心にレースは展開された。そのなかで君原は、三十キロ地点辺りから例の首を傾げる姿で走っていた。結果を先に記せば、知っての通り、エチオピアのマモに次いでゴールインしての銀メダル獲得。高地ゆえに2時間23分31秒のタイムだったが、陸上競技関係者に「肉体が走っているのではなく、根性の塊（かたまり）が走っている」と言わしめたほどだ。

再び福岡県宗像市の駅前喫茶店——。

君原は、続けてメキシコ大会を振り返って語る。

「メキシコでは何のプレッシャーも感じることなく、気軽に走れたと思います。前の晩はビールを二、三本呑んでレースに臨みました。しかし、私にとっては決して他人さまから祝福されるような銀メダルを獲れるようなレースではなかったですね。それというのも実は三十キロ辺りからお腹の調子が悪くなり、何度もトイレに行きたくなりました。これは完全な私の失敗です。食事の摂取方法が間違ったのか、それともレースをしている緊張感で腹痛を起こしたのかはわかりませんが、いずれにしても私のミスです。

そんな私が二位になれたのは、単に運がよかったからです。高地ということで、たまたま私よりも大きなミスをしてリタイアする選手が多かった。運や不運は勝負事につきものですが、メキシコでの銀メダルは私にとって大満足して獲得したものではないです。苦しいときのレースは、あと一キロ頑張ろう、あと五百メートル走ればゴールだと頭の中で呪文を唱えるように走るのですが、メキシコのときはトイレに行きたいということがあり、五十メートル先の電柱まで頑張れ、といった調子で何回もあの電柱まで走れば、と思いながら走った。その結果、銀メダルに結びついた……。だから、決して満足できるレースではなかったのです」

たとえ満足できないレースだったとはいえ、二十七歳のときに銀メダリストとなったオリンピアンの君原健二。峠を攻めるマラソンランナーとして肉体的にも精神的にも、加えて技術的にもいちばん充実していた時期だったのではないか。万事休すというべき便意を催（もよお）しても、強い精神力で跳ね除けたのだ。

さらに三十一歳のときに出場した三回目のミュンヘン大会。日本選手最高位の五位入賞を果たした君原は、どのような想いでレースに臨んだのか。

「ミュンヘンのときは、別に意識してどうしても出場したいとは思っていませんでした。宇佐美（彰朗、十二位）君と采谷（うねたに）（義秋、三十六位）君に続く若手が伸びなかったため、私に出番が回ってきた。それなのに結果として五位。やはり、三回目ということで慣れていたと思いますし、とても気楽に走れました。

実は、ただ一つだけゲンを担いだのです。私にはジンクスなんてないのですが、大会前に北海道で合宿をした際、クマの〝シンボル〟は幸運を呼ぶということでいただき、ミュンヘンのときはパンツの中に入れて走ったのです。私は合理的な人間ですから、そんなオマジナイやゲンを担ぐことはほとんどしないんですが、五位入賞はきっとクマのシンボルのお蔭かもしれません。ええ、クマのお蔭ですね」

その言葉に苦笑する私を前に、口元を緩めつつ語る君原健二。続けて言う。

「私の好きな言葉に『スポーツ選手として大事なのは、勝利者として成功したかではなく、いかに努力したかどうかだ』というのがあります。これがアマスポーツをやる上での基本だと思っていますし、アマスポーツは勝利者だけが喜ばれるケチなものではありません。全員が満足できるのがアマスポーツだと思います」

そして、次のような言葉も口にした。

「あえて名前をあげますが、私は（八八年ソウル大会後に）引退した瀬古（利彦）君のような走り方は好きではありません。本当に実力があるのなら、レースでは先頭を走るべきです。瀬古君の走り方は、常に先頭グループの後ろについていて、最後にパッとスパートをして勝つパターンでした。一つの勝負を決める駆け引きだと思いますが、私にはああいった走りはできないですね。私のマラソンは、一着、二着の順位よりもいかに納得できるタイムで走ったかということです」

終始、君原は真摯な態度を崩すことなく取材に応じた。二時間を超えるインタビューだったためだろう。喫茶店にいた客たちは、「マラソンの君原健二」と気づき、取材を終えると色紙を手にサインを求めてきた。君原は一枚ずつ達筆な字で書いた。

〈努力は人間に与えられた最大の力です。君原健二〉

サインに応じながら君原は私に言った。

「私はメキシコで銀メダルを獲得したり、三回もオリンピックに出場できたのも多くのライバルがいたからですね。円谷さんもその一人。感謝しています」

私が君原健二を取材した一年後、九二年夏に開催されたバルセロナ大会――。

前年の東京で開催された世界陸上競技選手権大会マラソンを制し、最も期待された谷口浩美は、レース中に後続選手と接触して転倒。思わぬアクシデントに見舞われ、「こけちゃいました」と言って八位。三十二歳のベテラン中山竹通（ダイエー）は、前回のソウル大会に続いて再び四位に終わった。

だが、君原が指摘したように期待されなかった三番手の森下広一（旭化成）が銀メダルに輝いたのだ。

観客席にメダルを放り投げた菅原貞敬

いまも覚えている。一九九五（平成七）年十二月十八日だった。場所は成田国際空港。十三時四十五分発ブリティッシュエアウェーズ００８便で、一万一千キロも離れたアフリカのケニアに旅立つ前だ。この年の夏に国際交流基金を通じ、ケニアの女子バレーボールチーム監督に就任した五十六歳になる菅原貞敬（さだとし）は、見送る私に言った。

「ここ成田からロンドン経由でケニアのナイロビまで二十一時間ほどです。私が秋田の能代高校を卒業し、就職先の滋賀県大津市の東洋レーヨンに行ったときは、北陸本線で二十時間かかった。昔と違い世界は狭くなった。私の任務は、ケニアの女子バレーボールチームを来年のアトランタオリンピックに出場させることです。まだアフリカの女子チームは、オリンピックに出場していない。期待していてください」

あの日から二十四年が経った、二〇一九（令和元）年の同じ師走。ＪＲ東海道新幹線三島駅改札口で待ち合わせた八十歳になる菅原は、「まずは言っておきたい話があります」と言い、これまで誰にも語ったことがないという、次のような秘話を披露してくれた。

「九六年のアトランタ大会にケニア女子チームは、知っていると思うが出場できなかった。でも、実はいろんな問題があったんですね。あのときは、オリンピック出場を懸けたヨーロッパ予選で負けたロシアを救済するためＦＩＶＢ（国際バレーボール連盟）は、いろんな理由をつけてアフリカ大陸予選に出場させたわけです。それで私が指導していたケニア女子チームは、決勝戦でロシアと対決して負けてしまった。

でも、どう考えてもフェアじゃない。どうしてロシアがアフリカ代表としてオリンピックに出場するんだと。そこで私とケニアバレーボール協会は、『これは抗議し、世界に知らせるべきだ』ということで、ＩＯＣやＪＯＣ、日本バレーボール協会、それにホワイトハウスやアトランタ市長にも抗議文を次つぎと送ったんですね。もちろん、反響はあった。ＩＯＣのサマランチ会長（二〇一〇年没、享年九十）は、我われの抗議に理解を示し、ＦＩＶＢのアコスタ会長に詰問したと聞いた。それにホワイトハウスの報道官は、ケニアの日本大使館に『あなたたちの抗議は正しい』と言ってきた。ただね、残念だったのは、当時の日本バレーボール協会の態度だった。旧ソ連時代からロシアと日本は深い協力関係にあったためだと思う。日本バレーボール協会の幹部たちが私に『この件はマスコミにしゃべってほしくない』と口止めをしてきた。なんか悲しかったね」

結局、ケニアはアトランタ大会出場権をロシアから取り戻すことはできなかった。ところが、この話には続きがあった。四年後のことだ。菅原は語る。

「二〇〇〇年のシドニー大会のときだったね。ケニアの女子バレーはアフリカ大陸予選を勝ち抜き、アフリカ勢初のオリンピック出場を果たすことになった。そのときの監督は私ではなく、ケニア人だったが、ケニアのバレーボール協会が私に『監督としてシドニーに行ってほしい』と強く言ってきた。アトランタの件があったからでしょうね。それでケニアチームを率いてシドニーに乗り込んだ。いや、嬉しかったです」

柔和な表情を崩さずに取材に応じる菅原には、実は他にもいい話がある。続けよう。

六四年の東京オリンピックで男子バレーボールは銅メダルを獲得した。ピンチサーバー菅原のバックライン後方十メートル地点からのサーブが、ソ連をはじめとする東欧の強豪国を翻弄してのメダル獲得だった。そのときだ。表彰式で銅メダルを手にし、退場するときに「見せてくれ！」と叫ぶ観客に向け、躊躇（ためら）うことなくメダルを放り投げたのだ。菅原は真顔で語る。

「私は観客の応援もあってメダルをいただいたため、戻ってこなくともいいという想いで観客席にメダルを放り投げた。後になって、大会役員の方が控室にメダルを届けてくれましたが、そのときのメダルがこれです」

そう言ってバッグからメダルを取りだし、私に見せてくれた。

銅メダルを前に語る菅原貞敬

東北は秋田県能代市生まれ。正直一途な人間の菅原貞敬。自ら「私はバレー馬鹿です」と衒（てら）うことなく言い、「無趣味でバレーを取ったら何もない人間ですね」と、私を前に目を線にして頬を崩す。

能代高校三年のときの五六（昭和三十一）年夏だ。主将としてチームを率いてインターハイで東北・北海道勢で初の優勝を果たし、翌年春に滋賀県大津市の東洋レーヨンに入社した。

「私は八人兄弟の上から四番目、下から五番目。父親は獣医だったが、昭和三十年代に入ると耕運機がでてきて、馬や牛を飼う農家も少なくなってきて、獣医の仕事も減ってきた。一応はインターハイ優勝チームの主将だったため、早稲田や明治、立教などの大学からスカウトの声もかかっていたんだが、私が大学に入ったら経済的に苦しいだろうと考えてね。そこで東レに入ることにした。能代高監督の武田重蔵先生は早稲田出身で、同期生が東レに行っていたということもあってね」

もちろん、入社と同時にバレーボール部の東レ九鱗会（東レアローズ）に所属し、バレーボール人生をスタートさせた。菅原は語る。

「人事部に配属され、入社式のときに当時の社長が『君たちは将来、中堅幹部になる人材だ』と挨拶した。ところが、大卒の入社式のときの社長は『君たちは最高幹部になることだ』と言ったのを、たまたま私は聞いた。それで私は人事部の社員だったため、定年退職者名簿を見たら高卒の優秀な人は課長止まりで、普通の人は係長止まり。大卒の優秀な人は部長以上の要職に就いていた。それで高卒の私は、最高幹部になれないんなら『徹底的にバレーをやろう。バレー馬鹿になってやれ！』と、そう思ったんですね」

そう決心した菅原は、誰よりも練習に汗を流したという。それが奏功し、二十一歳のときに日本代表入りを決めた。

「入社二年目に日本代表チームが東レで合宿をし、若かった私はボール拾いを命じられたんですね。そのときに思ったのは、とにかくフットワークよく、元気に大声でボール拾いをやろうと。そしたら合宿が終わりに近づいた頃、日本代表監督だった長崎重芳さんが私に注目してくれて、『お前、名前は？』と。『はい、菅原です！』と言ったら、『お前が秋田の菅原か』と言って、キャプテンに『菅原を絞ってやれ！』とね。もう嬉しかった。それで一年後に長崎さんの推薦で日本代表入りができた。まあ、あの時代の日本バレーボール協会はお金がないため、ブラジルで開催された世界選手権大会に行く遠征費は自己負担。もちろん、私個人は負担することはできなかったんですが、東レが往復の飛行機代などの遠征費五十万円をだしてくれた。つまり、バレー馬鹿の私の存在を会社が認めたわけです。当時の私の月給は一万円ちょっとでしたね」

それ以来、菅原は日本代表の貴重なピンチサーバーとして活躍することになる。

東京オリンピック開催二年前の六二年だ。旧ソ連のモスクワで開催された世界選手権大会での菅原は、秘密兵器「木の葉落とし」を編みだして対戦相手を驚かせる。当時の日本代表チームの監督は坂上光男、コーチは松平康隆。チームのムードメーカーでもあった菅原は当時を語った。

「あのときは三つのグループに分かれて予選リーグ戦を四か国でやり、上位二か国が決勝に進出できる。日本はアルバニア、東ドイツ、ポーランドと予選リーグを戦い、緒戦のアルバニアに勝ったときでしたね。ベンチからじっと見ていると、ヨーロッパの選手はサーブのときにバックラインから一メートル後方から打つ。そうするとレシーブを一・五秒ほどでする。それがリズムになっているんですね。

そこで私は練習のときに考えた。バックライン後方七メートル以上、十メートルほどからサーブをすれば対戦相手は戸惑い、リズムを狂わすはずだと。それで十メートル地点からサーブをすると、レシーブするまで三秒はかかるし、レシーバーは慣れていないために苛立って、脚が伸びて立ってしまう。それにサーバーの私は、早くコートに戻らなくてはならないために走りながら打つ。そのために打ったボールに体重がかかり重くなるだけでなく、無回転のボールになる。つまり、私が打ったサーブは、まるで木の葉のように見えたんでしょうね。それで仲間たちは『木の葉落とし』と名付けた。それを試合でやったわけです。

結果として予選一位で決勝に進むことができたんですが、現地モスクワでは話題になった。強豪国の東ドイツとポーランドに勝ったということでね。少し胸を張って言わせていただければ、とくに東欧の共産圏の国は、とにかくパワーのバレーで攻めてくる。それに勝つには、頭を駆使した技術を身につけて勝負しなければならない。その一つが十メートル後方からのサーブだったわけです」

この菅原が開発した「木の葉落とし」の秘密兵器が、その後の日本男子バレーボールを一気に世界に知らしめることになる。

そして、迎えた六四年の東京オリンピック――。

大会四日目の十月十三日。駒沢体育館と横浜文化体育館の両会場で十か国が出場して開幕した男子バレーボール。緒戦の韓国戦に勝利したものの、続くハンガリーとチェコに連敗し、この時点でメダル獲得は絶望的と言われた。菅原は語る。

男子バレーボールチーム　前列左端が菅原貞敬（1964 年）

「十二人の代表選手のなかで上から三番目の二十五歳の私でさえ、二敗目を喫したときはコートに立つと脚がガタガタと震える。強豪のソ連とブルガリア戦も控えているしね。そこで自分自身に『お前は世界一のサーバーだろう！』と言い聞かせた。

まあ、開き直ったことが奏功したと思う。その後は勝ち進んで八試合目でソ連戦を迎えた。結果としてソ連が金メダルを獲るんだが、相手は疲れていたし、勝ち目はあった。それで一セット目に7対13とリードされたときだった。観客席から『菅原をだせ！』という声がとんで、監督の坂上さんが勝負にでたと思う。私がピンチサーバーとして起用されて13対14まで挽回した。結局、一セット目は取られたんだが、後半に挽回したことで波に乗って、その後は三セット連続で奪って勝った。これで勝敗を六勝二敗にし、最終日（十月二十三日）のオランダ戦で負けても一セット取れば銅メダル獲得が決まる。オランダ戦では一セット目はメダルを意識して取られたが、その後はフンドシを絞め直し、ソ連戦同様に二セット目からは連続でセットを奪うことができた」

先に述べたように表彰式後に菅原は、観客席に銅メダルを放り投げたのだった。それだけではない。達観する菅原らしい、こんないい話も聞くことができた。

東京オリンピックで男子バレーが銅メダルを獲得したことは、あまり知られていない。何故なら「東洋の魔女」と呼ばれた日紡貝塚を中心とした女子日本代表チームは、ソ連との最終戦での全勝対決を制し、金メダルに輝いたからだ。テレビで生中継され、平均視聴率66・8％（パーセント）という驚異的な数字をマークしたことも影響している。

その一戦に日本中が沸いた夜だったという。日本バレーボール協会は祝賀会を主催したのだが、銅メダルの男子チームは呼ばれなかったのだ。当然のごとく、監督の坂上もコーチの松平も、選手たちも怒った。「何で俺たちは呼ばれないんだ！」。だが、菅原だけは冷静だった。こう私に説明した。

「あの当時の日本バレーボール協会の幹部は、東洋の魔女の女子チームを贔屓にしていたため、男子のことは頭の中になかったみたいでしたね。でも、私はよかったと思った。我われが会場にいたら女子選手の後ろに隠れるしかないし、女子も素直に喜べなかったはず。だから、私は気にしませんでしたね」

そして、こうも言うのだ。

「女子チームの主力選手のほとんどは日紡貝塚の選手で、朝から夕方までは紡績の職場で働いていたしね。紡績の歴史を辿れば、あの映画にもなった野麦峠に代表されるように女工哀史の世界……。私が思うに東洋の魔女の日紡貝塚のチームが金メダルを獲ったことにより、女性の活躍が世間に知られた。その後の女性の社会進出の一つのきっかけになった。それを考えても我われ男子は、祝賀会に出席する必要はなかった」

ちなみに市川崑が総監督で撮った、上映時間百七十分に及ぶ記録映画「東京オリンピック」には、男子バレーボールチームは一カットも映されていない。撮影に協力したにもかかわらずだ。

東京オリンピックから四年後の六八（昭和四十三）年、三十歳を迎える前に菅原は現役選手を引退。その後は、指導者として東レ九鱗会の監督を経て、日本ジュニアチームの監督や総監督に就任。ケニア女子チーム監督にも請われた。八十歳を過ぎたいまもこれといった病気もせず、いたって元気だ。Vリーグの日立リヴァーレのシニアアドバイザーを務めている。

「東レの監督時代、私は月給のほとんどをバレーにつぎ込みました。選手たちの飲み食いなどにね。正月は自宅に呼んでビール百本に日本酒十本……。女房は泣いていたね」

私は尋ねた。こんなにも長きにわたりバレー人生を続けられた秘訣は何ですか？　菅原はこう答えた。

「岡さんも同じ東北の福島出身だからわかると思うが、東北人はどちらかといえば目立つことを好まないし、目立つと周りが胡散臭い人間だと決めつける。だから、なるべく目立たずに常に中間の立場で選手、人のために一生懸命やる。たとえ馬鹿と言われてもね。それに多くの人に恵まれた。八十を過ぎても、若い頃と同じように峠をめざす人間でありたいですよね」

そう語る菅原は、二〇一九（平成三十一）年一月、八十歳を迎える一か月前に旅にでた。これまでのバレーボール人生でお世話になった恩人、日本代表時代の亡くなったチームメイトの墓を訪ねたのだ。

「まずは東京都下の武蔵境のコーチだった松平康隆さんのお墓に行き、次に広島に行ってね。私を日本代表に選んでくれた長崎長芳さんと猫田勝敏のお墓をお参りした。猫田は東京の次のメキシコ、その次のミュンヘンで金メダルを獲り、モントリオールまで頑張ってくれた。広島の帰りに奈良に寄って、監督の坂上光男さんのお墓を探し回ったんだが、残念ながら見つけられなかったけどね。

まあ、東京オリンピックのときのチームメイトは十二人いたけど、六人は亡くなったよね。小山（勉）さんは七十六歳で食道がん、猫田は胃がんだった。金メダルを獲ったミュンヘンで頑張った酒飲みの南将之は五十八歳で、主将の中村祐造も七十を迎える前に亡くなった……。人生いろいろというか、私みたいにバレーにしがみついている人間もいる」

東海道新幹線の三島駅から富士山が見える方向に徒歩で約十五分。Vリーグ東レアローズの体育館で菅原は取材に応じ、銅メダルをはじめとする写真や記念品類を持参してくれた。

「あの東京オリンピック出場は、人生最高の思い出だね。この写真はアメリカ戦のときで、このジャンプしてブロックを決めている3番が私です。いまと違って髪の毛は黒々としていますね。それでこっちは能代高校時代の恩師、武田重蔵先生が遠い秋田からわざわざ上京して選手村を訪ねてくれた。そのときに高校の先輩で、体操の金メダリストの小野喬さんと一緒に撮った記念写真です。嬉しかったです」

菅原貞敬は、笑顔で喜びを表しながら話を続けた。

「切腹」を脳裏によぎらせた三宅義信

先に述べたように日本は十六個の金メダルを獲得した。その第一号金メダリストが重量挙げの三宅義信で、大会三日目に行われたフェザー級（六十キロ級）を難なく制している。

彼の知られざる金メダル獲得までの心の葛藤（かっとう）を書きたい――。

「ときには考えるね。東京オリンピックのときに金メダルじゃなくって、あれが銀メダルや銅メダルだったら、そりゃあ、やっぱり、いまの私はないだろうって、そう思うな。いま、この世にはいただろうけど、正直言って、何をやっているかわからない。東京オリンピックのときは、周囲から『三宅は金メダル確実だ！』なんて言われていた。失敗は絶対に許されない状況だった。あのときのプレッシャーは言葉では表現できない。失敗したら？　そりゃあ、切腹もんだった。冗談じゃなく、肝っ玉の人一倍強い私は、本気でそう考えていた。二十八年前の話だけどねえ……」

名刺を渡した際、取材者の私は同じ法政大学の後輩であることを名乗り、学生時代にウェイトリフティング（重量挙げ）部所属の同級生がいて、よくキャンパス（東京・千代田区飯田橋）の片隅にあったドアも窓もない、吹きさらしの道場で見学していました。それに川崎市のオンボロ民家の合宿所を訪ねては泊まり、いつも朝飯は納豆と具のないみそ汁でいただきました。ああいった環境にもかかわらず、オリンピックや世界選手権大会でメダルを獲得する。私は未だ信じられません……。なんて調子よく、挨拶がわりに喋ったからかもしれない。先輩の三宅義信は会うなり、以上のように本音で取材に応じてくれた。それにしても金メダルを獲れなかったときは、冗談にせよ「切腹」まで考えていたとは……。

埼玉県朝霞市（東京・練馬区にまたがる）の陸上自衛隊朝霞駐屯内の自衛隊体育学校――。

一九四一（昭和十六）年に大日本帝国陸軍が建てたという古びた木造の校舎には〈めざせバルセロナ！　１９９２　７・25～８・９〉といった惹句が書かれた看板が掲げられ、校内には〈俺がやらなければ誰がやる！　今やらずしていつできる！〉といった檄文が貼りだされていた。

そのような自衛隊体育学校を私が訪ねたのは、九二年の一月だった。当時の三宅は、副校長兼第二教育課長の肩書で多忙な毎日を送っていた。

人呼んで「東洋の小さな巨人」の三宅は、六〇年代の世界のウェイトリフティング界のスーパー・

スターだった。世界選手権大会で四回優勝。オリンピックはローマ、東京、メキシコ、ミュンヘンと四大会連続で出場し、ローマで銀、東京とメキシコで金メダルを獲得。最後の七二年ミュンヘン大会では四位となり、惜しくもメダルは逃したものの、日本を代表するオリンピアンの一人である。

　私が取材したときの三宅は、すでに五十二歳を迎えていたが、その体軀は現役時代と変わらずに身長は百五十三センチで体重六十五キロ。人懐っこい表情を浮かべ、東京オリンピックの日本選手「金メダル第一号」となった当時を振り返った。

「東京という自国開催のために『地の利』ということが私にとっては有利だったんだが、やっぱり、精神的には辛かった。メダルはメダルでも〝金〟でないと国民は納得してくれない。金メダルを獲得して初めて自衛官として〝任務終了〟だからね。

　練習は、そりゃあもう無茶苦茶した。いくら軽量級のフェザー級（六十キロ級）でもね、一日に多いときは五十トンほど持ち挙げていたな。少ないときでも三十トン。三十トンの場合は、プレスは六十キロ五回、八十キロ五回、九十キロ五回、百キロ五回。これをさらに五回、三回、三回と繰り返し、プレスとスナッチで計十トン。ジャークの練習では合計で十五トンだったと思う。とにかく、『必勝の信念は、練習量に宿る』ということで、質のよい練習を集中的にやっていた。だから、自分では金メダルは絶対に大丈夫だと思ってはいたが、試合なんかはやってみて結果をみないとわからないからね」

　六三年のストックホルムでの世界選手権でのフェザー級の三宅は、三百七十五キロの世界新で初の世界制覇。翌年の東京オリンピックイヤーに入ると、五月の全関東選手権大会で三百八十キロの世界新。続く六月の新潟国体では三百八十五・五キロで世界新を更新し、オリンピック開催を二か月後に控えた八月の全日本選手権大会では三百八十七・五㌔のこれまた世界新をマークした。これでは国民の誰もが金メダル第一号選手になることを信じるわけだ。当時、中学三年だった私も信じていた一人だった。

「いや、オリンピックは特別なんです。あの当時の私は、世界新などはいつでもマークできると、そう思っていたんだが、これはイコール金メダルを絶対に獲れるということにはならない。四年前のローマでのオリンピックでの私は、バンタム級（五十六㌔級）で出場したんだが、当時の世界記録は三百四十二・五㌔でね。私にとっては何でもない数字。練習では毎日三百六十㌔を挙げていたしね。普段通りにやれば金メダルは確実だった。ところが、結果は銀メダル。オリンピックには〝絶対〟はないいんだなあ」

そう語る三宅は、オリンピックで金メダルを獲るにはパワーではなく、精神面だと強調した。では、実力を発揮できずにローマ大会で金メダルを逃した原因は？

一九三九（昭和十四）年十一月、宮城県柴田郡村田町生まれの三宅義信。ローマ大会に出場したのは法政大学三年のときで、二十一歳を迎える年の六〇年だった。

三宅にとっては、初めての海外遠征であり、初めての国際大会。それもオリンピックだ。そのためだろう。まずはイタリア・ローマに向かう途中にこんなことがあった。

羽田空港から北極経由でオランダ・コペンハーゲンへ。そこからイタリア・ローマまでの飛行時間は四十八時間。現在の四倍近くの時間がかかった。その飛行中のことだ。

「エンジンのところから火が噴いてるぞ。火事じゃないのか！」

そう叫ぶ三宅にフライトアテンダントは言った。

「ああ、あれはいつもそうなんですよ」

当時を三宅は振り返り語った。

「つまり、初めての海外遠征ということで余裕がなかった。そのためローマに着いてからもコンディションは崩れっぱなし。日本と違って湿気は少なく、空気は乾いてるしね。陽が沈むのも遅く、夜になると冷え込む。普段気にせずにできる減量も最後の一キロ、コップ五杯ほどの体重がなかなか落ちずに苛立ってしまった。ぎりぎりの競技開始二時間前の検量にパスしたんだが、試合どころじゃないんだな。バーベルを持ち挙げるためにステージの上、つまりプラットホームに上がろうとするんだが、まるで夢遊病者。バーベルは機関車の車輪のように大きく、シャフトは握れないほど太く見えるんだなあ。

ま、最後のジャークの三回目にやっと百三十五キロあげて、銀メダルに届いたんだが、プラットホームに上がる前に私はコーチに言ったんだね。『日本の国は、どっちの方向にありますか?』なんて。『お前、大丈夫か。何を思っているんだ!』と言われてねえ。ローマでは『競技は力のみにあらず、精神にある。その精神は不断の練習錬磨の中に宿る』ということを教えられた」

ローマの教訓を東京で。さらなるパワーをつけることは当然のごとく、三宅は精神修行にも励む。

「考えてみれば、オリンピックは四年に一回。どんなベテラン選手でも興奮して眠れないのは当然。だったら私は、睡眠なんか十分しなくともいい。実力を発揮できる精神修行を積めばいいんじゃないかと、そう考えた。

何をしたかというと、山奥の古寺に行って座禅を組んだり、滝に打たれたりね。夜は寺の墓地、人骨のそばで横になって寝たり……。とにかく、精神を鍛えるために修行僧のようなことをやったし、日本棋院にせっせと通って碁も勉強した。将棋もやったね。どんなプレッシャーでもはね返す精神力を身につける。何よりもウェイトリフティングは、精神統一の競技ですからね」

ちなみに現役時代の三宅は、マニキュアを塗って爪の保護をしていた。また、下戸のため現在もそうだが、酒席ではウーロン茶を飲むことが多いと言うが、その場合は水で割って飲んでいる。「ストレートで飲むのは身体によくない」という理由からである。

東京オリンピック開幕三日目の十月十二日。渋谷公会堂でウェイトリフティングのフェザー級競技が行われる朝、三宅はいつものように六時に起床。シャワーを浴び、体重計に乗った。ＯＫ！朝食が十分にとれるコンディションだ。三宅は語る。

「あの朝は、選手村の食堂でタマゴ、ソーセージ、紅茶、それにトマトジュースを三杯ほど飲んだと記憶している。コンディションは抜群によかった。ローマのときは減量のこともあって朝飯は食えなかったからね。朝飯後は再び寝ることができたし、昼過ぎに起きて散歩にでかけた。ただし、私の頭ん中は『やるんだ、絶対に金メダルだ！』といった気負い立った気持ちと、『落ちつけ。落ちつかないとローマの二の舞だぞ！』という気持ちが激しく交錯していたのも事実だったね」

当時二十四歳の三宅は、選手として最も充実していた。選手村に入ったのは十二日前の十月一日で、調整はマイペース。入村前は一日に十トンほど持ちあげていた練習も一日置きとなり、時間も一時間ほど。食べて、寝て、自転車に乗って選手村を走ったり、外にお茶を飲みに行く余裕さえあった。私が何度も取材でお世話になっている強化コーチでオリンピアンの窪田登（みのる）（六〇年ローマ大会。二〇一七年没、享年八十七）は、そんな三宅を「ナチュラル・ボーイ」と表現したほどだ。

そして試合当日の十二日午後三時から検量が始まり、試合開始は一時間後の四時。試合直前、三宅は何を考えていたのか？

「一番のライバルは、アメリカのバーガー選手で、検量の結果は私よりも少し重かったため、多少は楽になった。つまり、同記録の場合は体重が軽い方が有利。まあ、大差をつければそんなことを考えることはないんだが、何度も言うようにオリンピックはわからないからね。

それ以外で直前に考えたことは、何かわからなかったが、腹も減ってないのに食べ物のことばっかり。それはともかく、選手紹介のためにプラットホームに立ったときは、郷土の宮城県から駆けつけた後援会の人たちが掲げる『三宅義信選手ガンバレ！』の横断幕と割れるような声援で身を引き締めた。それに会場入りできない人たちが会場外に多くいるんじゃないかと、余計なことまで考えたね」

もちろん、結果は難なく金メダル。それもプレス、スナッチ、ジャークに各三回の試技、計九回の試技にすべて成功。トータル三百九十七・五キロの世界新記録での金メダル獲得だった。銀メダリストのバーガーとの差は、実に十五キロであった。三宅は振り返ってこう言った。

「とにかく、目的を達成した。切腹をせずに済んだ。国民は喜んでくれた。私は最高の幸福者になれたし、試合が終わればすべてが自由。朝寝坊はできるし、練習もしなくていい。自由に食べたい物を食える。金メダルを胸にぶら下げながら安堵感でいっぱいだったね」

金メダルを獲得した翌十三日、三宅は選手村の食堂で働く人たちにも礼を述べている。

東京大会から四年後のメキシコ大会で三宅は、再び金メダルを獲る。しかも六歳年下の弟義行が同じフェザー級で三位となり、銅メダルを獲得したのだ。兄弟で峠を攻め、メダリストになった。

「東京からメキシコまでの四年間はいろいろあった。結婚し、長女と長男が生まれた。それに加えて自衛隊の体育教官になるため、勉強もしなければならないしね。家でバーベルを挙げようとすると、赤ん坊が泣く。世界選手権大会で優勝はするが、記録は伸びない、なんか惰性でやってる感じ。『三宅は結婚でダメになった。メキシコは無理だ』なんて声も聞こえてくる……。そんなことはないんだが、記録が伸びないために悩んだのは事実だった。

ただね、メキシコのときは弟の義行も同じフェザー級で出場することになって、二人で表彰台に立ちたいと思っていた。親も喜ぶし、ま、その通りになったんだから結果オーライということだね」

さらに四年後のミュンヘン大会にも出場を果たした。すでに三十二歳になっていた三宅義信。まさに老体にムチ打っての出場と言ってよいだろう。結果は惜しくも四位だった。

当時、世界ナンバーワンと言われていた、同じ自衛隊体育学校で渉外広報室長の弟の義行が振り返って語る。

「私の計算では、ミュンヘンでは私が金メダルをいただいて、兄貴は銀か銅を獲ればいいんじゃないかと。そう言うと兄貴に怒られるかもしれないが、メキシコの翌年は若い私が世界選手権大会で優勝している。

ところが、ミュンヘンの年の全日本選手権大会を前にして、私は怪我をしてしまい、ミュンヘン行きの出場権を取り損ねた。勝負の世界に〝もし〟は通用しないんだが、私がミュンヘンに出場していれば、兄貴はもっと気軽に試合ができたんじゃないかと思う。メダル？　もちろん、獲れた。判定には逆らえないが、あの判定には疑問があったからね……」

あの判定について、当の三宅義信はこう説明した。

「プレスで百二十五キロを挙げながら反則だと指摘された。早い話が、三人の審判のうち主審はデンマーク人だったんだが、あとの二人はソ連人とブルガリア人。ミュンヘンのときの私のライバルは、シャニーゼ（ソ連）とヌリキャン（ブルガリア）だったから、ソ連とブルガリアの審判が反則の赤ランプを点けた。普通は自国の選手が出場している場合は、ルール上から審判はできない。それなのにあのときはでていたんだな。ま、判定は一度でたらどうしょうもない。諦めるほかないんだが、私としてはすっきりしなかった。いまもあの判定には納得していないね」

現在、ウェイトリフティングは、スナッチとジャークの二種目だけ。プレスは「公正さが保てない」という理由で、ミュンヘン大会後に廃止された。これには少なからず三宅の判定が引き金になったと言われる。

自衛隊体育学校副校長室で取材に応じた三宅義信。当時五十二歳の彼は、最後は笑みを浮かべてこう言った。

「私は、本当は太る体質なんだ。現役時代にあまり減量で苦しまなかったのは猛練習のため。いまも現役時代とほとんど体重が変わらないのは、仕事が忙しいからなんだが、早くいい選手を探し、自衛隊体育学校で鍛え、金メダルを狙える選手を育てたい。そうなれば少しは太れるかもしれない。でも、任務終了はまだまだ先。

ま、私の金メダル二個は、ここの広報室に保管してあるが、早く私の金メダルの隣に新しい金メダルを並べたいね」

そう語った三宅義信の「任務終了」は、第十七代陸上自衛隊体育学校校長に就き、陸上幕僚監部付で退職した九七（平成九）年四月一日であった。

六四年の東京オリンピックには、日本選手三百五十五人が出場した。そのうち自衛隊から出場したオリンピアンは二十人。一つの組織から出場したなかでは最も多いが、メダリストは金の三宅義信と、あの自殺した銅の円谷幸吉の二人だけである。

お金に頓着しなかった班目秀雄

二〇一九（令和元）年の十二月十日。ときおり北風が吹き抜ける寒い日だった。私は福島県須賀川市で自殺した円谷幸吉について取材した後、昼過ぎにＪＲ東北本線須賀川駅から上り普通電車に乗って二十六分、白河駅で下車。白河市在住の自転車競技の班目秀雄の自宅を訪ねた。

班目を前にするのは、実に二十一年ぶりだったが、柔和な顔で私を迎えてくれた。まずは二〇一一年の東日本大震災、３・11のときについて語った。

「あのときの私は、障がい者スポーツの自転車競技の世界選手権大会があってイタリアにいたんだな。二〇〇四年のアテネオリンピックの後にパラリンピックのほうも指導してほしいと要請されてね。それで監督としてイタリアにいたら、コーチが、『日本が大変なことになっています』と。CNNのニュースを観たら、もう地震と津波で酷い状況になっていることを知った。一日後は原発事故だったしね。

まあ、大会終了後に帰国したんだが、東北新幹線は不通で家に帰れない。しょうがないからホテルに泊まり、今度はオランダで開催される健常者の世界選手権大会に出向いた。二〇一一年までオリンピックのほうのナショナルコーチでもあったしね。

家に戻れたのは三月末だったけど、白河では土砂崩れで六人ほど犠牲になった。自宅は壁にひびが入る程度だったが、隣の泉崎村にある自転車競技場は崩壊していたし、いわき市の平競輪場は支援物資の置場になった。ここ白河は福島原発から百キロほど離れているし、風は北方向に吹いていたため、放射能のほうは大丈夫だったけどね。厭な世の中だよ……」

そして、頷く私に班目は、取材の目的であるオリンピックに話題を替えた。居間のテーブルにあった、この日の福島民報のスポーツ面をめくり、「新田（白河高出身）3位　自転車W杯男子スプリント」と見出しがついた記事を指差しながら語った。

「この新田（祐大）は会津若松生まれなんだが、自転車をやりたくて私の母校の白河高に入学した。一年目の終わり頃に後輩の監督が私のところに来てね、『新田をお願いします』と。それで、十年ほど前から〝班目道場〟に来るようになった。卒業して競輪選手になってロンドンオリン

弟子の指導に情熱を注ぐ班目秀雄

ピックにも出場したけど、あの頃はまだまだメダルを狙える状態ではなかったね。

来年の二〇年のオリンピック出場を狙い、新田のほかに脇本（雄太）と深谷（知広）の三人の競輪選手がいるんだが、彼らも頑張ってる。まあ、来年二月の世界選手権大会でオリンピック出場が決まるんだが、我慢してやってる。新田なんかは今年の競輪のオールスターに勝って賞金五千万円ほど稼いだからいいけど、ほとんど本業の競輪には出場していないしね。オリンピックに出場するために今年は香港、ニュージーランド、オーストラリアでのワールドカップで走ってるし、新田は今年の世界選手権大会のケイリンで二位になってる。一応、競輪選手会や日本自転車競技連盟から一大会当たり百万円ほどの保証金はでるけど、一億円以上稼げる本業に見向きもせずに走っているんだな。彼らにとって四年に一度のオリンピックは、自己を犠牲にしてまでも出場したい。単に出場するだけでなく、勝ちたいんだな。強い信念でやってる。凄いことだよ」

そう言って班目は、福島民報の記事を私に見せた。


あの日も北風が頬に冷たい日だった。一九九七（平成九）年のクリスマスイブの日、私は初めて班目秀雄を前にした。場所は都下の調布市にある京王閣競輪場。選手控室で取材に応じた班目は、窓越しに見えるバンクに強い視線を送りながら語った。

「もう三十年以上も昔だね。日大時代に東京オリンピックに出場した際もここで練習していたし、卒業後にプロの競輪選手になるときもここで特訓を受けていた。いまは静岡県の伊豆の修善寺にあるけど、当時の競輪学校は調布にあったからね。デビュー戦もこの京王閣だったし、私の思い出がいっぱいあるバンクだね」
日本大学時代の班目は、東京オリンピックや世界選手権大会、アジア選手権大会などに出場。プロ転向後は、デビュー戦から十回連続一着となって最短でA級選手に昇格し、二十八歳のときに小倉競輪祭で優勝した。ときはまさに高度経済成長期時代。競輪界は「もうすぐ一兆円産業になる」と言われ、登録選手も四千人近くになっていた。その競輪界をリードした一人が班目秀雄。珍しい姓ということもあり、根強い人気があった。

私が初めて会った当時の五十歳を過ぎた班目は、競輪選手としてよりも、むしろ後進の指導力が高く評価されていた。白河市の自宅敷地内に通称「班目道場」を開設し、プロアマ問わず三十人の弟子の指導に情熱を注いでいた。

「東京オリンピックに出場したときだね。ヨーロッパの選手たちを見て驚いた。まるでプロレスラーのようで全身が筋肉。選手のエンジンといわれる太腿は丸太のよう。バーベルなどを使用したウェイトトレーニングをしなければと痛感した。東京オリンピックのときは、八王子市の合宿所に泊まり込んで練習していたんだが、当時の練習メニューは監督やコーチの経験値だけでね。とにかく、走り込みが主だった。

まあ、東京オリンピックがきっかけとなって、いまは『班目道場』なんて呼ばれるんだが、若い者を育成するのは私らベテランの役目だしね。プロアマ問わず世界で通用する選手を育てたい」

そのような真面目な姿勢が認められた。九四年に広島で開催されたアジア大会では自転車競技の日本代表チームのコーチに抜てきされている。また、母校である日大自転車競技部を指導し、日大二年生だった長男の真紀夫をバルセロナオリンピックに出場させた。

「けっこう若い者を指導しながら私自身も楽しんでいる。三年ほど前からアマのロードレースに出場しているんだが、会場に行くと『えーっ、班目さんも参加するんですか？』なんてね。驚かれるんだが、アマ選手のいいお手本になれればいいよね」

レースが始まると班目は、話をやめて身を乗り出して窓からバンクを凝視する。インタビューを開始して一時間ほど経った頃。午後一時二十分発走の第五レースのときだ。一着車がゴールをした瞬間、後続車が落車した。選手の悲鳴が聞こえた。阿鼻叫喚（あびきょうかん）の地獄となった。私にはそう見えた。

班目は言った。

「私らはいつも命がけだね。いまはヘルメットやプロテクターが開発されているけど、昔は死んだ選手もいた。骨折していない選手はいないな。私の場合は、両鎖骨を五回、肋骨を十本ほど折ってる。四十九歳のときは青森の競輪場で落車し、後ろから踏んづけられて右腕の肘下の骨がとび出て半年間の入院生活。まあ、入院費と休養保証一日一万円はでるけど、レースに出場しなければ賞金はいただけない……」

インタビュー終了後、私は久しぶりに車券を買った。結果はまずまず。ともあれ、その夜の飲み代は稼ぐことはできた。

九八年の新年を迎えた。スポーツ紙を見ると班目は、早くも二日から地元福島県いわき市の平競輪場で出走していた。初日と二日目に二着となり、最終日にはB級決勝に進出していた。

そして、半年後に私は初めて白河市に出向いた。二年後のシドニーオリンピックに向け、自転車競技のナショナルチームのコーチに班目が就任したことを知ったからだ。

九八年の自転車競技のワールドカップの第一戦の開催国は南米のコロンビア。日本代表チームが成田国際空港から飛び立ったのは五月半ばだった。そこからさらにカナダでの第二戦に臨み、約二週間の遠征を終えて帰国したのは六月二日。成田から白河市の自宅に着いたのは深夜だった。そして、寸暇を惜しむように一週間後には第三戦の開催国のドイツに旅立つことになっていた。

そのような多忙な班目の自宅を訪ねたのは、六月六日の朝九時。班目は歓迎してくれた。

「いやね、競輪を引退したことを連絡しなかったからね。驚いたでしょう。実は突然、日本自転車連盟から電話が入った。選手を引退してシドニーに向け、若手を本格的に強化してほしいと。もちろん、即答はできなくて、二時間ほど考えた。

まあ、私も五十四歳になったし、そろそろ引退する時期だしね。それに運がいいのかはわからないが、二月末のレースで落車し、肋骨を折って休養中だった。そんなときにコーチの依頼を受けたため、この際は引退して後進の指導をしようとね。競輪界にも恩返しができると考え、引き受けることにした」

親しみに満ちた表情を見せつつ班目は、ＪＯＣ（日本オリンピック委員会）自転車競技の主任強化コーチに就任した経緯を語ってくれた。

こうして三月末に日本競輪選手会に選手登録消除願いを提出し、四月二日に受理された。続けて語った。

「まあ、契約書を見たら強化コーチとしての報酬は、月三十万円と書かれていた。選手時代の収入の三分の一ほどに減っちゃったけど、もうお金の問題じゃないしね。何よりも引退してもこうして自転車の世界でやっていける。幸福者ですよ。ただね、強化コーチになってからは雑用も多いし、海外遠征にも行く。三か月間もトレーニングから離れていると、筋肉はみるみるうちに落ちるんだよねえ。

いまは指導のことで頭ん中がいっぱいだね。これまでは自転車競技界には専門的に指導する者があまりいなかった。私の役目というか責任は重い。いまの時代は根性だけでは選手はついてこない。運動生理学や栄養学も勉強しなければならない。私がしっかりしていないと選手に失礼だしね。二年後のシドニーオリンピックに向けての強化選手のなかには、ベテランの神山雄一郎や小嶋敬二などの競輪選手もいる。若い十文字貴信や伏見俊昭、太田真一なども金銭抜きでオリンピックでメダル獲得のために頑張ってくれる。だからね、この間ようやく以前から知りたかった強豪国のオーストラリア・ナショナルチームのトレーニングメニューを手に入れた。まだ研究の段階なんだが、このメニューを基礎にして選手たちに実践してもらおうと思っているんだね」

そのメニューを手に班目は私に説明した。

「もちろん、ここの班目道場からもオリンピック選手をだしたいね。ここに来る連中は、道場主の私にいろいろと協力し、若い選手は私の〝人体実験〟になってくれる」

コーヒーを運んできてくれた妻の規子は、夫の傍らで黙って頷いていた。

そして、自宅に隣接する班目道場に案内してくれた。すでに十人ほどの選手がトレーニングに励んでいる。ウェイト器具類、ローラー施設も完備されていた。道場内に車輪が回転する小気味よい音が流れる。汗の臭いもする。班目は言った。

「きょうは運悪く雨だしね。ロード練習は中止にしたんだが、いつもは朝の九時半あたりから国道294号を走る。栃木県方向に行って、そこから山道に入ってね。距離にして五十キロから七十キロくらいかな。途中休みのインターバルを入れながら走り込む。昼前にはここに戻ってきて、それから昼食を摂る。そして、午後からこの道場でトレーニングに励む。そういうことだね」

あの日から二十一年。二〇一九年十二月十日、白河市の自宅を訪ねた私を再び班目道場に案内。二〇年東京オリンピック出場を狙う、愛弟子の新田（祐大）について班目は語った。

「私の長男の真紀夫はバルセロナオリンピックに出場し、アテネオリンピックでは伏見（俊昭）がチームスプリント（長塚智広、井上昌己）で銀メダルを獲得してくれた。二人ともここで練習していたしね。それを新田は知っているし、自分だってやれる自信を得ている。オリンピック会場になる伊豆の伊豆ベロドロームの近くにアパートを借り、練習をしている。

やはり、毎年開催されるワールドカップや世界選手権大会で勝つのと、四年に一回のオリンピックでメダルを獲得するのはまったく別ものだよね。山登りにたとえれば、ワールドカップや世界戦は富士山登山。オリンピックの場合は、無酸素でね、それも単独でエベレストに登るのと同じ。そのくらい厳しい……」

そう語る班目は、バッグからコピー用紙を取りだして私に渡した。そこには「福島県出身のオリンピック選手」と記されていた。

「これはまだ整理中の資料なんだが、岡さんの取材の足しになればいいしね。まあ、すでに戦前のオリンピアンは亡くなっているとは思うけどね。私と一緒に東京オリンピックに出場した円谷さんは知っての通り自殺した。何度も話したことがあるけど、たしかにストイックで真面目な人だったよね。

円谷さんと同じマラソンでは、遠い昔の大正時代なんだがアントワープ大会（一九二〇＝大正九年）とパリ大会（一九二四＝大正十三年）に伊達郡染川町出身の三浦弥平さん（一九七一年没、享年七十六）が二大会連続で出場している。ＮＨＫの大河ドラマ『いだてん〜東京オリムピック噺〜』の主人公の金栗四三（しぞう）さん（一九八三年没、享年九十二）と一緒に日の丸をつけて走っているね。

亡くなったといえば、ウェイトリフティングで銅メダリスト（ミドル級）になった大内仁（まさし）さん（二〇一一年没、享年六十八）、私と同期なんだが亡くなってもう八年ほど経つんじゃないかな。彼は郡山市生まれなんだが、ウェイトリフティングをやりたくて、いわき市の小名浜水産（いわき海星高）に入学し、法政大学時代に東京大会、警視庁時代にメキシコ大会に出場して同じ銅メダリストになっている。もう一人、東京大会に出場した古山政男さんはいわき市出身で、ウェイトリフティング・バンタム級で六位入賞を果たしているね。

東京オリンピックには福島県出身者は、私を入れて十人出場している。この通り、馬術（障害飛越、十二位）の佐藤傳一さんは保原町出身。ボート（舵付きフォア、十二位）の相田秀晃さんは会津若松市出身で、カヌー（カヤックシングル）の佐藤忠正は白河高卒で棚倉町生まれだね。それにバスケットボール（十位）には、いわき市出身の志賀政司さんと会津坂下町出身の江川善孝さん。私と同じ自転車の団体ロード（十九位）には、西郷村出身で白河農工高（白河実業高）卒の福原広次が出場しているね……」

取材を終えると私を車に乗せ、ＪＲ東北新幹線新白河駅まで送ってくれた班目秀雄。私は深く頭を下げて帰途についた。

二〇二〇年のオリンピックイヤーが明けた。コロナ禍で一年延期になったが、六月四日に日本自転車連盟は、二〇二〇年東京オリンピックのトラック種目代表選手を発表した。その中に班目秀雄の愛弟子である新田佑大の名前があった。

「アジアの壁」と恐れられた松本紀彦

二〇〇四（平成十六）年八月に開催された第二十八回オリンピック・アテネ大会。テレビは、百八年ぶりの「聖地」開催の平和の祭典を盛んに中継していた。

その五か月前の三月。日本女子ホッケーチームが最終予選を突破し、初のオリンピック出場を決めたときだ。メディアは「年間強化費は一千万円以下」、「強化合宿では大学の寮で雑魚寝（ざこね）」、「海外遠征の移動は格安航空券で」、「主力選手はアルバイトで競技生活を続けている」などと報じたためだろう。オリンピック出場決定後、ホッケー界の悲惨な現実を知った国民からの募金が絶えなかったという。また、ありがたいというべきか、有名芸能人や大手企業も注目。たとえば大黒摩季は公式サポートソングを制作し、和田アキ子はレギュラーのラジオ番組で応援プロジェクトチームを発足。日本マクドナルド社は、代表選手に二年間無料で食事ができるスペシャルメンバーズカードを配布した。

メディアに大きく取り上げられたフィールドホッケー。マイナースポーツに光が当たるのは四年に一回、オリンピック出場を決めたときくらいだろう。これを機会に競技人口が大幅に増えることを関係者は期待する。ホッケーの競技人口は、愛好者を含めても二万人ほど。サッカーの競技人口の約百七十五分の一と伝えられているのだから……。

ともあれ、このように女子ホッケーが注目されているときだ。私はプロゴルファーの松本紀彦に電話をした。彼はこう言った。

「ホッケーがマスコミに注目されるのは嬉しい限りだね。よく頑張ってくれた。女子代表の安田（善治郎）監督は、私が明治（大学）で主将をしていたときの後輩。彼は私と一緒にメキシコオリンピックに出場しているからね。岡さんも応援してください……」

そして、五か月後の八月十三日。アテネ大会が開催され、日本女子ホッケーチームは、一次リーグを二勝二敗とし、七・八位決定戦の対韓国戦に惜敗。八位に終わった。

そのアテネ大会開催中の八月十八日。松本紀彦は、静岡県裾野市の裾野カントリー倶楽部にいた。二日後に開幕するプロゴルフのシニア競技「ファンケルシニアクラシック」にエントリー。練習ラウンドをこなす松本に私は同行していた。一緒にラウンドする仲間のティーショットを確認した後、私に渋い顔で言った。

「岡さんもオリンピックをテレビ観戦していると思うけど、サッカーもホッケーもね、とにかく日本チームはディフェンスが甘い。とくにホッケーは、初出場で女子ということもあるかもしれないが、ディフェンスの要であるゴールキーパーの出来があまりにもよくない。ゴールを決められるのは仕方ないんだが、入れられる角度が悪いんだな。早い話が、ポジショニングの取り方が下手なんだ。逆をつかれるのは、相手の動きを見てないからだね。安田監督は、日本一の指導者なんだが……」

あらためて松本紀彦――。この名前を知っている人は、かなりのホッケー通だろう。六四年十月十日に開催された東京オリンピック。身長百六十八㌢・体重七十二㌔の松本は、日本選手団の一人として深紅のブレザーに純白のスラックス、帽子を被り、国立競技場を力強く行進した。当時二十歳。明治大学三年生の松本は、ホッケーの日本代表選手だったのだ。ポジションはゴールキーパー。

さらに四年後のメキシコ大会。松本は再び日本代表に選ばれて出場したが、日本ホッケーの成績は十二位と振るわなかった。ところが、松本だけは世界に認められた。雨あられのように襲ってきた相手チームのシュートを孤軍奮闘で防御。六位入賞も果たせなかったものの、大会終了後に日本選手として唯一、ベストイレブンに選出されたのだった。

松本紀彦は「アジアの壁」と恐れられ、「世界のマツ」と賞賛されたのだ。

そのような松本を私が初めて前にしたのは、東京オリンピックからちょうど三十年後の九四年の十月九日だった。場所は所属する三重県阿山郡にある島ヶ原カントリークラブ。プロゴルファーに転身していた松本は、その二週前にプロ入り二十年目にしてシニア競技（満五十歳以上）の「とうきゅうシニアオープン」で初優勝を飾っていた。そのための取材だったが、そのときの言葉が強く私の心に残った。

「東京オリンピックから明日で丸三十年。ひと言で年月が過ぎ去るのは早い。三十年前、二十歳そこそこの私はオリンピックに向けて世界中を遠征していた。東京が終われば、次はメキシコ大会に向けて同じことを繰り返した。だから、いまも思う。この自分の身体は、国民の税金で鍛えられたものだとね。つまり、三十年も経ってプロゴルファーとして今回優勝したときは痛感した。ようやく国に恩返しができたと……。古い人間かもしれないが、私は正直にそう思った」

そして、私を前に真顔でこうも言った。

「やっぱりね、四年に一回のオリンピックをテレビで観ると思いだすんだが、痛感する。私らの時代といまの若い人は考え方が違うな、ってね。当然といえば当然なんだが、いまの選手のなかには日の丸の重さを知らない者がいる。自分のお金で参加しているんならいいんだが、オリンピックは税金で参加している。それなのに競技前から『楽しみます。楽しみたい』なんていうことを気軽に口にする。日の丸の重さも、言葉の重さも知らない。がっかりしてしまう……」

一九四四(昭和十九)年三月生まれ。松本がホッケーを始めたのは、明治大学に入学してからであり、誰もが厭がるゴールキーパーを自ら志願した。

「理由は単純だった。たしかに地味なポジションだが、どんな強豪チームと戦ってもゴールを守り切れば、絶対に負けることはないと考えてね。つまり、目立つことはないが、主役になれるし、頭を使わなければならないポジション。それに当時の明治は、大学選手権や全日本選手権で優勝していて、レギュラーになることは同時に日本代表入りを意味していた」

そう言って松本は苦笑するが、その練習はハンパではなかった。何せ当時の明治大学体育会のシゴキは、あまりにも有名だったという。真夜中に叩き起こされて土のグラウンドに正座する「暁の集合」。一時間以上の正座を強いられた上に、さらに腕立て伏せやうさぎ跳びを科せられる。また、世田谷区八幡山の合宿所から甲州街道を新宿駅まで走る、往復約二十キロの「深夜マラソン」を命じられる。いまなら完全なるパワハラだろう。

もちろん、〝天皇〟〝神様〟と称された先輩からの〝奴隷〟扱いである下級生への鉄拳制裁は日常茶飯事。思い切り殴られて眼の前が真っ暗闇になり、火花が飛ぶって本当だなあ、そう松本は思ったという。だが、毎日の厳しい練習と比べればたいしたことはないと、そう考えた。

「いまのゴールキーパーは、プロテクターのマスクを被ってる。たしかに怪我はしにくいが、マスクが邪魔になり、一瞬ボールを見失ってしまうんじゃないか、なんて私は思う。昔はマスクなしだったため、私なんか顔面や腕に何回も直撃をくらった。指を失くした先輩のゴールキーパーもいたね。ボールは野球の硬球よりも硬く、百四十キロほどのスピードで飛んでくるんだから……。

そのため動体視力をよくしようと、電車に乗れば通過する駅名を読み取る。道路を歩いていても通り過ぎる車のナンバーを読む。そういった練習と比べたら、合宿所でのシゴキなんかは、一瞬の出来事でね。単純に黙って耐えればよかった。第一にそういった厳しい練習に耐えつつ、さらに技を磨いて上達しないと日本代表にもなれないし、ましてやオリンピックにも出場できなかったね」

この言葉に、シゴキを否定する私は小さく頷くほかなかった。

東京とメキシコに二大会連続出場を果たしたオリンピアンの松本紀彦。ホッケー選手を引退してサラリーマン生活を送るものの、三年後の二十七歳のときだった。すでに結婚して子どもにも恵まれていたが退職。今度はゴルフクラブを握ったのだ。

「いまになって考えると、無茶なことをやったと思う。ゴルフのことなど何も知らなかったしね。

でも、当時の私は一分でも一秒でもいい。とにかく、スポーツ選手でいたかった。それでたまたまゴルフを選んだ。ジャンボ（尾崎将司）の影響？　たしかに彼も野球を引退しても、スポーツを続けたいためにゴルフ界に入った人間。影響されなかったと言ったらウソになる。

ただね、ジャンボと違って、あの当時の私は人生のことを深く考えなかったし、正直、ゴルフなんかは簡単だと思っていた。そこで知人の紹介でオープンしたばかりのこのゴルフ場に就職した。もちろん、絶対にプロになるという覚悟を決めてね」

七五（昭和五十）年、一日に千四百個ものボールを打ち込んだ猛練習が奏功したと思われる。三十一歳のときにプロテストに合格し、プロの道を歩むことになった。

しかし、運動神経に恵まれたオリンピアンで、たとえドライバーの飛距離が三百ヤードを超えても「プロゴルファー松本紀彦」の名がスポーツ紙やゴルフ専門誌を賑わすことはなかった。

ただし、一度だけその才能の片鱗を見せたことがある。デビュー六年目の八一年のシーズンの「サントリーオープン」のときだ。その年のメジャー「全英オープン」を制したビル・ロジャースと最終日最終組でラウンド。優勝争いをしたのだが、結果はベストテン入りも果たせなかった。ついに晴れ舞台に立てなかった、その原因は？　松本は自らこう分析した。

「早い話が、私はゴルフのことをろくに知らずに短期間でプロテストに合格したため、ゴルフの奥深さを知ることができなかったんだろうな。たとえプロであっても、私は頭で考えるプレーをしていなかった。最も活躍できる三十代のときは、いまになって思えば身体だけでのゴルフだった。それが活躍できなかった大きな原因だと思うな」

そのような松本は、先に述べたようにプロ入りして二十年目にしてシニア競技といえども初優勝を掌中にした。

九四年九月二十三日から開催された「とうきゅうシニアオープン」。初日65の好スコアをマークした松本は、二日目も67で通算12アンダー。二位に4打差をつけて首位の座を守った。

そして、最終日の朝。たしかにこれまで覚えのない緊張感はあった。だが、あの日と似た心地よい緊張感を抱いたのも事実だ。気温24・3度、風速2・3メートル。その上に快晴だったこの日は、より以上に松本に自負と誇りを蘇らせたのだ。

そう明治大学三年生、二十歳のときに七万四千余人の大観衆のなか、東京オリンピックの開会式で胸を張り、入場行進したあの日のことを思いだした。さらに四年後のメキシコ大会ホッケー競技で、唯一日本選手でベストイレブンに選ばれ、「アジアの壁」「世界のマツ」と賞賛された日のことを――。

プロゴルフ界で唯一のオリンピアンの松本紀彦。スタートホールはボギーにしたものの、終わってみれば、通算14アンダーで二位に5打差をつけていた。試合終了後、ベテラン杉原輝雄を筆頭としたシニアの先輩プロたちは、松本に同じような言葉をかけてきた。

――松本、よかったな。お前のような毛色の変わった者が勝つとシニアの競技でも盛り上がり、話題にもなる。オリンピックを経験したのは、松本だけやもんなあ……。

松本が初優勝を決めた後、私はサッカーJリーグのジュビロ磐田のスーパーバイザーを務める杉山隆一と話す機会があった。杉山と松本は、明治大学時代の同期生であり、サッカーとホッケーと競技は違っても一緒に東京とメキシコのオリンピックを経験している。杉山は、松本についてこう語った。

「松本は、職人肌の選手だったよ。彼はインパクトのある選手で、ゴールラインから一気にハーフラインまでボールをキックする。そこから味方のカウンター攻撃につなげるチャンスをつくっていたな」

再び初優勝を決めてから二週間後の十月九日。島ヶ原カントリークラブで会った松本は、私に遠い日を懐かしむように語った。

「東京やメキシコのオリンピックのときは、よく千葉の検見川グラウンドでの合宿で汗を流した。一緒に杉山や釜本（邦茂）たち、メキシコで銅メダルを獲ったサッカーの連中と張り合いながら練習をしていたね。あのときの連中が、いまのJリーグを支えている。私も負けてはいられない。Jリーグの取材で連中に会ったら、ホッケーの松本もオリンピック代表選手の誇りを持って、まあ、元気にやっていると伝えてください」

そして、取材を終えて別れる際だ。オリンピアンの松本紀彦は、柔和な顔で言った。

「名前は知っていると思うが、同じ明治大出身のスポニチ（スポーツニッポン）の記者の大隅潔さん。彼も三十年前の東京オリンピックの水泳代表選手でね。私が優勝したときのスポニチの記事を送ってくれた。『俺が松本にできることはこれしかない』と言ってね。嬉しかった。これまでゴルフで、これといった成績をあげていなかった私を覚えていてくれた。同じ釜の飯をくった仲間はいいね」

この日もまた、三十年前の十月十日と同じように快晴で爽やか、心地よい日であった。

第三章　彼女、彼らの東京オリンピック

東京オリンピックには選手や役員のほか、何人の人たちが裏方として関わったのか？

たとえば、国立競技場をメイン会場とした陸上競技の場合は、「第18回オリンピック大会陸上競技ハンドブック」（日本陸上競技連盟、一九六四年十月九日）を閲覧すればわかる。競技役員編成表には、最高責任者である総務兼審判団団長を務めた、当時七十歳の澁谷壽光（一九三六年ベルリン大会陸上競技総監督。一九八三年没、享年八十九）を筆頭に学生のアルバイト通訳までを含め、実に八百人を超える名前が記されている。そのなかには一九四〇（昭和十五）年の、あの「幻の東京オリンピック」の候補選手の名前も見つけることができる。

当然のごとく、裏方として陰で支えた彼女、彼らがいなければ、アジア初の六四年東京オリンピックの成功はありえなかった。

「幻のオリンピアン」林きぬ子の戦争と平和

東京・世田谷区上用賀にある馬事公苑――。

その敷地面積は、東京ドームの三・五倍の約十六万五千平方メートル（五万坪）である。一九四〇年、日中戦争のために返上した「幻の東京オリンピック」に出場する馬術選手を育成するために開設され、六四年東京オリンピックでは馬場馬術競技の会場になったことでも知られている。日本中央競馬会（JRA）が運営し、騎手養成所が置かれたこともあり、各種専門馬術競技大会が開催されていた。また、流鏑馬（やぶさめ）などの伝統馬事芸能や馬に親しむ体験馬術、馬車運行、ホースショーなども行われる。日中は自由に出入りができるため、緑に囲まれた苑内を散歩する人たちも多い。近くに老人ホームや介護施設があり、とくに高齢者にとっては憩いの場でもある。

そのような馬事公苑の正面出入口の掲示板に〈ＪＲＡ馬事公苑休苑のお知らせ〉が貼りだされたのは、二〇一六（平成二十八）年十月だった。

《ＪＲＡ馬事公苑は施設整備工事のため、２０１６年12月31日（土）をもちまして休苑させて頂くことになりました。工事期間中、２０２０年の夏季には東京２０２０オリンピック・パラリンピック競技大会の馬術競技を開催する予定です。

昭和15年の開苑以来、たくさんのお客さまに当苑に親しんで頂き、また暖かいご支援を賜わりましたことを心から感謝申し上げます。再開は、現在のところ２０２２年秋頃を予定しており、再び皆さまにご来苑頂ける日を心待ちしております。

皆さまとはしばらくのお別れとなりますが、今後ともＪＲＡ馬事公苑をどうぞ宜しくお願い申し上げます。》

戦時中の一九四二（昭和十七）年七月に開催された、第二十九回日本陸上競技選手権大会。その後、敗戦までの三年間は戦争のために中止となるが、その戦前の最後の日本陸上競技選手権大会女子百メートルと六十メートルの二種目を制したのが、東京府立第一高等女学校（都立白鷗高校）に通学していた五年生の林きぬ子だった。

現在の彼女は、馬事公苑に隣接する老人ホームで生活し、私が初めて訪ねたのは二〇一四（平成二十六）年の九月だった。二か月後の十一月九日に八十九回目の誕生日を迎えるとは思えないきりりとした表情で、ときおり笑みを浮かべて取材に応じた。

「三年前にここに入所したけれど、プールもジムもあるし、ヨガも太極拳もできるの。でも、やはり外にでて運動すべきね。だから、そこの馬事公苑を散歩し、砧（きぬた）公園や世田谷美術館に行ったり、一日約八千歩は歩くし、週に一回は前に住んでいた目黒区のジムに行くの。とにかく、私たち年寄りは、いまの体力を落とさないことが大事。もう体力をつけるのは無理だから維持することですね」

ホーム内のゆったりとした接客室。彼女は続けて遠い日を語る。

「昭和十七年の日本陸上競技選手権のときは、六十メートル、百メートル、二百メートル、それに四百メートルリレーの四種目に出場し、予選、準決勝、決勝と十回以上も走り、もうくたくた。私は身長百五十センチで体重三十九キロと小さかったから走ると身体が浮いちゃう。だから、最後の百メートルの決勝のときは疲れ果てていたけど、逆に無心になれたのね。タイム12秒5で一等賞。六十メートルも8秒0で一等賞、二百メートルは27秒9で二等賞……。

当時は戦争中のために明治神宮外苑競技場は使用できず、大阪の中百舌鳥（なかもず）競技場で開催されたのね。それに前年の昭和十六年の明治神宮大会は、外苑競技場で開催されたけど、軍部から金属類回収令が発令されていたため、スパイクシューズの着用は禁止。選手は足袋（たび）を履いて走ったの。当時はスターティングブロックなんかなかったため、園芸用の小さなスコップで穴を掘り、そこに両脚のつま先を入れてスタートする。それに砲丸投や円盤投もできず、代わりに短棒投やバケツ競争をやっていたわね。もうウソのような話でしょう」

苦笑しつつ語る彼女だが、全盛時代の競技生活を戦争に奪われたことはたしかだ。短距離走の日本一のアスリートになっても、なんと一度も日の丸のついたユニフォームを着たことはなく、ましてや海外遠征も国際大会出場経験もない。

持参した古いアルバムを開きつつ、彼女は私を前に言った。

「戦争中だったし、仕方なかったわね。私自身は単に走るのが好きだっただけで、走っているときが私の青春だったの。だから、『オリンピック出場が夢です』といった言葉は口にできなかった。あの時代は戦争一色でしたから。昭和十五年に開催予定だった東京オリンピックは返上してしまったし、あの頃の私は、競技を始めたばっかりだったしね。周りの友だちは『戦争がなかったら林さんはオリンピックに出場していた』と言ってくれたけど……。

そうね、このアルバムは、運よく空襲で焼けなかったの。この写真の三人は、私よりも年上の選手で、左から走高跳の山内リエさん（二〇〇〇年没、享年七十八）、やり投の矢田香子さん（一九九三年没、享年七十九）、百メートルハードルの山下好子さん。この人たちは全盛期に戦争のためにオリンピック出場を諦めるほかなかった。そのために軍部を恨んだと思いますね。私を前に『オリンピックに出場したかった。悔しい』と言って、嘆いていましたから。もちろん、オリンピック出場をめざしていた他の選手たちも悔しかったと思いますね。後に毎日新

幻のオリンピアン　左から走高跳の山内リエ、やり投の矢田香子、100メートルハードルの山下好子

聞の記者になった山内さんは、オリンピックに出場すればメダリストになっていたと思うし、誰もが認める世界で活躍できる選手でしたから……」

この彼女の言葉からは、一九四〇年開催予定だった幻となった東京オリンピックへの出場間違いなしと言われた「幻のオリンピアン」の切ない〝声〟と聞き取ることができる。とくに開催予定の年の日本陸上競技選手権大会で山内リエ、矢田香子、山下好子の三人はそれぞれの得意種目で優勝を果たしていたからだ。

第一高女五年生、十七歳を迎える秋に開催された明治神宮大会と東京選手権大会の両大会で林きぬ子は、百㍍と二百㍍に優勝した。だが、翌年からは大会は中止となり、オリンピックそのものも開催されなかった（四〇年東京大会は返上され、替わってヘルシンキ大会が予定されたが、これまた中止。続く四四年のロンドン大会も中止となった。いずれも第二次世界大戦が原因）。彼女は語る。

「昭和二十年二月二十五日の大雪の日、アメリカのB29が落とした焼夷弾の空襲で家が焼けて、馬喰町（中央区日本橋）の叔父の家に引っ越した。その一か月後の三月九日と十日の東京大空襲のときは、隣のビルに避難しましたけど、もうすごかったですよ。焼けて火が燃え上がると爆風が起きて、人間が飛ばされる。人間が飛ぶんですよ。可哀相だけど助けられない。十万人もの命が奪われたのに、黙って見

競技会で走る林きぬ子（1942年）

てるだけ。人間って弱いわね……」

憎き戦争のため青春を奪われ、「幻のオリンピアン」となった林きぬ子。日本代表選手団の役員としてではあったが、初めて胸に日の丸がついた制服姿で国際大会に関わったのは、敗戦から十三年を経た五八年の第三回アジア大会のときだった。その六年後の東京オリンピックのときも陸上競技を運営する裏方として、同じ国立競技場で働いた。

第一高女卒業後の彼女は、東京女子高等師範学校（お茶の水女子大学）に入学。卒業後は保健体育教諭として母校の白鷗高校に赴任し、定年まで母校一筋で教鞭を執ってきた。

「私の場合は、東京都や全国高校体育連盟の事務局が白鷗高にあったため、職員のみなさんに『林さんがいないと困る』なんて言われ、ずっといることになったの。いい悪いは別として、私は白鷗高校しか知らないのね。平成二（一九九〇）年三月に退職したから、四十四年間も白鷗高校に赴任していたの」

ときおり相好を崩して話す彼女は、敗戦後の復興期の日本スポーツ界を語れる数少ない生き証人でもある。続けて語った。

「昭和三十年代までは、選手を引率して遠征する場合は、お米や野菜などを持参しないと旅館に宿泊できない。食糧難だったためにね。昭和二十二年に石川県の金沢市で開催された国民体育大会（二〇二四年から「国民スポーツ大会」に改称）に白鷗高校（当時は都立第一高等女学校）のバスケットボールチームが出場したときは、まさか決勝まで残れるとは思わなかったため、旅館代を払えなくなってね。

旧家にお世話になり、私たち引率者は買いだしに行く始末。いまになっては懐かしい思い出だけど、もう大変でしたね」

ゆっくりとした口調で語る彼女の話に、私は黙って耳を傾けた。

「とにかく、敗戦後の日本のスポーツ界はいろいろと進歩したわね。戦前から選手は、『水を飲むな』『泳いではダメ』と指導者に言われていたけど、いまは水分を摂らないと逆に怒られてしまうわね。ウォーミングアップのときは、単に走るのではなく『インターバルを入れたほうがいい』と言われたり、戦前のトレーニングとは違った……」

白鷗高校で教鞭を執りつつ彼女は、大会のときは役員を務めた。五八（昭和三十三）年五月、開場したばかりの国立競技場で開催された第三回アジア大会のときは、日本選手団だけでなく外国人選手を世話するシャペロンを務めている。

そして、六四年東京オリンピックの際は、国立競技場に詰め、徹夜作業で記録員副主任として任務を全うしたのだ。

「昭和三十三年のアジア大会のときは、白鷗高校に就いた新任の校長先生から『どうして君は、そんなもん引き受けたんだ！』と怒鳴られるしね。東京オリンピックのときは、もう忙しくて大変。開催前は英会話の勉強をしなければならなかったし、開催すれば裏方の役員として動き回る。地方から派遣された役員もいたけど、そういった人たちは偉い人たちで気軽に仕事を頼むことはできなかったわね。

国立競技場を中心とした陸上競技の各種目の記録を集計するのが主な仕事だったけど、よく競技場の隣の日本青年館にあったＩＢＭの事務所に行ったわね。コンピューターを操るオペレーターに届けると、『手書きでなくタイプで打ってこい』と注意された。翌日までにプログラムを作成しなければならないし……。毎日が徹夜状態でしたけど、誰も文句は口にしなかった。オリンピックの成功だけを願っていたのね」

そう語る彼女に尋ねた。東京オリンピックの心に残る思い出は？

「国立競技場のトラックは、煉瓦(れんが)を砕いてつくられたアンツーカだったため、『このトラックで走ったなら、きっと私の記録も伸びたわ』なんて、そう思ったの。私のような小柄な選手でもアンツーカなら蹴りが効くしね。私が日本陸上競技選手権の百㍍で一等賞になったときのタイム（12秒5）を上回る記録がでたかもね。

それに思い出としてあるのは、マラソンの円谷（幸吉）選手のこと。エチオピアのアベベ選手に次いで国立競技場に姿を見せたけど、イギリスのヒートリーに抜かれたでしょ。あのときは、もう役員全員が『走れ、走れ！』と。声を張り上げて応援したわね。でも、銅メダルを獲れたし、立派だった。印象的だったのは、優勝したアベベ選手。ゴール後も元気だったしね。選手村に行ったとき、アベベ選手や他の外国人選手たちとお話したの。身体にも触らせ

現在の林きぬ子

ていただいたけど、筋肉が柔らかい。体格もいいし、走る姿勢もいいしね。『日本人はまだまだなあ』って思いましたね」

初めて林きぬ子に会って以来、私は二度ほど馬事公苑に隣接する老人ホームを訪ねた。その度に彼女は笑顔で応じてくれた。

「私の趣味はカメラなの。もう昭和十八年頃から兄の形見の〝ローライフレックス〟という二眼レフの写真機を使っていて、東京オリンピック後は一眼レフのカメラも使っているわね。旅行のときは二台のカメラを持参するの。いまは便利になりすぎてデジカメもあるけど、あれは使わない。やっぱりカメラは、フィルムを入れて、絞りを決め、シャッタースピードも決める。それが面白いのね。

そうね、私もパソコンをやっていて、平和で便利な世の中になっていると思うけど、ちょっといけませんね。漢字なんか書けなくなるの。人間は考える力を失ってはダメです」

頷く私に彼女は微笑み返す。だが、ときには不快な表情を見せることもあった。

一つは、六四年東京オリンピックのメイン会場となった、思い出の国立競技場が解体されることが決まったときだ。彼女は言った。

「寂しいですよ。戦前から数えきれないほど神宮外苑には行っているしね。こないだ新たに建設する、巨大な国立競技場の設計図を新聞で見たときは、『これは、何なの？』『私の思い出を奪うの？』っていう感じ。神宮の杜の中にあんな怪物のような建物を造ってはダメですよ。やっぱり、神宮ですからね、あそこは風致地区でしょ。だから、『嗚呼、ついに壊されてしまう。無くなっちゃう』という想いなの」

そして、こうも言った。

「それに想うのは、いまのオリンピックは、何でもかんでもお金が絡んでいるでしょ。選手も同じで、テレビのCMなんかにも出演しているしね。どれだけお金をいただいているかはわからないけど、昔の選手はお金を使うほうでね、貰わなかった。選手が遠征に行く際は、お金をださないと行けなかった。いまの若い選手たちには考えられないかもしれないけど、昭和三十年代の東京オリンピックの頃まではお金が無くて海外遠征に参加できない選手もいたんですよ。いまの世の中は平和すぎるのかもしれない。選手にとって、有名になるのは大きな誇りかもしれないけど、何でもかんでもお金というのは私には抵抗があるわね……」

もう一つ。三度目に会った二〇一六年の十一月十一日だ。二日前に九十一回目の誕生日を迎えた彼女は、冒頭に記述した馬事公苑の正面出入口掲示板に貼りだされた〈JRA馬事公苑休苑のお知らせ〉を凝視しつつ言った。

「もう二〇二二年の秋まで馬事公苑には入れない。私が九十七歳になるまでこの中を散歩できないということですよね。改修工事をしなくとも使えると思う。昔の東京オリンピックとは違いますから、もっと節約し、お金をかけないほうがいいんです……」

私の傍らでそう語る九十一歳の林きぬ子。その表情には怒りと悲しみが垣間見えた。

「東洋の魔女、陰の広報担当」毛利泰子の手腕

年間平均視聴率8・2パーセントと、史上最低の数値を記録した二〇一九年のNHK大河ドラマ「いだてん〜東京オリムピック噺〜」。十二月八日の四十六話放送に次のようなシーンがあった。

十月十日の東京オリンピック開会式が三か月後に迫った七月だ。女子バレーボール代表チームの主将、安藤サクラが演じる河西昌枝が、父が危篤のために山梨県に帰省する。ところが、とんぼ返りで練習場に戻ってくる。そのときだ。徳井義実が演じる監督大松博文からボールを投げつけられながら叱咤される。

「帰れ！　お父さんの側にいろ！」

しかし、主将河西は涙を流しながら叫び、訴えるのだ。

「バレーボールを続けます。でも、辞めたくなったらオリンピックの前日でも辞めます！」

安藤サクラと徳井義実の迫力ある演技に、視聴者の多くは感激。涙ぐんだという。

それでは虚構のテレビドラマとは違い、現実はどうだったのか――。

このことに関しては、くしくもNHK大阪放送局スポーツ部ディレクターだった毛利泰子が詳しい。当時、東京オリンピックを控えて多忙な毎日を送っていた彼女は、時間が許す限り大阪府貝塚市の日紡貝塚体育館に出向いていた。もちろん、金メダル獲得が有力視されていた女子バレーボールチーム、監督大松博文が率いる「東洋の魔女」を取材するためだ。

そんなある日、東京オリンピック開会式が三か月後に迫っている七月十六日だった。彼女はいつ

もと違う光景を目撃する。なんと主将の河西昌枝が監督大松博文に涙目で詰め寄り、懇願していたのだ。

「父が危篤です。実家に帰りたいんです。すぐに父に会いたい。帰らせてください！」

「ダメだ。練習を終えたら帰ればいい。練習だ、練習開始だ！」

そう命令する監督大松を前に、堪忍袋の緒が切れたように主将河西は涙声で叫んだ。

「この、鬼ーっ！」

この叫び声で体育館内は一瞬、異常な雰囲気に包まれた。毛利は当然として、選手たちは棒立ちになったという。

私の机の上には河西昌枝の自著『お母さんの金メダル』（学習研究社、一九九二）がある。それを読むと、なぜか河西が大松を前に「この、鬼ーっ！」と叫んだシーンは書かれていない。だが、ヨーロッパ遠征から帰国した前日の七月十五日。河西は羽田空港で出迎えた長兄の精一から、父栄一が危篤状態であることを知らされた。兄は妹に言っている。

「水も飲めなくて、注射で息をしている状態だ。昌枝が帰ってくるのを待っている……」

そのため翌十六日の練習を休んで一刻も早く、山梨県中巨摩（なかこま）郡甲西町（南アルプス市）の実家に帰りたく、監督大松に懇願したのだ。自著では十六日に実家に帰り、病床の父を見舞ったと書かれているが、父栄一が七十三歳で生涯を閉じたのは、三日後の七月十九日だった。そのときは夜行列車で実家に帰った河西ではあったが、翌二十日の告別式に参列しただけで、翌日から練習に参加している。こうして三か月後に迫ったオリンピックをめざす……。

私が毛利泰子に会った場所は、大阪・浪速区の府立体育会館内にある大阪府立レクリエーション協会事務所会議室。懇意にしている関西大学名誉教授の伴義孝と、大阪府立レクリエーション協会専務理事の片倉道夫も同席してくれた。すでに記したように伴は、東京オリンピック日本選手団団長の大島鎌吉について研究することをライフワークにしている。元NHKディレクターの片倉は、関西大学の先輩でもある大島から「オリンピックはスポーツを通じて世界が一つになる祭典だ。青少年が主人公であることを忘れないでほしい」というアドバイスを受け、まさに世界が一つになった東京オリンピック閉会式の中継を取り仕切っていた。

ともあれ、毛利は二歳年下の河西昌枝とは姉妹のように仲がよく、東洋の魔女の選手たちからは「毛ちゃん」と呼ばれて信頼を得ていた。遠い日を彼女は語る。

「河西さんは四人兄弟の末っ子で長女でしたから、とくにお父さんから可愛がられていたんですね。そのためにお父さんが亡くなった後の河西さんは、ショックで練習にも覇気が感じられなかった。それで大松さんが私に電話をかけてきたんです。『あんたなあ、河西がおかしいんや。どないしたらええ』と。そこで私は、大松さんに『巨人の試合を観せれば元気になるかもしれませんよ』と言ったら、大松さんが『誰のファンや？』と。『長嶋ファンです』とね。そしたら『じゃあ、あんたなあ、頼むわ』と、大松さんが言ってきたんです……」

そこでプロ野球の中継も担当していたディレクターの彼女は動いた。早速、巨人の日程を確認。広島遠征中の宿泊先に電話し、長嶋茂雄と連絡を取ったのだ。彼女への取材を元に二人の電話での会話を再現したい。

毛利「長嶋さんですね。お願い事があり、お電話をしました」
長嶋「あ、ボスですか。お願い事って何ですかあ?」
当時の毛利は、長嶋からは親しみを込めて「ボス」と呼ばれていた。
毛利「バレーボールの河西さん、知っていますか?」
長嶋「よーく、知っていますよお」
毛利「実は長嶋さんの大ファンなんですが、お父さんを亡くして落ち込んでいます。プロアマの問題もあり、直接お会いすることはできませんが、長嶋さんのサイン色紙とボールをいただけませんか。私が受け取りに伺います」
長嶋「なるほど。よーく、わかりました」
毛利「よろしくお願いします。それでは次の甲子園球場での試合のときに行きます」
長嶋「オッケーです。待っています……」
彼女は続けて、私に語った。
「たしか八月初旬の巨人と阪神の甲子園球場での試合前だと思います。長嶋さんからサイン色紙とサインボールをいただき、日紡貝塚の体育館に行き、河西さんに手渡しました。もう河西さん、喜んじゃってね。お礼に茶封筒にオリンピックの試合の入場券を入れ、私に『毛ちゃん、長嶋さんに渡して』って。それで翌日に再び長嶋さんにお会いし、直に渡したんですね。長嶋さんも喜んでいました。もちろん、その後の河西さんは元気になりました」
傍らで聞いていた片倉は「その話は初めて聞いたわ」と言い、伴は「おもろいなあ。長嶋は東洋の魔女が金メダルを獲った、陰の功労者や」と言って相槌を打った。

一九三一（昭和六）年、大阪生まれ。戦争に負けたときは「昭和天皇の玉音放送は聞きましたけど、何を言ってるのか理解できませんでしたね。ただ、教育勅語にさよならできるのが何故か嬉しかった」と、そう胸の内を語る毛利泰子。NHKに正式に入局したのは、二十七歳になる年の五八（昭和三十三）年だった。

だが、学生時代から彼女は、アルバイトの身分だったがきちんと仕事をこなしていたためだろう。NHK大阪放送局内では誰もが知る存在であった。五二年入局の先輩の片倉は、「あの当時の毛ちゃんは、テレビ界の唯一の女性ディレクター。そのために取材はやりやすかったと思う。みんなに毛ちゃんは可愛がられていた」と証言する。それを受けて彼女も語る。

「美形のアナウンサーは数人いましたけど、現場には女性はいませんでしたね。NHKの名刺をだせば信用されますし、プロ野球の金田（正一）さんには『おい、NHK』なんて声をかけられ、巨人監督の水原（茂）さんや川上（哲治）さん、阪神監督の松木（謙治郎）さんにもよくしていただきました。もちろん、大松監督にもね」

彼女が日紡貝塚体育館に通うようになったのは、入局を果たした五八年頃からだ。

「NHKという肩書と女性ということで信用されたかもしれませんけど、大松さんは奥さんと私が同じ歳ということもあり、気楽に接してくれました。私が言うのもなんですが、〝東洋の魔女の広報担当〟のような存在になりましたね。他社が取材したいと言ってくると、大松さんは『取材を受けていいのか。大丈夫か？』なんて私に聞いてくる。それに選手は年頃の女性ですから、いろんなややこしいことがあったんです。スポーツ紙の記者が選手に秋波（しゅうは）を送ったり、手紙を渡したりね。河西さんに近寄った記者もいましたからね。言ってみれば、私は選手を守る見張り番役。日紡の体育館に行けば、帰宅せずにそのまま泊まったりね。練習が終わるのは真夜中のため、みんなでインスタントラーメンを大鍋で作って食べる。楽しかったですよ」

白いセーターに赤系のチェックの上着姿。ショートヘアの彼女は、身振り手振りで語る。

「たしかに世間では『鬼の大松』と言われていましたが、別に私は普段の練習に限っては鬼とは思いませんでした。『河西さんのやり方のほうがきつい』という選手もいたしね。当時の日紡の選手は大阪の四天王寺高校から入社する者が多かったんですが、四天王寺の小島（孝治、七二年ミュンヘン大会女子バレーボール監督、二〇一四年没、享年八十四）監督はもうスパルタで有名だった。竹ぼうきを持って選手を叩いていたし、合宿所から逃げだす選手もいて、そのたびに『なんで脱走したんだ！』と怒っていました。その点、日紡の選手のほとんどは、大松博文という男性に惚れて、バレーボールを続けていました。レギュラー選手の半分は『引退したら、大松監督のような男性と結婚したい』と、そう私に言っていましたね」

私は尋ねた。大松監督は、女性の社会進出をどう考えていましたか？　彼女は答えた。

「昭和三十年代は、たとえばＮＨＫには女性ディレクターは大阪では私だけで、東京には岡さんも知っている〝お嬢〟と呼ばれていた松崎（弘子）さん一人。彼女も私と同様にアルバイトから入局しましたからね。いまと違い男性が働く職場で女性が働くのは難しかったです。でも、女子バレーを指導していた大松さんは、『どんどん女性でも表で働け、活躍しろ！』というタイプの人。オリンピックの二年前、昭和三十七年にモスクワで世界選手権があったとき、大松さんは私に『一緒に行くぞ。スーツも用意する』と言って誘ってくれましたけど、『はい、行きます』とは言えなかった。あの当時は、女性が仕事で海外に行くなんて考えられなかった時代ですからね。当然、ＮＨＫも許可してくれなかったと思いますね」

私は彼女の言葉に小さく頷いた。

そして、六四年の東京オリンピックがやってきた。

「私は十月一日に開通したばかりの新幹線に乗って上京し、新橋の第一ホテルに泊まり込み、当然バレーボールも担当しました。でも、十月二十三日のソ連との決勝のときは、もう朝から興奮気味でね。上司に『仕事を休ませてください。ただし、日本が金メダルを決めたときは大松監督を放送センターに連れて行きます』と訴えました。だから、夜の七時からの駒沢体育館での決勝のときはマイクを持ち、会場の外をうろうろしていました。勝負事には絶対はありませんから、『負けたらどうしよう』なんて考えながらね」

そう当時を振り返り語る彼女だが、もちろん、東洋の魔女の日本女子バレーボールチームは、圧倒的な強さを誇った。回転レシーブで守備を重視した戦法でアメリカ、ルーマニア、韓国、ポーランドを次つぎと撃破。十月二十三日午後七時からの金メダルを賭けたソ連戦でもセット数3－0で寄せ付けなかった。ＮＨＫがテレビ放送し、その視聴率はスポーツ中継史上最高の66・8パーセントだった。

東京オリンピック後も監督大松博文をはじめとする、東洋の魔女たちと毛利泰子の親密な交流は続いた。

これまで報じられなかった秘話がある。すでに三十路を迎えていた主将河西昌枝の結婚についてだ。彼女は「私は引退したら長嶋さんと結婚したい」と、そう仲間の選手たちに宣言していた。父栄一の没後に長嶋のサイン色紙とサインボールで元気になった経緯もある。また、前掲書『お母さんの金メダル』によれば、オリンピックのときは、「長嶋がソ連との決勝戦を是非観戦したい」という話を聞けば、河西は入場券をプレゼント。それに対して長嶋もお忍びで宿舎を訪ね、果物などを差し入れしていた。十月二十三日のソ連戦の際は、コートに立つ河西自身が、長嶋と王貞治が並んで観戦しているのを確認している。選手たちは、そのような二人を「もしかして結婚もあり？」と羨望（せんぼう）の眼差しで見ていたのだ。

ところが、である。毛利は次のような秘話を語った。

「たしかオリンピックが終わって一か月ほど経った頃、六四年十一月だったと思います。日紡貝塚は、六人制バレーボールを普及させるために中国や台湾などに遠征し、船での帰途のときです。ニュースで長嶋さんが（東京オリンピックのコンパニオンだった西村亜希子と）婚約したことを知ったんですね。だから、もう選手たちは大変。『河西さんはショックで海に飛び込むかもしれん。みんなで捕まえておかなあかん』と。そう言い合って見守っていました。帰国後に選手たちは私に、そう言っていましたね」

そのショックも時が過ぎて忘れたのだろう。河西昌枝は、翌六五年五月だった。当時の首相佐藤栄作・寛子夫人の媒酌で自衛官と晴れて結婚している。もちろん、毛利は結婚式に参列した。

一方、監督の大松博文は、オリンピック終了二か月後の師走に日紡貝塚を退職している。いかに国民を感動させた大松であっても、会社は評価しなかったという。毛利は証言する。

「日紡での大松さんは、営繕課長の役職に就いていたんですが、役員たちは『たかがオリンピックで金メダルを獲っても、それがどうした』という扱いでしたね。それを知った奥さんの美智代さんは『主人を返してください！』と言っていましたし、大松さん自身も『俺は日紡を辞める』と口癖のように言っていた。事実、退職してママさんバレーの普及活動をしました。あの頃が大松さんにとっては、いちばんバレーが楽しかったかもしれません。家族と一緒に過ごす時間も長くなりましたからね」

その後の大松博文は、参議院選挙（六八＝昭和四十三年）に出馬。国会議員となったが、七八年十一月に心筋梗塞で他界した。享年五十七。


大阪府レクリエーション協会事務所の会議室。持参したアルバムを広げ、毛利泰子は私を前に語った。アルバムには河西昌枝とのツーショットの写真がいくつもある。

「これは二〇〇八年です。河西さんがアメリカのバレーボール殿堂入りをしました。そのときに『毛ちゃん、一緒に行こうよ』と。それで表彰式のときは和服がいいと思い、河西さんのためにパソコンで着物の着方を覚えた。もちろん、河西さんは喜んでくれましたね。バレーボールの殿堂があるマサチューセッツ州のホリヨークという町は、静かな落ち着いたところ。松平康隆さん、大松さん、山田重雄さん（一九九八年没、享年六十七）が殿堂入りして、河西さんは日本人で四人目。もちろん、女性では初めてですよね。ホリヨークでの表彰式は、東京オリンピックで金メダルを決めた日と同じ十月二十三日だったんですよ」

彼女は時間を気にせず、これまでの人生を振り返った。こんな話も語ってくれた。

「甲子園球場などで高校野球やプロ野球の中継を担当していたんですが、少しは威張れる話もありますね。いまは何台ものカメラを球場に設置して中継していますけど、テレビ放送が始まった頃は、カメラはたったの三台で、それも一台は予備のために撮るのは二台。だから、映像はつまんなかった。そこで私は提案したんです。『バックネット方向から撮るのもいいけど、外野方向から撮るのも面白いかも』と言ったら、カメラマンが『じゃあ、やろう』と。それ以来、外野方向から撮るようになったんですね。いまは当たり前ですが、当時の高校野球やプロ野球の関係者から革命的な映像だと評価されましたね。

でも、本音を言えば、私はあの高校野球の開会式や閉会式は大嫌いなんですよ。軍隊式の行進をするため、戦争を思いだすのね。戦時中は空襲にも遭っていますし、もう米軍のパイロットの顔が見えるほどの距離から機関銃で撃ってきましたから。戦争は絶対反対ですね……。ただね、片倉さんが担当した東京オリンピックの閉会式を観て、もう鳥肌が立ったんです。選手たちが肩を組んで入場するシーンを観たときは『これが本当のスポーツなんだ！』とね。やっぱり、オリンピックは平和の祭典ですし、スポーツは世の中を平和にする力を持っていますね」

傍（かたわ）らの伴も片倉も頷き、私も倣（なら）った。彼女は「耳を汚すわね」と言いつつも続けて語る。

「河西さんは、東京オリンピックから四十九年目の二〇一三年十月三日に亡くなりました。二〇二〇年の東京オリンピック・パラリンピックの招致が決まった一か月後にね。河西さんは『今度の東京オリンピックでの私は、聖火ランナーで参加するわ』と言っていました。だから、私は『あなたは、腰が悪いから走るのは無理よ』と言ったら『一か月ほどトレーニングしたら大丈夫よ』と、電話口で笑っていましたね。だから、河西さんには少なくとも二〇年の東京オリンピックまでは元気でいてほしかった。

でもね、やっぱりこれも本音ですけど、福島原発事故があって、その二年後に安倍首相は、東京オリンピックを『復興オリンピックにしたい』なんて言って招致に成功したでしょ。被災地を利用するのはおかしいですね……」

時計の針は午後六時過ぎを差している。私たちは外に食事に行くことにした。

「褐色の弾丸」を演出した奥眞純の信念

二十競技百六十三種目に熱戦を繰り広げた六四年東京オリンピック。国立競技場をメイン会場に行われた陸上競技だけでも十五の世界記録、六十五のオリンピック大会記録が続出したため、とくに競技場の走路開発技術の高さを世界にアピールしたことはいうまでもない。

その国立競技場のトラック「アンツーカ走路」を造ったのが、スポーツ施設専門の「奥アンツーカ株式会社」であり、初代社長の奥庚子彦(かねひこ)とともに現場を仕切ったのが長男の奥眞純(まずみ)だった。

「オリンピック開催中のぼくは、毎晩夜中の二時、三時頃まで国立競技場に詰めていましたね。

昼間は寝て、競技が終わった後に出向いて走路やフィールドを整備していた。ただし、大会八日目の十月十七日は、午後一時から開始された棒高跳が終わったのは夜の十時過ぎ。アメリカの（フレッド）ハンセンとドイツの（ボルフガング）ラインハルトが死闘を演じ、ハンセンが金メダリストになった。あのときは明け方まで整備していましたけどね。まあ、だから、十五日間はネオン街で水商売をしているような生活をしていました」

都下東村山市の奥眞純の自宅。私は何回お邪魔したのだろうか。訪ねる度にクラシック音楽に精通する彼は、私の好きなモーツァルトの曲やラヴェルの「ボレロ」をかけて出迎えてくれた。

そして、聴き終えると柔和な表情で取材に応じる。当時の国立競技場のアンツーカ走路造りの光景が写された貴重な写真を手に、彼は続けて語った。

「ほとんど知られていないと思いますが、その日の競技が終わるとぼくたちスタッフは、応援に駆けつけてくれた全国各地の自治体のグラウンド施設管理者のみなさんとともに、傷んだ走路に即硬性のアンツーカを充填（じゅうてん）して修復するんですね。その上で荷物を満載したダンプカーをゆっくりと走らせて、アンツーカの粒子をグリップしつつ締め上げる。こうして元通りの完璧な走路にして、翌日の競技に備える。だから、選手たちは『このマジックは誰の仕業だ？』なんて驚いていましたね。

また、自慢話になりますが、アンツーカは雨にも強かった。男子百メートルの予選と決勝は十月十五日に行われたんですが、その二日前から37ミリの雨に見舞われたため、誰もが『これでは記録は期待できない』と思っていた。ところが、結果は違いましたね。まず、アメリカのボブ・ヘイズが準決勝で人類初めて〝10秒の壁〟を破る9秒9をマークした。まあ、残念ながら追い風参考記録になりましたが、決勝では10秒0の世界タイ記録、オリンピック新記録で金メダルを獲得してくれました。このときは、あの戦前のベルリンオリンピック百メートルで金メダリストになったジェシイ・オーエンス（一九八〇年没、享年六十七）が観戦していてね。翌日のスポーツ紙に『前日の雨の後でこんなにコースがよくなるとは思わなかった。ボブは、コースを造った人に感謝すべきだ』とコメントを寄せていた。また、国際陸連のエクゼター会長も『史上最高のトラックだ』と激賞してくれました」

奥眞純は父庚子彦とともに、「褐色の弾丸」「フロリダのジェット機」と称されたボブ・ヘイズの金メダル獲得を陰で演出した男だった。

奥庚子彦が運動場工事の専門会社「奥商会」を開業したのは、長男眞純が誕生する三年前の一九二八（昭和三）年だった。その当時、テニスコートや運動場などを造成するのは植木職人の仕事とされており、世間からは「コート屋」と呼ばれていたという。

「父は大阪市役所職員だったんですが、テニス選手のために退職してまでも、自分でコートを造りたかった。運がよかったのはテニスを通じて知り合った、当時の大阪瓦斯（ガス）の片岡直方会長がパリのローラン・ギャロスで行われたデビスカップを観戦し、水はけのよい煉瓦を砕いた舗装材のアンツーカに着目した。そもそもアンツーカの語源は、フランス語で晴雨兼用の傘のことなんですが、それで父にアンツーカの研究を勧め、その年の秋に片岡邸に国産第一号のアンツーカコートを造った。これが話題となり、奥商会を率いる父は、さらにアンツーカの研究、開発をすることになったんですね」

そして、一九三六（昭和十一）年のベルリンオリンピックのときだ。日本選手団主将の大島鎌吉が、オリンピック・スタジアムのトラックに使用されていたアンツーカに着目し、ドイツ陸上競技連盟から譲って貰ったアンツーカを持参して帰国。旧知の奥庚子彦に手渡して陸上競技場舗装材の研究を依頼した。彼は続けて説明する。

「当時の奥商会は、すでにアンツーカのテニスコートを手がけていたんですが、舗装材を使用しての陸上競技場造りは未知の世界であったため、父は何かと競技者でもある毎日新聞記者の大島先生からアドバイスを受けていた。当時の大島先生は、次の一九四〇年開催予定の、いわゆる返上してしまった『幻の東京オリンピック』開催に向け、新たなスタジアム建設を見据えていたわけです。当時の日本スポーツ界に科学トレーニングをいち早く取り入れるなど、大島先生は大変な人物でしたからね。

父が日本で初めてアンツーカ走路を手がけたのは、敗戦後二年目の四七（昭和二十二）年です。大島先生の出身地、石川県金沢市を中心に開催された第二回国民体育大会のときで、金沢市市営陸上競技場の走路を造った。テニスコートとは違う、さらに硬度を上げたアンツーカを開発し、施工チームを金沢に送り込んでいます。あのときは昭和天皇が初めて参列され、敗戦

64東京オリンピックで走路を整備する奥庚子彦、眞純親子

後初めてメインポールに国旗が掲揚された大会でしたから、かなり父もプレッシャーを感じていたでしょうね。もちろん、大会は成功しました」

そう語る彼が父の仕事に魅せられ、走路造りに専念するようになったのは、二十二歳のときからだ。以来、競技場の走路を手がける一方、ウレタン舗装材やスポーツ用天然芝を開発している。

そして、二十六歳を迎える年の一九五七（昭和三十二）年に彼は大阪から上京。父とともに神宮外苑競技場を解体した跡地に建設する、国立競技場の走路造りに着手した。第三回アジア大会が一年後に開催されることになったからだ。研究熱心な彼は、とくに職人の世界はおうおうにして長年にわたって培った勘に頼ることが多かったため、国立競技場のトラック造りの際は一年間ほど京都大学造園研究室の助教授の新田伸三に師事。トラックの地盤支持力を測る測定器のプロクターニードルで集計したデータを科学的に分析するなど、走路開発に余念がなかった。

さらに彼は父とともに、東京大学生産技術研究所をはじめ、文部省と日本陸上競技連盟の協力を得て、新田たちと「試験走路委員会」を設立。新たなアンツーカ開発に取り組んだ。建設中の国立競技場のバックスタンド側の空地に、長さ五十メートルのアンツーカ走路５コース、シンダー走路１コースを竣工。文部省の中島茂と千葉久三の二人の体育官、日本陸上競技連盟からは〝暁の超特

建設中の国立競技場（1957 年当時）

急〟と呼ばれた、戦前のベルリンオリンピック出場を果たした吉岡隆徳をはじめ、学生選手たちによる試走が繰り返された。

その結果、満場一致でスパイクシューズの蹴りにも強く、従来のアンツーカを凌ぐ硬さを誇る、新たに開発された「ネオ・アンツーカ」が採用されることになった。当時のアンツーカは、焼いた土に粘土をどのくらいの割合で混合させるかが最大の課題だった。粘土が多ければ水はけは悪く、少なければ蹴りに効きめがない。そのため採用決定まで奥は、何度も日本陸連のお偉方の声を耳にしていた。

――奥のアンツーカで本当に大丈夫なのか……。

――無理ならドイツやフランスから輸入してもいいんだ……。

――東洋一の競技場といわれても記録が期待できなければ話にならない……。

「精魂込めて開発したネオ・アンツーカは、ドイツやフランスに引けを取らない世界一だと自負していました。それに当時の日本陸連も文部省も〝日本製〟にこだわり、奥のアンツーカでアジア大会を開催したかった。『日本もできるんだぞ！』っていう感じでね。ただし、心配事が一つだけあった。それは冬場に気温が零度以下になった際は、凍結する恐れがあるからです。このことに関しては、アジア大会が開催されるのは五月ということで不問にされましたが、将来を思えば心配事の一つには変わらなかったんですが……」

一九三一（昭和六）年十二月十二日生まれ。石川五右衛門が釜茹でになった日が誕生日だと言って苦笑する奥眞純は、私を前に当時の正直な胸の内を語った。

五八年五月二十四日から開催された第三回アジア大会。メイン会場となった国立競技場での陸上競技では、実に三十一種目で大会新記録五十九、日本新記録五がマークされた。ネオ・アンツーカの走路が功を奏したといってよい。それが契機となり、日本製のアンツーカは広く海外でも注目され、六年後に開催される東京オリンピックを迎えることになったのだ。

そして、六四年の東京オリンピック。開幕を五か月後に控えた五月末だ。三十二歳になった奥眞純は、「東京オリンピック組織委員会技術嘱託担当」の肩書で渡欧。前回大会のイタリア・ローマをはじめ、ギリシャ、フランス、ドイツ、スイス、デンマーク、スウェーデン、フィンランド、ベルギーの主な競技場を二十五日間にわたって視察した。

当時を懐かしむように、彼は振り返り語った。

「国立競技場の走路造りには、かなりの自信があった。でも、やはり海外のスタジアムのトラックが気になった。とくに前回の開催地のローマの競技場がね。そこでトラックの硬度を測定するプロクターニードルという測定器を持参し、まずはローマの競技場のアンツーカを測ったら、百十ポンドでした。その瞬間、ぼくは『勝った！』と思い、胸を撫で下ろしましたね。同行した日本体育大学の山田良

現在の自宅での奥眞純。パソコンで64年東京オリンピック開会式を観る

樹先生も『えっ、こんなもんかね』って。それというのも走路は硬いほど選手は走りやすいし、記録も期待できる。当時の奥アンツーカは、研究に研究を重ねて、それまでのネオ・アンツーカよりも硬度の高い『ネオＨ・アンツーカ』を開発した。プロクターニードルで測ると、百四十ポンド以上の硬さを誇っていましたからね。もちろん、雨が降っても動じない、雨に強い崩れないアンツーカでした」

その結果、このネオＨ・アンツーカが、前述したように東京オリンピックで多くの記録を生んだのだ。

「いまの競技場の走路は、すべて全天候型（オールウェザー）で時代を感じますが、当時はアンツーカのトラックが最高でした」

私を前に、奥眞純は呟くように言った。

「東京オリンピックレガシー」を実践する百田元子の献身

一九六〇（昭和三十五）年の師走だったという。翌年春に高校卒業を控えている十八歳の西村元子は、日本陸上競技連盟理事長の青木半治を前に、次のように直訴した。

「私を採用してください。陸上競技が大好きなんです！」

まずは、その年の夏のアルバイトの話から書き進めなければならない。つまり、ローマ大会が開催された六〇年の夏、日体桜華高校三年生の彼女は、日本体育協会（日本スポーツ協会）でアルバイトをしていた。記録や写真の整理が主な仕事だったが、いつも笑顔での働きぶりが日体協の役員や職員の間で評判になった。とくに日本体操協会と日本レスリング協会の役員たちは直に「卒業したらうちで働いてよ」と声をかけてきた。

ところが、女子高生の彼女は喜ぶどころか悩んでしまう。何故なら、どうしても日本陸上競技連盟で働きたかったからだ。中学時代から陸上競技を始めた彼女は、高校に入学すると仲間三人と陸上競技部を創部し、休日は部員とともに国立競技場で行われていた陸上競技教室に参加。それが功を奏し、二年生のときは部員十人を率い、選手兼マネージャーとしてインターハイに出場することができた。そのため卒業後は、「自分の就職先は陸上競技の世界しかない！」と心に決めていたのだ。

こうして、冒頭で述べたように日本陸連理事長の青木半治に直訴。彼女は卒業を待たず、翌六一年一月から日本陸連の事務局職員に採用された。それぞれの競技の連盟や協会が三年後の東京オリンピックに向け、若い人材を求めていたという幸運もあったものの、いつしか彼女は日体協関係者から「もっちゃん」の愛称で呼ばれるようになった。

国立競技場で。中央が百田元子

そして、六四年東京オリンピック——。

もっちゃんは、国立競技場に詰め、裏方として記録収集係を担当することになる。

現在の彼女は、兵庫県姫路市に在住。東京オリンピックで裏方として活動し、身に付けた遺産(レガシー)を実践。いまでは地元住民から「お助けおばさん」の愛称で親しまれている。

「二十四歳のときに結婚して姓が西村から百田(ひゃくた)になり、それを契機に夫(百田隆行、当時「全国陸上競技愛好会」近畿地区主任)の故郷である姫路市に住むようになったのね。二人の娘に恵まれて、生活するには家族以外の地元の人たちと交流しなければならないでしょ。そこでコミュニティづくりをしなければならないと考えて、いろいろとやってきた。たしかにいまは〝お助けおばさん〟なんて呼ばれているけど、どちらかというと〝お節介おばさん〟でしょうね」

そう笑みを浮かべて語る百田元子。子育てが一段落した三十歳を迎えた頃だ。兵庫県主催の「幼児教育学級」に通う一方、地元で人気を集めていた「姫路子ども劇場」に着目。劇場の事務局長までも引き受け、自力でコミュニティづくりの道を切り拓いた。さらに兵庫県の講習を受けて社会体育指導員の資格を取得。三十八歳のときに地元に市民センターがオープンしたのを機に「リズム熟年体操教室」を開校し、健康体操やリズム体操を教え始めたのだ。

「人間って自分では元気だと思っていても、四十代近くなると身体が思うように動かなくなるでしょ。だから、自分の身体は自分で責任を持って管理しなければならない。そのことをみなさんにわかってもらおう、と。そういった趣旨で始めたんです」

こうして彼女が音頭を取って開校したリズム熟年体操教室は、一か月で参加者は四十名となり、年々増え続けて二百名を超える年もあったという。

中国の上海生まれ。敗戦後に家族と引き揚げて東京で育った百田元子。姫路市に住む彼女を訪ねたのは、二〇一五年二月初旬。私を前に若かりし日を語った。

「私が日本陸連に入った当時の日体協はお茶の水にあって、その中に事務局がある。戦前のオリンピックで活躍した織田（幹雄）先生、南部（忠平）先生、大島（鎌吉）先生、田島（直人）先生たちが、もう毎日のように事務局に顔を見せるしね。気軽に声もかけてくれて、嬉しかったですよ」

日本陸連に職を求めた、高卒の彼女の初任給は八千円。だが、仕事量を考えれば、給料の倍以上はこなしていたと思われる。とにかく三年後の東京オリンピックに向け、毎日が多忙だった。毎月の残業は百時間を超え、給料のほとんどは夜食代で消えたという。

「記録担当員の私は、当時の記録部長の医師でもある渡辺修作さんの助手として記録の編集をしていて、いつも数字とにらめっこ。今のようにパソコンもなかったし、超多忙だった。でも、誰も不満をこぼさなかったわね。私なんかマラソンの合宿に行くこともできたし、君原（健二）さんや寺沢（徹）さん、亡くなった円谷さんたちに『もっちゃん』と呼ばれていた。だから、もうそれだけで疲れなんかどっかに行っちゃった。マラソンのコーチは後にヱスビー食品の監督になり、ロス大会とソウル大会に出場した瀬古（利彦）さんたちを育てた中村清さん（一九三六年ベルリン大会陸上競技千五百メートル。一九八五年没、享年七十二）で、長野県の霧ヶ峰や伊豆の大島で合宿をやっていた。休日は山登りをしたけど、私なんか追いかけるのが大変。スケートの選手も合宿に来ていたけど、あの人たちも山登りが速かったわね」

そして、東京オリンピック。二十一歳の彼女は国立競技場の記録室に詰め、記録収集を担当する。

続けて語る。

「当時は東高円寺（杉並区）の養蚕試験場の近くに住んでいて、もう毎日、朝早く都電で新宿に行き、そこから山手線に乗って原宿で降りて国立競技場まで歩く。一種目が終わるごとに記録を集計し、それを電話で印刷所に送る。翌日のデイリープログラムを作成するためにね。私が電話担当者になったのは、女性の声のほうがはっきりしていてわかるんですって。それで競技が終わると文京区の印刷所に出向いて夜遅くまで校正をする。

だから、競技をじっくり観戦することなんかできない。自分の目で観たのは、マラソンで円谷さんが三位でゴールインした瞬間だけ。あのときは裏方として競技を運営していた、役員さん全員が泣いていた。全国各地から派遣された陸連の役員さんたちは、報酬なしのボランティアのような立場だったため、自分たちの苦労が報われたということでね。いまも円谷さんが表彰台に立ち、国立競技場のメインポールに日の丸の旗が掲揚されたシーンは忘れられない。もう五十年以上経ちますが、いまも東北方面に行った際は、必ず福島の須賀川市に寄って、円谷さんのお墓参りをしています。マラソンの仲間だった寺沢さんも君原さんもお墓参りをしていますね。

日本陸連には六年ほどしか勤務しなかったんですが、多くのことを学ぶことができました。地域に根ざした活動を考えたとき、スポーツを通して何かをしようと思ったのは、やはり東京オリンピックでの経験が大きい。役員さんのボランティアの姿が、いつの間にか私の身につき、五十年も経っても私の指針になっています。だから、人びとの関わり合いのなかで自分は生活しているんですね」

六四年の東京オリンピックを成功に導くため、多くの役員はボランティアの精神で仕事に従事した。そのレガシーを彼女は、しっかりと引き継いでいるのだ。

世界遺産の白鷺城をシンボルとする姫路市。百田元子は私を行きつけの喫茶店に案内し、あらためて地元におけるボランティア活動が記されたパンフレットやチラシ、写真などの資料を手に詳細に説明した。

「リズム熟年体操教室を開校して今年で三十三年。みなさん歳を重ねて、あちこち痛いと言いながらも週一回の教室に通って来てくれます。それに二十二年前には『遊びリテーション』をスタートさせましたね。この体操教室は、認知が進んだ高齢者やハンディを持っている人たちを対象にした、楽しいリハビリ体操の実践をめざしたものです。

高齢者を外に引っ張りだすという発想は、介護に取り組んでいる仲間の声、またヨーロッパに研修に行った際に感じたコミュニティづくりに影響されたからですね。実際、介護を必要としている高齢者がいても、家族のなかには面倒を見るのも厭だ、触るのも一緒に生活するのも厭だ、と訴える人もかなりいます。そういった介護の大変さのなかで、私ができることを考えた結果、遊びとリハビリテーションを組み合わせた〝遊びリテーション〟を実践することにしたんです。毎月二回やっているんですが、デイサービスの日と重なる高齢者がいる場合は、私がお宅を訪問することもあります。体操教室が暮らしの一部になっているということが大事。生きがいにも通じると思いますからね」

彼女の口調は熱い。当然というべきか、そのボランティア精神は地元だけに止まらない。3・11

の東日本大震災の際は、被災地に足を運び、目で見て、耳で聞きながら現地を視察。以来、毎年のように宮城県の東松島市や石巻市の被災者たちと交流し、体操教室の会員たちとともに支援を続けている。私が出向いた翌三月に開催された姫路市網千（あぼし）市民センターフェスティバルでは「東日本大震災支援物産販売」コーナーを設け、被災地の名産を並べて販売した。

「被災地に救援物資を送るときは、本当に送料が馬鹿にならなかった。でも、仲間たちが記念切手を持っていても価値がないからといって、それを送料に充（あ）てることにしたんですね。被災地とつながりもできた。別に無理して支援しているわけでもなく、自然体でやっていますから。やはり、『継続は力なり』ではないでしょうか」

そう言って、百田元子は微笑んだ。思わず私は頭を下げた。

「東京オリンピックに憑かれた男」野崎忠信コレクション

東京・地下鉄丸ノ内線の新中野駅改札口から徒歩で一分——。

ビル六階の野崎忠信の事務所は、六四年東京オリンピックのマーク入りの記念品やグッズ類で埋め尽くされていた。ポスターをはじめ、切手、シール、入場券、タバコ、マッチ、ハガキ、宝くじ、コイン、メダル、ネクタイ、ふろしき、バッジ、ボタン、役員章、感謝状、エンブレム……など、まさに「お宝」でいっぱいだ。

野崎忠信と私は、序章で紹介した〝大ちゃん〟こと大小原貞夫が営んでいた新宿のアスリートが集う居酒屋「酒寮大小原」で何度も顔を合せている。だが、私が彼の事務所を訪ねたのは、六四年の東京オリンピックから半世紀を経た二〇一四年の十月だった。彼は、貴重な東京パラリンピック（第二回パラリンピック）のポスターを手に私を出迎えた。

「これは、オリンピック開催後に行われたパラリンピックのポスターなんですが、個人で持っているのは私くらいでしょうね。当時はまだパラリンピックという言葉が世間に浸透していなくて『国際身体障害者スポーツ大会』と称されていた。陸上競技はＮＨＫに隣接する織田フィールドで開催されたんですが、スターター役の私は警視庁から借りた本物のピストルで撃っていましたね。もちろん、オリンピックのときも本物のピストルを使用していた。いくら空砲でも紙雷管よりはいいです。

まあ、私は物を大事にする性格なんでしょう。小学四年の頃からですね、電車の切符や映画の半券、毎週のように神宮球場で観た東京六大学野球の入場券なども捨てずに持っていた。当時の電車の初乗りは五円。映画は十円だったと思う」

私は、初めて目にする「野崎忠信コレクション」を見ながらただただ驚くほかなかった。

「五十年前の東京オリンピックのときの私は、陸上

パラリンピックのポスターを手にする野崎忠信

競技の出発合図員、要するにスターターの補助役員をやっていたしね。このような記念になる物も手に入れることができた。これは百㍍で金メダリストになったボブ・ヘイズが決勝でスタートした瞬間の写真で、このサインは本人直筆のものですね。それに東京では活躍できなかったんですが、次のメキシコ大会のマラソンで金メダルに輝いたエチオピアのマモ・ウォルデにもサインをいただきましたね」

終始、笑顔で説明する野崎忠信。さらに小さな筒のような物をテーブル上からつまみ取った。私は尋ねた。これは何ですか？

「これは薬きょうです。陸上競技のスターターの主任を務めた、私の師匠でもある、佐々木吉蔵先生（三六年ベルリン大会陸上百㍍。一九八三年没、享年七十）が男子千六百㍍リレー決勝で撃ったときのものです。スターターの最後の種目ということで、補助役員だった私が先生に『記念にしたいのでいただけませんか？』と言ったら『いいよ』と。嬉しかったですね」

すでに半世紀を経ても、彼の東京オリンピックへの想いは尽きない。私が事務所を訪ねた一か月後の十一月半ばから「野崎忠信コレクション」を事務所内に展示。入場無料で一般公開した。

一九三七（昭和十二）年東京生まれ。中学時代まで野球少年だった野崎忠信が陸上競技を始めたのは、都立駒場高校に入学してからだ。

「高校時代の私は、一応インターハイの八百㍍リレーに出場しましたが、あえなく準決勝敗退。普通の選手でしたね。高校の一級上にはローマと東京オリンピックに水泳の飛込で出場した金戸久美子さん、旧姓の渡辺さんがいて、彼女のためにプールができた。開場したときは、〝フジヤマのトビウオ〟と呼ばれた古橋さん（廣之進、一九五二年ヘルシンキ大会水泳。二〇〇九年没、享年八十一）が招かれた。やっぱり、世界に名を馳せた一流選手の泳ぎ方は違いましたね」

駒場高校卒業後の彼は、教員をめざして東京学芸大学に入学。陸上競技を続け、国立競技場をメイン会場に開催された第三回アジア大会のときは大学三年生で、プログラムなどを売るアルバイトをしていたという。

そして、大学卒業後は中学教員となり、この頃から彼はスターターをめざすようになる。東京オリンピックのときは都立文京高校に赴任していて、師匠の佐々木吉蔵の指名により、出発合図員の補助役員になったのだ。

「佐々木先生は、戦前のロサンゼルスとベルリンの両大会に出場したオリンピアンで、どうしてもトラック競技のスターターをやりたいと。何故なら前回のローマ大会、その前のメルボルン大会でも百メートルの決勝はフライングがあり、一発でスタートができなかった。そのために東京大会では一発でスタートさせたいと考えてね。佐々木先生は競走競技審判長を断り、出発合図主任を強く希望したんです。

ですから私としても、東京オリンピックの一番の思い出は、アメリカの金メダル候補のボブ・ヘイズが勝った百メートルなんですね。陸上競技に出場した選手の練習場は、渋谷区にあった東京教育大学（筑波大学）の幡ヶ谷グラウンド（女子選手）、東京大学駒場グラウンド（男子選手）、織田フィールドの三か所で、主に佐々木先生は織田フィールドに出向いていたんですが、なかなかヘイズは姿を見せない。やって来たのは本番の三日前で、十回ほど佐々木先生とマンツーマンで英語とは違う、日本語の『位置について、ヨーイ、ドン』のスタート練習をし、最後にヘイズはタイミングを把握したんでしょうね。『ベリーグッド・ナイススターター』と言って帰った。佐々木先生も『これで安心して撃てる』と思ったはずです。

当時の佐々木先生は、たとえば百メートルの飯島秀雄と八十メートルハードルで出場した依田郁子のコーチだった吉岡隆徳さんが、練習場に顔を見せてね。佐々木先生に『佐々木、ヨーイ、ドンまでどのくらいのタイミングで撃つんだ？　1・7秒か？　それとも1・8秒か？』なんて聞いてきた。そのとき佐々木先生は、『別に時間は決めてないんだ。ヨーイとコールして、選手たちが腰を上げる。それで止まったのを確認して撃つ。理想は2秒0なんだ』と言っていましたね。私もそう教わりました」

男子百メートルの本番は大会六日目の十月十五日。予選を勝ち抜いた八人での決勝のスタートタイムは、午後三時二十九分だった。もちろん、期待通りボブ・ヘイズが10秒0の世界タイ記録で金メダリストとなった。

「いまとは違い、当時は決勝出場選手八人全員が抽選によってコースを決めたんですね。その結果、ヘイズはいちばん荒れていたコースの1レーンだったんですが、まったく気にせずに走った。佐々木先生にとっても1レーンだったため、見やすかったかもしれません。それに当時のタイムは10分の1秒までの記録。ヘイズの正確なタイムは10秒00なんですが、二位のキューバのエンリケ・フィゲロラと三位のカナダのハリー・ジェローム（一九八二年没、享年四十二）は10秒2と同じタイムでしょう。正確なタイムは、フィゲロラは10秒19、ジェロームは10秒21。つまり、四捨五入されたため同タイムになったんですね」

以上のように詳細にわたり、丁寧に解説する野崎忠信。彼を前に私は黙って聞き入った。

東京オリンピック後の野崎忠信は高校で教鞭を執りつつ、スターターの道を歩む。インターハイ、日本陸上競技選手権大会、ユニバーシアード東京大会、さらに国立競技場で開催された九一年の世界陸上でもスターターを務めた。佐々木吉蔵が後継者に指名しただけあり、彼は陸上競技関係者誰もが認める名スターターとなった。引退後は全国陸上競技スターター研究会代表を務め、後進を指導している。

二〇一九年十月。小雨降る日だった。JR中央線三鷹駅で久しぶりに彼と待ち合わせ、近くの喫茶店で話を聞いた。（結果的にコロナ禍で一年延期になったが）九か月後に迫った東京オリンピックの話に及ぶと、彼は渋い表情を見せて言った。

「来年夏の東京オリンピックについて言えば、六四年のときの雰囲気とはまったく違う。見えてこないんですよ。当時は連日、日体協と日本陸連が国立競技場の会議室で運営方法などを話し合っていた。とくに日本陸連が中心になってね。織田（幹雄）さん、南部（忠平）さん、大島（鎌吉）さん、田島（直人）さんたち大先輩のメダリストのオリンピアンが奔走（ほんそう）していた。そういった雰囲気がないというか、感じられないんですよ。

たとえば、本来なら東京オリンピックは、東京陸上競技協会が主管になって審判などをやらなければならない。ところが、審判員の六割は競技経験のない人……。東京陸協には頼れる人材が少ないという実情もあるんですが……。まあ、新国立競技場が建設されてもサブトラックもないしね。単なるイベント会場になるみたいだしね。なんか寂しい。国立競技場は解体されたし、政治に利用されているというか、そんな感じですよね」

　そして、私が持参した東京オリンピック陸上競技役員名簿「六四（むし）の会」の冊子を手に、しんみりとした口調で言った。

「あれから五十五年も経っているしね。その間に多くの人が亡くなり、佐々木先生も昭和五十八年に七十歳でこの世を去った。東京オリンピック後、役員たちで〝六四の会〟を発足し、毎年十月に親睦会を開いていた。有志でミュンヘンやモントリオールに行き、オリンピック視察もした。しかし、この話は以前にもしたと思うけど、年々亡くなる会員が多くなり、八年ほど前に六四の会は解散してしまった。親睦会に顔をだす参加者が二十人を切ったということでね。でも、生きている私たちは、あの東京オリンピックについていろいろと伝えなければならない。それが私たちに与えられた使命だと思っている……」

　私流に言えば、野崎忠信は「東京オリンピックに憑かれた男」である。

　ちなみに私に「六四の会」名簿を提供してくれたのは、東京オリンピックで記録員主任を務めた島津信だった。彼についても書きたい。

　一九二一（大正十）年一月生まれ。二〇一四（平成二十六）年七月、東京・品川区戸越に住む彼を訪ねると、快く取材に応じてくれた。九十三歳の彼は私を凝視しつつ、東京オリンピックの思い出を語った。
「俺は秋田県の大舘中学（大舘鳳鳴高校）出身で、先輩には大正元（一九一二）年生まれの佐々木吉蔵さんがいたんだ。俺は三段跳をやっててな、一四メートル五〇くらいの記録で中央大学に入学したんだ。でも、俺らは戦争のために競技はできなくなるし、戦争に引っ張られて行って、死んだ者もいた。俺は昭和十三年一月に仙台の陸軍第八師団に入って、二年後に満州に行かされた。もう寒くって、病気で死んだ者もいた。俺も病気になって、それで昭和二十年の一月に復員できた。運がよかったんだよ。戦地に行っても人を殺さなかったんだから、それだけはよかった。俺の誇りだ……」

私は頷きながら聞いた。彼は続けて語る。

「そうだな、戦争が終わった後は日本陸上競技選手権大会に出場した。場所は明治神宮外苑競技場だ。昭和三十三年の国立競技場をメイン会場にしたアジア大会のときの俺は、陸上競技の審判員をやらしてもらったし、東京オリンピックのときは役員として記録員主任に抜てきされた。総務の澁谷壽光先生に『頼んだぞ』と言われてな。国立競技場の隣の日本青年館の中にあったＩＢＭの事務所によく行った。記録をコンピューターに入れるとかでね。

まあ、役員だった〝六四の会〟の連中は、毎年次つぎと死んでしまう。訃報がくるとこうして名簿に線を引いてんだ。俺もそのうちに死ぬ日がくるけど、六年後の東京オリンピックまでは生きてえ。それが目標だな……」

一か月後、再び私は島津信を訪ねた。このときも快く取材に応じ、貴重な話を伝えてくれた。しかし、それから丸一年後の二〇一五年八月、九十四歳で泉下の人となった。合掌

「東京オリンピックと野球」小林昭仁と本村政治の自負

「六四年の東京オリンピックでは野球も開催されました。知っていましたか？」

そう質問された場合、「はい、知っています」と答えられる人は何人いるだろうか。十人中二人くらい？　いや一人もいないかもしれない。正直、私だって知らなかった。たとえデモンストレーション（公開競技）だったとはいえ、六四年東京オリンピックの際は、野球も行われていたのだ。それもメイン会場である国立競技場に隣接する「学生野球の聖地」と称される明治神宮野球場で――。

野球がオリンピックの正式種目になったのは、一九九二（平成四）年のバルセロナ大会からであり、日本は銅メダルを獲得。公開競技だったロサンゼルス大会（一九八四＝昭和五十九年）とソウル大会（八八＝昭和六十三年）に続いて三大会連続でメダルを獲得している。その後もアトランタ大会（九六＝平成八年）では銀メダル、シドニー大会（二〇〇〇＝平成十二年）では三位決定戦敗退、アテネ大会（二〇〇四年）では銅メダル、北京大会（二〇〇八年）では三位決定戦敗退の成績を残している。しかし、二〇一二年のロンドン大会と一六年のリオ大会は二大会連続で野球は正式種目から外されている。だが、コロナ禍で一年延期になったものの、二〇二〇年東京オリンピックでは開催国ということもあり、再び野球（男子）とソフトボール（女子）が正式種目として復活した。

それでは「オリンピックと野球」の関係を詳しく調べてみたい。

東京・文京区の東京ドーム内にある「野球殿堂博物館」の図書室に出向き、その両者の歴史を調べてみると、その関係がことさら深いことに驚いてしまう。

まずは、百十年以上前の一九〇四（明治三十七）年だった。初めて大西洋を渡り、アメリカで開催された第三回オリンピック・セントルイス大会ではデモンストレーションとはいえ、アメリカのアマチュアチーム同士が試合を行っている。

その八年後の一九一二（明治四十五）年の日本がオリンピック初参加をしたストックホルム大会では、やはりデモンストレーションでアメリカチームとスウェーデンチームが戦っている。こんな実話があったことも紹介したい。この大会でアメリカ選手、インディアンのジム・ソープ（一九五三年没、享年六十五）は、陸上競技の五種競技と十種競技の両種目で金メダル獲得。もちろん、帰国後はヒーローとなった。

ところが、後にある投書により、貧しい学生だったソープは、夏休み期間中にプロ野球チームのメンバーとして活躍し、生活費を得ていたことが判明。その結果、「ソープ事件」として、アマチュアリズムを重んじるＩＯＣ（国際オリンピック委員会）は、彼の記録を取り消すと同時に、金メダル二個を剥奪してしまう。これが近代オリンピックにおける「アマチュア違反」の第一号でもあった。

さらに続ける。一九三六（昭和十一）年のベルリン大会ではアメリカのアマチュアチーム同士が、オリンピック・スタジアム内に特設されたグラウンドで十二万五千人もの観客を前に熱戦を繰り広げている。ちなみにこのときは、当初の予定ではアメリカチームと早稲田大学チームが対戦する計画もあったと伝えられている。

そのベルリン大会から四年後。日中戦争で中止となった、いわゆる一九四〇（昭和十五）年の「幻の東京オリンピック」では、それまでと同様にデモンストレーションで野球を行うことになっていた。それも日本をはじめアメリカ、キューバ、イギリス、ドイツ、メキシコ、フィリピン、ハワイ、中国の九か国・地域によるトーナメントを行う予定だった。また、当時のアメリカ・オリンピック委員会の報告書によれば、野球が普及していない国には指導書などを配布し、積極的に野球を広めることになっていたという。早い話が、平和をシンボルとするオリンピックを通じ、日米協同で野球を世界に普及させようとしていたのだ……。

一九四五(昭和二十)年夏以降、敗戦後はどうだろうか。決して目立つことはなかったが、オリンピックと野球の関係は深かったといってよい。五二年のヘルシンキ大会では、開催国のフィンランドがチームを編成。ベースボールの母国であるアメリカの選手村に出向いて交渉し、野球経験者を寄せ集め、対戦したと伝えられている。続く五六年メルボルン大会のときも、デモンストレーションでアメリカチームとオーストラリアチームが対戦している。

そして、六四年の東京オリンピック。デモンストレーションとはいえ、どのような状況で野球は行われたのか——。

秋晴れのもとに挙行された、十月十日の東京オリンピック開会式。その翌十一日も快晴に恵まれた、穏やかな日だった。レフト守備位置後方には隣接する国立競技場が見え、遠くに聖火台に点る火を臨むことができる。

もちろん、場所は明治神宮野球場。午前十時、グラウンドに左から全日本社会人チーム、全米選抜チーム、全日本学生チームが整列して開会式は行われた。第一試合「全日本学生対全米選抜」のプレーボールは午前十時五十七分。続いて昼過ぎの午後一時五十分には第二試合の「全日本社会人対全米選抜」が行われた。芝生の外野席を小・中学生や高校生の団体に無料で開放したため、試合が始まると五万人もの観衆が観客席を埋め尽くしたという。

ＪＲ信濃町駅から徒歩で五分ほど。国立競技場の北門まで二分とかからない場所に位置していた、長崎料理のちゃんぽんなどを専門としていた水明亭。二〇一八年十月末に店仕舞いしているが、東京オリンピック開会式の最終聖火ランナーの坂井義則が待機した店である。神宮プールが近いため、東京オリンピック開催に向け、水泳日本代表選手が食事をしていた店としても知られていた。

十月十一日の第二試合「全日本社会人対全米選抜」戦の審判員を務めた本村政治とは、その水明亭で会った。「この水明亭を営んでいるのは、実はぼくの姉と妹なんですね」と言って微笑み、話を続けた。

「当時のぼくは、東京六大学リーグ戦や社会人野球の都市対抗で審判員をやっていたため、審判員に指名された。やはりデモンストレーションとはいえ、国際スポーツ大会の最高峰のオリンピックですからね。最高の名誉だと思いました」

彼が審判員に指名されたのは、オリンピック開催の三か月半前の六月二十三日の「オリンピックデー」のときだった。そのときの財団法人オリンピック東京大会組織委員会会長の安川第五郎（一九七六年没、享年九十）と、日本アマチュア野球協会会長の武田孟から手渡されたオリンピックマークが入った委嘱状と感謝状、日の丸が刺繡（ししゅう）されたブレザーをいまも大事に持っている。

もう一人。本村とともに貴重な証言をしてくれたのは、第一試合目に出場した全日本学生チームを率いた監督小林昭仁（二〇一五年没、享年八十六）で、泉下の人となる一年十か月前に都下武蔵野市で会うことができた。

ＪＲ吉祥寺駅から徒歩で約三分。老舗の乾物屋を切盛りする、当時の小林は駒澤大学野球部監督。六二（昭和三十七）年から三年連続で春の東都大学リーグ戦で優勝し、東京オリンピックの年は六月の大学選手権大会で早稲田大学を制して初優勝。その手腕が高く評価され、全日本学生チームの監督に抜てきされたのだった。

「東京オリンピックが開催される半年前あたりからだった。大学選手権で優勝して日本一になれば、そのチームが主体となって、オリンピックの試合に出場できるという話が聞こえてきた。まあ、ぼくが監督になるとは思いもしなかったが、選ばれたときは嬉しかったよ。この上なく名誉なことだし、学生野球の聖地と言われる神宮で試合ができる。それも野球の母国である、アメリカのチームと試合ができるんだからね」

そう言って彼は私に、持参した記念の写真やネクタイピン、オリンピックマークが印刷された入場券などを見せてくれた。

懐かしき遠い日を語る、本村政治と小林昭仁。オリンピアンといってよい二人の野球人生を辿りながら、東京オリンピックでデモンストレーションとして行われた野球を書きたい。

一九三二（昭和七）年、福岡県生まれの本村政治が野球を始めたのは、敗戦の年の秋。中学一年のときだが、戦時中の尋常小学校時代は東京に住んでいて、父親に連れられて後楽園球場（東京ドーム）で巨人戦を観戦したこともあるという。

「巨人のショート白石敏男さん、レフト平山菊二さんのプレーを見て、『すごいなあ』と感心していましたね。ぼくが野球を始めた当時は、予科練（海軍飛行予科練習生）帰りの選手が四、五人いたんですが、一度も殴られなかった。

高校は福岡県立の明善高で、それなりに強かったんですが、当時の同じ福岡県の小倉高にはエースの福島一雄さんがいて、甲子園は遠かった。昭和二十二年と二十三年に小倉高は夏の甲子園で優勝していますからね」

そう語る本村は、五二（昭和二十七）年春に早稲田大学に入学。ショートのレギュラー選手としてスタメン出場するようになったのは三年のときからで、二年先輩には名手広岡達朗がいた。

「もう広岡さんの守備は完璧でした。ぼくはゴロを捕球するという感じなんですが、広岡さんの場合は打球が勝手にグラブに吸い込まれるという調子。それで広岡さんに捕球のコツを聞いたら、うるさそうな顔をしたんですが、『まず緩（ゆる）いゴロをさばくことだ。フェンスにボールをぶつけて転がってくる球を捕る。それを繰り返すことだ』と教えてくれましたね。嬉しかったです」

早稲田大学卒業後の彼は、いすゞ自動車に入社。四年間社会人野球でプレーし、その後は先に述べたように審判員を務めることになる。

一方の二九（昭和四）年生まれの小林昭仁は、名門松商学園（当時は松本商業）に入学した四二年に甲子園出場を果たした。しかし、前年は戦争で中止に追い込まれ、この年も夏の甲子園大会である

・投手　盛田昌彦　☆伊藤久敏（以上、駒澤大）☆木原義隆（法政大）☆渡辺泰輔　☆大下剛史（以上、

捕手　☆

「全国中等学校優勝野球大会」は、「大日本学徒体育振興大会」と名称が変わり、国の主催だった。

「まあ、俗にいう『幻の甲子園大会』で、思い出もほとんどないな。唯一記憶に残っているのは、一年坊主の捕手のぼくは十五人のベンチ入りメンバーに選ばれてね。いちばん背が低いということで、松本商業と書かれたプラカードを持って入場行進をした。いまのように華やかな入場行進ではなかったけどね。たしか一回戦敗退で、優勝したのは徳島商業だったんじゃないかな」

長野県の松商学園卒業後の彼は、専修大学に入学。捕手として活躍し、四年の春と秋の東都大学リーグ戦に優勝している。

「当時の東都大学リーグ戦は、〝聖地〟神宮野球場は使用できなくてね。中央大や東京農大のグラウンドで試合をしていた。それで専修、日大、中央の試合のときは後楽園球場を使用する。だから、神宮で試合ができる六大学の連中を見るたびに『いいなあ、お前らは』という感じで羨ましかったよね。東都が神宮でリーグ戦をやれるようになったのは、たしか昭和三十年代に入ってからじゃないのかな」

遠い記憶を手繰り寄せるように語る小林昭仁。専修大学卒業後は神奈川県横須賀市の社会人野球の馬渕建設に入社し、現役引退後に駒澤大学野球部監督に就任している。

「馬渕建設退社後のぼくは、郷里の長野に帰ったんだが、松商学園の大先輩の中島治康さん、元巨人の三冠王の中島さんに『小林、駒澤大の監督をやれ』って言われてね。当時の駒澤大は東都リーグの中で常に最下位を争うチームで、母校の松商学園よりも弱かった。でもまあ、鍛えれば少しは強くなるかも知れないと思い、昭和三十一年の春から監督になった。だから、監督就任九年目の三十五歳のときにオリンピックに出場したことになる。まあ、運がよかったんだろうな」

彼は表情を緩ませ、手で頭を撫でつつ言った。

六四年の東京オリンピック開催の際は、プロ野球界も全面的な協力を惜しまなかった。まずは開催前年から、それまでの夏のオールスター戦二試合を三試合にし、その一試合分の収益金を寄付することにした。

さらに例年ならばプロ野球の開幕日は、四月の一週目だったが、オリンピック開催のシーズンは二週間早い三月二十日の金曜日に繰り上げた。つまり、九月二十日頃までにペナントレースを終え、十月の第一週までに日本シリーズを終えることにしたのだ（結果的に阪神対南海の日本シリーズは、最終戦の第七戦までもつれて十月十日午後二時からの開会式と重なる。ただし、プレーボールは開会式終了後の午後六時五十九分）。

一方、アマ野球もプロ野球に倣った。九月初旬に開幕する大学野球の東京六大学と東都大学の秋季リーグ戦は、十月に入ると中断。オリンピック終了後に再開することとなった。

ともあれ、十月十日に東京オリンピックは開幕し、大会二日目の十一日に神宮野球場でのデモンストレーションとはいえ、野球競技は行われた。日本チームのメンバーは次の通り――。

まず、全日本学生チームのメンバー（☆印は後にプロ入り）。

・投手　盛田昌彦　☆伊藤久敏（以上、駒澤大）☆木原義隆（法政大）☆渡辺泰輔（慶應大）・捕手　☆新宅洋志　佐藤文夫（以上、駒澤大）・内野手　新谷繁三　清水健夫　☆後藤和明　☆大下剛史（以上、駒澤大）☆武上四郎（中央大）☆土井正三（立教大）・外野手　竹野吉郎　太田隆雄　藤田敏彦（以上、駒澤大）☆末次民夫（中央大）☆長池徳二（法政大）

全日本社会人チームのメンバー

・投手　佐藤昭　☆田中章（以上、日本通運）☆近藤重雄（日本コロムビア）清沢忠彦（住友金属）・捕手　荒井正孝（日本通運）広瀬幸司（日本石油）・内野手　村木博　龍山庸道　永野孝男　☆竹之内雅史　近藤良輔（以上、日本通運）田浦正昭（日本鋼管）宮脇由明（鐘化カネカロン）・外野手　武田弘　小堀修司　戸塚博（以上、日本通運）佐藤鉦司（日本鋼管）枝松道輝（日本石油）

以上の二チーム、総勢三十六人の選手が全米選抜チームと対峙したのだ。

ところが、野球殿堂博物館の図書室で探し求めた資料や文献、古い新聞記事を閲覧しても、デモンストレーションであったとはいえ、東京オリンピックに参加したことを生涯の思い出として、はっきりと記憶している選手は皆無であった。

たとえば、スポーツ紙スポーツニッポンの二〇〇四（平成十六）年六月二十四日付の「五輪野球大特集」を見れば、元巨人選手の立教大四年だった土井正三（二〇〇九年没、享年六十七）は、七番セカンドでスタメン出場をしているものの、次のように回顧していた。

「参加賞でメダルをもらったんだ。でも五輪のなかでやってる……と言うより、練習試合でもやろうかという感じだった」

また、元阪急（オリックス）選手で、法政大三年の六番ライトでスタメン出場した長池徳二も証言している。

「合宿とかがあったわけじゃないし、試合自体もあんまり覚えていないなあ。知らない人も多いでしょう」

そのような状況で野球は行われたわけだが、不思議なのは選手たちが着用したユニフォームについてだ。全日本学生チームは、なんと『ＫＯＭＡＺＡＷＡ』で、全日本社会人チームは、『ＪＡＰＡＮ　ＥＸＰＲＥＳＳ』と胸に記されたロゴのユニフォームなのだ。当然のごとく、日本代表なら胸のロゴは『ＪＡＰＡＮ』か『ＮＩＰＰＯＮ』であるはずなのだが……。

このことについて、審判員を務めた本村政治は説明する。

「あらためて聞かれると、ぼく自身も『どうして?』と思ってしまうんだが、実は当時の学生野球も社会人野球も、財団法人日本体育協会（日本スポーツ協会）に加盟していなかったんですね。もちろん、ＪＯＣにも加盟していなかった。それなのに野球がデモンストレーションといえどもアメリカチームと試合をすることになったんですが、オリンピックに出場するだけで日本体育協会に加盟することはできないと。そういった理由があったと思いますね。そこで大学選手権で優勝した駒澤大と、都市対抗で優勝した日本通運を主体としたチームでオリンピックに臨むことになり、ああいったユニフォームになってしまったんでしょうね」

ちなみに、日本野球連盟と日本学生野球協会を代表する組織である、日本アマチュア野球協会が現在の日本スポーツ協会に加盟したのは一九九〇（平成二）年。二年後に開催される第二十五回オリンピック・バルセロナ大会から野球が正式種目に採用されたからだ。また、日本アマチュア野球協会は、二〇一三（平成二十五）年四月に全日本野球協会と改称され、全日本軟式野球連盟も傘下に入った。

さて、秋晴れに恵まれた東京オリンピックの大会二日目の十月十一日。まずは、午前十時五十七分に「全日本学生対全米選抜」戦はプレーボールとなった。

全日本学生チームを率いた監督の小林昭仁が振り返った。手にはコーチを務めた、慶應大監督の前田祐吉(二〇一六年没、享年八十六)と一緒に映っている写真を持っている。写真を見つつ彼は語った。

「慶應の前田さんとは、よくオープン戦をやっていたからね。そのためかもしれないが、『KOMAZAWA』のユニフォームを嫌がらずに着てくれた。まあ、そんなことよりもアメリカのチームと試合をやるのは初めてだからね。とにかく、相手が大男でも負けられない。こっちは大学の優秀な選手を集めた日本一のチーム。前田さんと試合前に『無様な試合はできない。食らいついて行こう』などと話し合っていた。

たしか、試合は1回表に1点先行されたと思うが、すぐに追いついて、5回に逆転して2対1になった。まあ、9回に同点にされて、2対2のままゲームセットになったんだが、いい試合だった。アメリカチームの監督は、南カリフォルニア大学のラウル・デドーだったんだが、彼も日本の大学野球は強いと思ったはずだね。たしかなことはわからないが、あのデモンストレーションの日米の試合が契機となって、日米大学野球がスタート(七二＝昭和四十七年)することになったと聞いてる。それを考えれば、歴史に残る試合だった」

第一試合目の「全日本学生対全米選抜」戦は延長戦に入ることなく、2対2の引き分けで、試合時間は2時間17分だった。

第二試合目の「全日本社会人対全米選抜」戦は、午後一時五十分にプレーボール。塁審を務めた本村政治が語る。手元には当時の写真が収められたアルバムがある。

「競技役員でもあったぼくは、前日の国立競技場での開会式をスタンドから8ミリカメラを手に持ってね、撮影しながら観たんだが、もう感動しましたね。しかし、三十年、四十年と経つうちにフィルムはボロボロになってしまった。

翌日の野球のときのぼくは、開会式の際は一塁側スタンドから日米三チームがグラウンドに並んだ開会セレモニーをカメラで撮影した。そのときの写真がこれですね。レフト側後方に国立競技場が見え、聖火台で燃える聖火がはっきりと見える。やはり、感動的でしたね。世界の国々の旗がはためくのも見えました。

塁審だったぼくは、目の前で起きたプレーを公

対戦前の日本チームとアメリカチームのセレモニー。左後方には国立競技場

平に裁くのが仕事。だから、試合内容については詳しくわからないのですが、こうしてスコアシートを見ると0対3で全日本社会人チームは敗退している。アメリカチームには、後に大リーグ入りした選手もいましたから、よく日本チームは頑張ったと思いますね。それに日本チームは、フォアボールを七個も選んでいる。それに対してアメリカは三個ですから、日本の選手のほうが選球眼がいいということですね」

ちなみに、全日本社会人チームを率いた敗軍の将、日本通運監督の稲葉誠治はよほど悔しかったのだろう。二週間後の十月二十五日に日本通運は単独で全米選抜チームとオープン戦を行い、3対2で雪辱している。

ほとんど知られていない六四年東京オリンピックの野球。「ぼくでよければ……」と言いつつも、小林昭仁と本村政治は貴重な思い出の写真や記念品を持参。知る限りの話を披露してくれた。

「こうして振り返ると、駒澤大中心のチームで東京オリンピックに出場できたのは、天が与えたぼくへの大きなご褒美だったかもしれない。ぼくが駒澤大の監督になった当時は、優秀な選手を勧誘したくとも『うちの息子は、坊主の大学には行かせたくない』なんて言われて断られた。それが九年目でオリンピックに出場できた。最高の思い出だよね。今度の東京オリンピックでは、正式種目としての野球を観客席から観たいし、応援したい」

そう語った小林昭仁。七〇年まで駒澤大の監督を務め、その後は母校専修大や拓殖大でも指導し、東都大学野球一筋の人生を歩んだ。

一方、名手広岡達朗の跡を継ぎ、早稲田大のショートストップで活躍し、審判員としても野球人生を送った本村政治。二〇一三年十月、解体を控えた国立競技場近くの姉妹が営む水明亭で取材に応じた八十一歳の彼は、低く呟くように言った。

「もう野球はロンドンとリオデジャネイロでオリンピックの正式種目から外されてしまい、残念ですね。でも、七年後は再び東京開催になる。このときは野球も正式種目として復活してほしいですね」

その思いが通じた。二〇二〇年東京オリンピックでは野球も女子ソフトボールも正式種目として復活する。コロナ禍で一年延期になったものの、果たして開催されるのだろうか……。

「木を植えた男」赤松基の純愛ブルース

私の仕事部屋の本棚には二十年以上前に読んだ、ジャン・ジオノ作の『木を植えた男』（フレデリック・バック絵、あすなろ書房、一九九二）がある。

心新たにページをめくっていると、思いだした。初めて読んだ当時、著名な農学博士を取材したことがあった。とくに芝生について研究する彼に取材後、件（くだん）の本について語ると、「じゃあ、私は『芝を植えた男』だね」と言って苦笑。次のイスラムの諺（ことわざ）を教えてくれたのだ。

三日間の幸福を得たいなら麻薬を、三か月間の幸福を得るには新しい伴侶（はんりょ）を、一生の幸福を得るには木を植えろ――

《お知らせ　新国立競技場整備のための下水道盛替え工事に伴う埋蔵文化財発掘調査のため、1月下旬以降、樹木の移植及び伐採を行います。赤テープの木は移植します。青テープの木は伐採します。　問合せ先　独立行政法人日本スポーツ振興センター（ＪＳＣ）　新国立競技場設置本部》

還暦を迎えることなく、無惨にも解体された国立競技場（国立霞ヶ丘陸上競技場）——。

私が解体される国立競技場について本腰を入れて取材を開始したのは、二〇一三（平成二十五）年十月からで、隣接する明治公園内に以上の文面が記された看板を目にしたのは、一四年の新年が明けた頃だ。

そして、予告通り一月から明治公園内の植木の移植、伐採が開始された。その光景を眺めながら私は、一か月前に取材した植木職人の赤松基（もとい）の言葉を思いだした。

「新国立競技場建設について、私も疑問を抱いている一人です。『八万人収容の巨大な競技場を建設してどうすんの？』と思います。また、新たに競技場を建設すれば、その〝露払い役〟の周りの明治公園はどうするのか？　競技場には公園がつきものですからね。

それに国立競技場の解体作業が始まれば、明治公園の樹木の多くは伐採されてしまう。それを思うと哀しいし、やりきれない気持ちでいっぱいですね。東京オリンピックのときに植えた樹木も多く、まだ五十年そこそこしか経っていないし、樹木は人間と同じ。命ある生き物なんです……」

そのような切ない胸の内を語った赤松基。彼こそが「木を植えた男」である。

彼が造園業界の老舗（しにせ）として知られる「株式会社富士植木」（東京・千代田区）に入社したのは、東京オリンピックが開催された六四年の春で、初仕事が明治公園の造成と、国立競技場の芝生の管理だった。

「多くのみなさんは国立競技場というと、あのスタンドやトラック、フィールドがある建物だけだと思っているようです、しかし、周辺の明治公園なども入れて、初めて国立競技場と呼べるんですね。私は代々木体育館の隣の代々木公園、駒沢のオリンピック公園、全国各地の運動公園も手がけました」

すでに富士植木を退職している赤松基だが、在住する千葉県四街道市のシルバー人材センターに登録し、会社員時代と変わらず樹木と向き合っている。私が初めて会ったのは四街道市の運動公園で、彼の案内で公園内を見学。一段落後にファミレスで取材することになった。続けて語る。

「国立競技場の正門側の明治公園・四季の庭、それに日本青年館側の明治公園・霞岳（かすみがおか）広場には、かなりの本数のクスノキが植えてありますが、ほとんどは九州からトラックで運ばれ、植えられたものです。クスノキは暖かい土地が原産地ですからね。

その他、ケヤキやモッコク、マテバシイ、ヤマモモ、タブノキ、ヒマラヤスギ、イチョウ、マツなどを植えましたが、あの当時は植木を栽培する生産者はいなかった。そのために各地の植木屋さんたちから情報を得て、民家の庭や山などにある木を探し求め、明治公園を造成した。つまり、明治神宮内苑と同じように全国各地の樹木が植えられて造られた公園なんです」

持参したアルバムに収められている、思い出の明治公園造成の際の写真、東京オリンピックの写真を手に、彼は懐かしむように語った。

「これはフィールドの写真ですが、あの時代はまだ芝を扱う専門会社はなく、国立競技場のグラウンドキーパーの人たちと富士植木がフィールドも造ったんですね。そのために競技終了後に私たち職人が整備しなければならない。昼間は別な現場で児童公園なんかを造り、夕方に国立競技場に出向くんですが、いろんな逸話がありました。

たとえば、ハンマー投の種目が行われたときです。信じてもらえないかもしれないが、ハンマーが直撃したフィールドの部分は腕が肘まで入るほどの穴が開く。それを埋めて元通りにする作業が大変で、一輪車で土を運んでは埋める。まあ、夜中まで作業が長引き、仕事が終わると、この際は楽しもうと思いましてね。仲間と百㍍の金メダリスト、アメリカのボブ・ヘイズを真似て『俺がヘイズだ』なんて言いながら、トラックを走っていましたよ」

苦笑しつつ当時を語る赤松基。続けて語る。

「私が手がけた現場は、このように写真に撮って残しているんですが、やはり植えっぱなしでは無責任。一年、二年、三年、たとえ二十年が経っても時間があれば現場に出向き、木たちに声を掛けるんです。『どうだ、元気か？』『相変わらず元気だなあ』なんてね。もちろん、木は喋ってくれないが、水分が不足していると樹皮のつやも悪く、葉も元気がなく『木が泣いている』とわかる……。

樹木は人間にとって欠かせない存在なんです。汚染された大気を浄化し、暑い日は温度を下げて涼しくし、我われ人間を癒してくれる。だから、公園の木や街路樹などが伐採されると聞くと、そりゃあ『殺すな！』と叫びたくなりますよ」

一九四五（昭和二十）年、香川県高松市生まれ。赤松基は少年時代から植木や草花などの植物に興味を持っていたという。

「小遣いをもらうたびに十円、二十円の花や種を買ってきては植えていた。自分で言うのも何ですが、もう植物が大好きでね。仲間からは『もっちゃんは、三度の飯よりも植物が好きなんじゃないか』なんて言われてた。そのためでしょうね。高校時代の恩師、千葉大学の造園学科卒業の先生に『赤松は千葉大の農業別科に進学し、一年間造園学を勉強してから社会人になったほうがいい』と勧められて入学し、造園について学んだ。その後に富士植木に就職したわけです」

こうして植木職人としてスタートした彼は、東京オリンピック後は主に都立の総合公園や運動公園の造成に取り組んだ。

「オリンピックの翌年は、武道館のある北の丸公園などを手がけましたね。その頃から本格的な高度経済成長期時代を迎え、国や都の公共事業が多くなった。もう『公園を造れ！』『高速道路を通せ！』という感じでした。こうしてね、当時を振り返れば『お前は、一生懸命働いたなあ』という思い。自分自身を誉めてあげたいですね」

初めて会ってから三か月後の一四年三月中旬。再び千葉県四街道市を訪ねると、彼は同じファミレスで私の取材に応じた。前とは違うアルバムを広げながら説明した。

「この写真は、昭和四十七（一九七二）年に手がけた当時の都立水元公園（葛飾区）の写真で、ポプラやメタセコイアの木の高さは五、六メートルだった。植栽したときは肌焼きや乾燥防止のために幹に藁を巻いてね。それが奏功しました。こっちの三十七年後の平成二十一（二〇〇九）年の写真を見てください。ポプラもメタセコイアも二十メートルほどの高さに成長してくれた。植木職人としては『嬉しい』のひと言です」

私も写真を持参した。一か月ほど前の二月初旬の大雪で雪化粧した国立競技場、その雪の重さに耐えきれずに折れてしまった明治公園の木々。さらに新国立競技場建設のため、一月下旬から始まった移植、伐採の現場写真などを……。

それらの写真を凝視しつつ、彼は呟くように言った。

「できるだけ伐採は避け、移植してほしいです。岡さんが撮った写真を見ればわかるように、移植する場合は根の部分を〝根巻き〟しなければならないんですが、それだけでは充分とは言えない。富士植木時代に私が考案した方法なんですが、根の部分に水を入れたゴム袋を巻きつけて、水分を充分に与えていた。木は生き物ですからね。

それにトラックに乗せる際は、『立曳き』と言って、横にしないで立てたまま運んだほうがいい。そして、新たな土地に植えるときは元と同じ方角を向かせたまま植栽する。北向きにあった枝は北というふうに、風よけの網を被せたりね。そうしないと植物は死んでしまう。木は人間同様に繊細な心の持ち主です」

そう語る彼を前に、やはり私は大きく頷くほかなかった。

二度目の赤松基への取材から二か月後の五月下旬、天気のいい日だった。明治公園・霞岳広場に行くと、顔見知りのホームレスが私に言ってきた。

「あんたがここに来るたびに眺めている、あの木も移植されるみたいだな」

指さすほうを見ると、広場の中ほどに植えてある「スダジイ」が柵で囲まれている。近くに行くと「スダジイ移植工事のお知らせ」と書かれた看板があり、来年五月末までに移植されると記されていた。

一九八四（昭和五十九）年に新宿区の天然記念物に指定されたブナ科の常緑樹木である、このスダジイの幹の周りは三・六メートル。推定樹齢は三百五十年前後だと言われる。江戸時代には新宿区坂町の柳沢吉保の父安忠の屋敷付近にあり、その後は何度か移植を余儀なくされ、一九九六（平成八）年に外堀通りの道路拡張工事により、明治公園・霞岳広場に植栽された。明治公園内に数ある樹木のなかでも、私が最も好きな木だ。その老木が何処かに行ってしまう……。

その日の夜、ＪＳＣ（日本スポーツ振興センター）のホームページを検索したら、何とスダジイの移植工事費は一千五百十二万円で富士植木が落札していたのだ。その金額に「そんなにかかるんだ」と驚いてしまったが、同時に明治公園を棲家（すみか）にするホームレスが渋い顔で放った言葉を思いだした。

「あの木はちゃんとした場所に引っ越すことができるからいい。でもな、ゴミ扱いの俺たちはいつここから追放されるかわかんねえ……」

ともあれ、ＪＳＣは一月から明治公園内の樹木を移植、伐採している。その作業を何度も見ていた私は、知人から教えられた「クスノキの呪い」の話を脳裏に浮かべた。その話とは――。

何人もの日本代表選手だけでなく、名の知れたメダリストのオリンピアンも輩出している、某企業の知られざる話だ。その会社の正門前には会社自慢の大きなクスノキがあった。年中、緑豊かな葉叢（はむら）を見せていたためだろう。道往く人は立ち止まっては眺め、雨の日は雨宿りの役目も果たしてくれた。近くの会社に勤務する知人たちにも親しまれ、安らぎを与えてくれる老木でもあった。私も近くを通れば必ず眺めていた。

ところが、二十年以上も前だ。突然のようにクスノキは切られた。知人によると、その切り口から流れた樹液は赤く、それはまさに血に見えたという。誰もが悲しみ、両手を合わせる者も多くいた。それから間もなくのことだ。その某企業はスキャンダルを起こし、連日のようにメディアに叩かれ、世間から非難された。そのためだろう。社命であった、オリンピアンを育成する部活動を自粛した。

「それ以来、私たちは『クスノキの呪い』と言っているんです……」

知人は私を前に、哀しい表情を浮かべて語った。

この章の最後に私が好んで眺めた、あのスダジイについて記す。移植工事費一千五百十二万円で引っ越すことになったスダジイ――。

二〇一五年六月二十三日の深夜十一時過ぎだった。小雨降るなか、四百トンの大型トレーラーの荷台に「立曳き」で載せられ、ゆっくりと進んだ。明治公園・霞岳広場を後にし、三十分ほどかけて約四百メートル離れた聖徳記念絵画館の左側の植込みの〝お鷹の松〟の隣に移植された。

「いま、スダジイは何を想っているのでしょうか？」

そう尋ねた私に、赤松基を知る富士植木の責任者は厳しい表情を見せつつも言った。

「いまの〝彼〟の気持ちは複雑でしょう。長い間、明治公園と国立競技場とともに生活してきましたが、こうして引っ越しを余儀なくされた。まあ、寂しいでしょうね」

責任者は、移植したスダジイを〝彼〟と呼んだ。

「そうです。樹木は人間と同じ生き物ですからね」

新国立競技場建設問題が頻繁（ひんぱん）に報じられていることもあり、多くのメディアが取材に駆けつけると思われた。だが、深夜の上に雨のためだろうか。現場に出向いたのは私と友人のカメラマンの佐々木強の二人だけ。国立競技場解体に伴う、記録撮影業務を一千八百九十三万六千七百二十円で落札した、ＮＨＫエンタープライズの撮影クルーの姿も見られなかった。

翌日、スダジイが無事に移植されたことを赤松基に電話で伝えた。彼は言った。

「富士植木の仕事なら心配無用です。スダジイも安心して身を任せたと思いますね」

移植される国立競技場のスダジイ

第四章　「聖地」をつくった男たち

一九八六（昭和六十一）年六月一日、国立競技場で開催された「第七十回日本陸上競技選手権大会」。男子三段跳で二十三歳の山下訓史（のりふみ）（日本電気）は、一七メートル一五の日本新記録で優勝し、日本人初の一七メートルジャンパーとなった。その二年後の八八年のソウル大会に出場し、オリンピアンとして活躍した彼の記録は、未だ破られていない（二〇二一年二月現在）。

あの日から三十年後の二〇一六（平成二十八）年一月初旬だ。場所は遠く離れた福島県福島市の信夫ヶ丘陸上競技場——。

盆地のためだろう。陽が沈んだ午後六時過ぎの気温は二度、寒さが身に堪（こた）える。福島県立橘（たちばな）高校と福島商業高校の陸上競技部員たちは、照明灯一基だけの灯りを頼りにトラックをひたすら走っている。吐く息は白い。

それら若き部員の姿を見守る五十三歳を迎える山下訓史。福島陸上競技協会競技部長で、橘高校陸上競技部監督でもある彼は、練習開始前だった。まずは五年前の東日本大震災、3・11の原発事故勃発当時の放射能に翻弄された日々を詳しく話した後、私にこう言った。

「思いますよね。自然災害の地震と津波だけならともかく、福島の場合は東電の原発事故で放射能問題も抱えている。ぼくは四年後に東京オリンピックとパラリンピックを開催するのはいいと思う。でも、『復興オリンピック』というのはおかしいですよ。無理に〝復興〟という言葉を使っている感じでね。そう思いませんか。

除染に関しても、いまのところ汚染されたにもかかわらず山林はしないと発表しているし、子どもたちの甲状腺検査に関しても、専門家は『原発事故との因果関係はない』と言うけど、『そうかなあ？』と思ってしまう。全国で検査して比較すれば納得もできるんですがねえ……」

もちろん、私の思いも同じである。この時点においても十万人近くの被災者が放射能を恐れ、福島県内外に避難しているのだ。

そして、彼は懐かしむように現役選手時代を振り返った。

「……たしかにぼくは、三回日本記録をだしていますね。それも三回すべて国立競技場での日本記録。よく言えば、狙った大会で記録をだせた。でも、引退したいまは日本記録保持者という感慨はないですね。そのうち抜かれますから」

私を直視し、続けてこう語る。

「ぼくが初めて国立競技場に足を踏み入れたのは、中学三年の修学旅行のときです。バスガイドがメインスタンドの壁画『ギリシャ（勝利）の女神像』の話をしてくれたことをはっきりと覚えています。それ以来、国立競技場で試合があるたびに、あの壁画を見ながら『きっと自分に味方してくれる』と心に念じ、ピットに立ち続けた。跳び、勝負し、勝つことを目標にして、競技生活を続けてきましたから。その結果、三度の日本記録につながったと思う。ぼくにとって国立競技場は特別な場所、忘れられない競技場ですね……」

しかし、その思い出深い「聖地」と称された国立競技場は、無惨にも解体されてしまったのだ。三度も日本記録を塗り替えた山下訓史はいま、すっかり姿を変えてしまった新国立競技場のピットに立った場合、はたして燃焼した若き日を素直に振り返ることができるのだろうか……。

一九六四年十月開催の東京オリンピックこそが、まさしく世界が一つになった平和の祭典であり、そのメイン会場が国立競技場だった。私にとっても思い出深い、いまは亡き国立競技場。その聖地への鎮魂歌を書く――。

六人の異能な役人建築家

一九五八（昭和三十三）年三月。国立競技場が完成した際、管轄する特殊法人国立競技場の理事で、後にＪＯＣ（日本オリンピック委員会）の名誉委員になる北沢清は、『国立競技場十年史』（特殊法人国立競技場、一九六八）で「百年後の人びとがおそらく深い感銘をもって、当時の日本スポーツ界隆盛の日を想うであろう」と語り、国立競技場建設を世界最古の木造建設物である、法隆寺に匹敵すると絶賛。設計した角田栄（つのだしげる）をチーフとするプロジェクトチームを「火の玉のような熱情を打ち込んだ日本人の姿である」と評し、敬意を表している。

その六人から成る、知られざる「国立競技場設計プロジェクトチーム」とは――。

左右の幅は約九センチで、厚さは一・六センチから二センチ。表面は凸凹の波形模様。手にするとずっしりと重く八百五十グラム。文鎮（ぶんちん）としても使用できる、その鋳物（いもの）を自室の机の引出しから取りだし、表面をそっと指で撫でる。そのたびに一九三〇（昭和五）年生まれ、日本工業大学名誉教授の高橋恒（こう）は一人呟く。「可愛い娘」と称した、国立競技場を設計した若き日の記憶を手繰（たぐ）り寄せるのだ。

「聖火台の波形の模様は、ぼくたちの手形とは誰も思わないだろう。チーフの角田（栄）課長が『炬火台（きょかだい）（聖火台）の設計は俺にまかせろ』と言って設計したら、なんとウイスキーのグラス。『課長、このデザインはトリス・ウイスキーのダブルのグラスじゃないですか』と言い、みんなで笑った。〝スギさん〟も〝ムロちゃん〟も、いまもこの見本を大事に持っているだろうな……」

高橋が手にする鋳物は、聖火台を設計した際の見本の一部である。これまで知られなかったが、実は国立競技場の聖火台のデザインはトリス・ウイスキーのグラスからヒントを得たもので、凸凹した波形模様は設計に携わった高橋たちの手形だった。見本をつくる際に高橋たちは両手で油土をこねて原型を製作した。そのために波形模様となり、見本ができたときにあらためて手形であることを確認。密かに記念品として、同僚の杉浦介方（すけまさ）と室橋正太郎たちと分け合った。それをときおり手にしては撫でるのだ……。

トリス・ウイスキーのグラスからヒントを得た聖火台

一九五三（昭和二十八）年春、東京工業大学建築学科を卒業した高橋恒は、晴れて建設省（国土交通省）に入省。関東地方建設局の営繕部建築二課に配属された。しかし、入省早々からやる気が失せた。建築一課は官庁の新築や増設などの設計を担当しているのに対し、建築二課は保安隊（自衛隊）や米軍の宿舎や食堂、旧軍の格納庫や弾薬庫などの施設の改修・補修工事の設計が主な仕事だったからだ。そのやるせない思いを「調査工事」と題し、詩に綴った。

スパン六〇米　ダイヤモンド　トラス　赤さびた骸骨の　てっぺんにすがって　折り尺を伸ばす
霞ヶ浦は　黒ずんだ水面をひろげて　重い　陸続と並ぶ　保安隊施設を　筑波おろしが吹き抜

けて来る
大量の予算は　すべてを決定した　今度はこいつに　制服を　着せるのか—
鉄骨がいたいたしい　こころを引きさく　無意欲労働の　自虐性　あふれ出る
あたたかい血潮に　「まだおれは死んでいない！」　あんどして呟いてみる……

そのような日々を送っていた高橋を救ったのが、全建設省労働組合での組合運動だった。たとえば、正規の職員と変わらぬ仕事をこなしても日雇い人夫のような扱いの、一年契約の臨時職員の待遇改善や身分保障などを訴える。闘争の結果、全員を定員内職員として採用することを勝ち取った。また省内に限らず、核兵器禁止を求めるストックホルムアピール（一九五〇＝昭和二十五年）を支持し、原水爆禁止の署名運動などにも積極的に参加した。

しかし、組合運動や平和運動に入れ込んでいれば当然のごとく当局に睨まれ、ときには呼びだされる。

「おまえは、キャリア（国家公務員上級職、官僚）だろう。何が不満なんだ！」

そう怒鳴られることもたびたびだった。だが、意地でも運動をやめなかったのは、母校東工大卒の直属の上司である、建築二課長の大島久次が庇（かば）ってくれたことが大きい。

「若者は大いに自己主張すべきだ」

そう高橋を励まし、周りの職員にはこう言った。

「高橋は理論派だし、才能がある。大目に見てやれよ」

そして、入省して四年目。建築一課主導の「国立競技場設計プロジェクトチーム」に選ばれたことが、高橋が建築の本道に戻る契機となった。指名された理由は、建築二課長大島の許可を得て、プロジェクトチームを率いる建築一課長の角田栄に「メンバーに入れてください！」と直訴。それが奏功したのだが、角田の反骨精神に救われたといってよい。

それでは角田栄とはいかなる人物なのか——。

一九一三（大正二）年奈良県生まれ。京都大学建築学科卒業後の角田は、一九三七（昭和十二）年に大蔵省（財務省）に入省。営繕管財局工務部第二技術課に配属され、敗戦後は建設省に転職し、近畿地方建設局営繕部を経てから上京。関東地方建設局営繕部建築一課長に就いているが、ひと言で頑固一徹な人物だったという。戦時中は二等兵としてビルマ戦線に出征したため、周囲は幹部候補生受験を勧めたものの、「上官になっても、死ぬときは死ぬ」と頑なに拒否。階級が一つ昇進した一等兵で帰還し、建設省に配属されてからも「俺たちは、単なる〝営繕大工〟にすぎない」と言い、役人というよりはむしろ、職人であることを誇りにしていた。

その角田が、「国立競技場設計プロジェクトチーム」を率いることになった。本来なら国立競技場といった看板仕事は本省が独占してしまうのが通例だが、当時は霞ヶ関の官庁街の計画や、合同庁舎の設計などで忙しく、関東地方建設局が担当することになったのだ。

ともあれ、日本を代表する競技場の設計ということで、高橋同様に若手官僚たちは角田に売り込んだ。だが、とくに東京大学建築科卒を自負する官僚に対しては冷たかった。

「東大出の連中はセオリーにとらわれすぎて柔軟性がない。その上、デザイン的にも古めかしい。

戦前に大蔵省営繕管財局が手がけた、人事院ビルや国会議事堂のような建物を設計するのは無理だ……」

といった持論を口にし、追い返した。

たしかに敗戦後間もなくの関東地方建設局営繕部には、角田が戦前に在籍していた旧大蔵省営繕管財局の派閥と、敗戦後に建設省入りして中堅になっていた東大卒官僚の派閥があった。その派閥のなかでも東大卒の官僚が描くデザインには斬新さが欠け、京大卒の職人気質の角田は評価しなかったのだ。そのためプライドを傷つけられた東大卒の官僚のなかには、発足したばかりの特殊法人日本住宅公団（都市再生機構）に転職する者もいた……。

角田が率いるプロジェクトチームのメンバーには、何かと当局から睨まれていた高橋のほかに、片山光生（てるお）、杉浦介方、室橋正太郎、丸山重良が選ばれた。東大出身者は外された。

私の取材に「よく連絡先がわかりましたね。喜んでお話します」と、そう口を揃えるように言った高橋、杉浦、室橋の三人が快く取材に応じてくれた。チーフの角田は、九三年五月十五日のサッカーJリーグの開幕戦が国立競技場で行われた二日後の十七日に八十歳で、片山は八五年八月十六日に六十七歳で泉下の人となっている。六二（昭和三十七）年十月に建設省を四十一歳で退職している丸山の場合は、手を尽くしても連絡が取れなかった……。

一九一八（大正七）年生まれ。当時三十八歳の片山光生は京都大学卒で、角田が近畿地方建設局に赴任していた当時の部下。単身赴任の形でメンバーに選ばれたのも、そのデザインが高く評価されていたためであり、現在の奈良県庁舎を設計したことでも知られている。

その片山の東京生活は、たびたび若手メンバーの高橋たちを驚かせた。寮では焼酎瓶とゴロ寝をするほどの大酒飲みで、浴衣がけに下駄履き姿で銀座のバーに行き、ホステスにもてていたからだ。

いつもベレー帽を愛用し、仲間から「スギさん」の愛称で呼ばれていた日本大学卒の杉浦介方は、一九二七（昭和二）年生まれの二十九歳。黙々と仕事に取り組み、帰宅しても製図板を前に仕事をすることを苦にしない、誰もが認める努力家。実家が材木屋だったため、少年時代から建築家に憧れ、とくに図面を引くことに優れていた。それが角田の目に止まり、メンバーに選ばれた。

一九三一（昭和六）年生まれ。二十五歳の「ムロちゃん」こと、室橋正太郎は「鉛筆の転がしが的中し、上級公務員試験にパスしました」などと、上司の前でも平気顔で冗談を飛ばす江戸っ子。実家は建設会社を営んでいたために業界を熟知し、明るく物怖じしない性格が角田に気に入られた。東大卒とは違う、柔軟性のある建築家を輩出する早稲田大学建築科卒ということも、メンバーに選ばれた理由だった。

もう一人。以上のいわば大学建築科出身のエリートに加え、角田は本省の営繕局建築課からノンキャリアの丸山重良をメンバーに選んだ。一九二一（大正十）年生まれ。三十五歳の丸山は、十四歳のときに大蔵省営繕管財局が手がけた、国会議事堂の建設に日雇人夫として雇用され、働きながら東京高等工科学校（中央工学校）を卒業した苦労人。二十一歳のときに日雇人夫から大蔵省営繕管財局技手に任官された、叩き上げの役人だった。若手官僚から「お父さん」と呼ばれていたこともあり、若手のお目付け役として抜てきされたのだ。

敗戦から十年が過ぎた。昭和三十年代を迎え、「もはや戦後ではない」の文言が記された『経済白書』が刊行された一九五六（昭和三十一）年が明けた。その年の春、国立競技場を設計する個性豊かな六人のメンバーから成る、プロジェクトチームはスタートした。

この時点では八年後に東京で開催される第十八回オリンピックの招致先はまだ決まっていない。もっとも、この年の三月に文部省（文部科学省）はオリンピック招致を念頭に、スポーツ関係者、関係官庁担当者、東京都、各界の有識者、明治神宮関係者、建築家、造園専門家、報道関係者などによる競技部会と建設部会から成る「国立競技場設立協議会」を発足。まずは二年後に開催される第三回アジア大会に向け、新たに国立競技場を建設することにした。

角田栄をチーフに片山光生、丸山重良、杉浦介方、高橋恒、室橋正太郎の六人で編成された「国立競技場設計プロジェクトチーム」。まずは、一九五八（昭和三十三）五月末に敗戦後初めて日本で開催する、国際大会の第三回アジア大会に間に合うように国立競技場を完成させることが至上命令。つまり、二年以内に国立競技場を完成させるには、年内（五六年）の十一月初旬までに基本設計を仕上げなければならなかった。

おんぼろ設計室に掲げた「憲法」

ＪＲ浜松町駅北口から徒歩で約七分。現在はモノレールのゆりかもめが往来する竹芝駅が位置する、竹芝桟橋の近くの港区海岸通一丁目。その地に当時の建設省関東地方建設局はあった。だが、旧海軍の倉庫を使用していたため、庁舎とは思えないほどのおんぼろ建物であった。かろうじて玄関には幅二十五㌢、長さ一㍍五十㌢ほどの板に墨で「関東地方建設局」と書かれた看板がぶら下がっていたが、守衛も受付係もいない。千代田区霞が関一丁目の鉄骨鉄筋コンクリート造りの、五階建の人事院ビル内の本省とはあまりにも環境が違った。さらにプロジェクトチームに与えられた「分室」と呼ばれた設計室もおんぼろだった。

神奈川県秦野市在住の杉浦介方を訪ねた。

「ひと言で酷い分室でね。よくぞあんな場所で日本一の競技場の設計ができたなと思いますね。冬は小さな手あぶりの暖房器具が一つしかなく、夏は蒸し暑い。東京湾からの海風が吹けば、敷地内の引き込み線を走る貨車の煤煙やセメント粉が、隙間だらけの窓から舞い込む。そのため図面は黒くなった。足元をゴキブリが這い、天井をネズミが走り回り、ときにはダニまで降ってきましたね」

杉浦は高橋と室橋と共有する、例の聖火台の見本の鋳物を手に取材に応じた。

それに加えて、設計に必要な備品も貧弱だった。当時の民間の建設会社の設計課や設計事務所は、作業効率を考えるだけでなく、有能な人材を確保するためだろう。高さや角度が自由に調整できる、武藤工業製のドラフター付の製図台など、最新の備品を揃えていた。ところが、プロジェクトチームが使用する備品は安価のものばかりで、製図板は戦前から使用していた旧式のもの。東洋一を標榜する国立競技場を設計するには、あまりにも酷い環境であった。

さらに高橋恒が振り返るには、使用した旧式の製図板は、小さめのA１サイズ（594㍉×841㍉）の用紙を使用しなければならない。無理すればA０サイズ（841㍉×1189㍉）の用紙を使用することもできたが、詳細図を引く場合は五十分の一にしなければならなかった。当時は二十分の一で詳細図を引くのが慣わしだったのだ。その上に座る椅子も高低を調整することができない一般の事務用のもので、一日中図面を前にしていると膝が伸びなくなり、腰を屈めてトイレに行く始末だった。

しかし、プロジェクトチームの六人は、決して愚痴をこぼさなかった。杉浦、高橋、室橋の若手三人は、常にお目付け役のお父さんである丸山に叱咤激励されていた。

「理屈を口にするよりも、手を動かせ。図面を引くのは人間で、製図板ではない。いい製図板を使えば、いい設計ができるとは限らない。若いお前らの才能が、日本一の国立競技場を造るんだぞ」

室橋によれば、職人肌の丸山は三人が図面一枚引く間に五枚は引いていたという。

狭い設計室の壁には、設計をするに当たっての基本方針である「憲法」が貼りだされた。

《憲法　華美ならず優美を　単純ならず簡潔を　粗野ならず力強さを》

この短詩形の憲法を提唱したのは高橋恒で、毎朝出勤すると六人は憲法を黙読。しっかりと肝に銘じてから製図板と向き合った。

それにもう一つ。たとえチーフといえども、他の五人のメンバーは角田の独断を許さず、あくまでも六人の合意で設計作業を進める、「協働作業」のコンセプトもあった。

こんなことがあった。プロジェクトチームがスタートして間もなく開かれた会議のときだ。近畿地方建設局から出向した片山光生は、建設する国立競技場に隣接する明治神宮外苑の事情を把握していなかったためだろう。男性スポーツ選手像を頭に描き、ダイナミックなデザインを主張した。だが、それに対し五人は真っ向から忌憚（きたん）のない意見を述べた。室橋への取材から再現すると次のようになる。

室橋「そのようなデザインでは外苑の景観にマッチしません……」

高橋「たしかに男子選手は筋骨逞（たくま）しい。でも、女性選手の美しさを表現することも大事だと思います……」

杉浦「競技場そのものが大きい。デザインに過剰な演出は必要ないと思う……」

丸山「観客が興奮する競技場よりも、選手が活躍できる競技場を考えるべきだ……」

角田「片山、俺と同じ京大出なら、京都らしいムードあるデザインを考えたほうがよい……」

以上の意見に片山は、「なるほど、わかった」と言って翻意。協議の結果、国立競技場のデザインのコンセプトを「静」とした。

独自の憲法を提唱した高橋の述懐によれば、六人はともに悲惨な戦争、食糧難に苦しんだ戦争体験を共有していたため、「復興」の二文字を抱き「国を代表する、競技場の設計を任された」という強い使命感に燃えていたという。たとえ設計室が最悪の環境だったとはいえ、庁舎内には売店、理髪店、食堂もあった。天ぷらそばが三十円、あじフライ定食が四十円、カレーライスが四十五円。カレーライスにゴキブリが入っていて、目を剥（む）いたこともあったというが、誰も文句を言わなかった。六人の共通の楽しみといえば、残業が夜の八時に及ぶと、そば屋の出前で卵丼を食べることだった。残業後は浜松町駅前のバーに寄っては呑んだ。

もっとも、いかに残業で疲れ、気分を癒すために酒を呑み、帰宅が遅くなっても横浜市東神奈川に住んでいた杉浦によれば、高橋は大田区久が原、室橋は千代田区飯田橋の自宅に帰っても、若手三人の頭からは設計のことが離れることなく、深夜まで図面を引いていた。

国立競技場の基本設計――平面図、立面図、断面図などを仕上げたのは、半年後の十月初旬。一般に巨大建物の基本設計は約一年の期間を要するといわれていたが、六か月ほどで終えた。六人とも競技場設計に携わるのは初めてであり、それを考えれば至難（しなん）の業（わざ）を見事やり遂げたといってよい。チーフの角田は、設計に取り組む一か月前に文部省が主導する「国立競技場設立協議会」の会議に毎回出席。会議で論じられる基本計画案などを随時プロジェクトチームの五人に伝えていた。

さらに角田は霞が関の本省に出向き、営繕局設備課長の枇杷阪（びわさか）実と話し合っている。それが基本設計を早めることになったのだ。

一九〇二（明治三十五）年生まれ。早稲田大学の学生時代に競走部員だった枇杷阪は、第三回箱根駅伝（一九二二＝大正十一年）に出場。後に政治家となり、六四年の東京オリンピック担当大臣を務めた河野一郎と、その弟の謙三たちとメンバーに名を連ね、早稲田大を初優勝に導いたランナーとして知られていた。卒業後の一九二七（昭和二）年春に大蔵省に入省し、営繕管財局工務部に在籍。十歳年下の角田とは先輩・後輩の関係にあり、敗戦後はともに建設省に転職していた。

枇杷阪を前に、角田はこう切りだしたという。

「ご存知だとは思いますが、新しく建築する国立競技場の設計を担当することになりました。しかし、私も部下も競技場については何も知らない素人です。先輩、アドバイスのほどをよろしくお願いします……」

この後輩角田のたっての願いに、先輩枇杷阪は快諾した。

理工学部機械科卒の枇杷阪の専門は設備だったが、卒業後も日本陸上競技連盟との関係を保ち、競技場設計にも造詣が深かった。とくに敗戦後の陸上競技場建設に関しては詳しく、日本公園緑地協会発行の機関誌「公園緑地」に「公認陸上競技場の規定と設計施工について」の論文を連載（十三巻三号＝昭和二十六年〜十五巻三号＝昭和二十八年）。全国各地で建設される陸上競技場の指針となっていた。角田にとって先輩の枇杷阪は、願ってもない存在だったのだ。

「建設省の先輩、枇杷阪実さんの協力が得られたことが何よりも大きかった……」

後に、そう角田が述懐しているように、枇杷阪は関東地方建設局のおんぼろ庁舎を訪ねては勉強会を開いた。一九八六（昭和六十一）年発行の『物語・建設省営繕史の群像〈中〉』（日刊建設通信新社）の著者で、日刊建設通信新社常任顧問の田中孝は、角田から当時の話を聞き、次のように記述している。

《枇杷阪に講師役を頼んで、スタッフ全員で、前後数回、陸上競技の実技から、ルール、運動用具の種類、寸法、施設の大きさ、構造、観客席などについて、大ざっぱだが、要所要所を抑えたレクチュアを受けた。文字通りのにわか勉強だったが、のちのちの計画のためにはずいぶん役に立ったという。》

国立競技場設計の陰の功労者というべき枇杷阪実は、五九（昭和三十四）年十月十五日に建設省を退職。七七（昭和五十二）年二月二十一日に七十五歳で生涯を閉じている。

もちろん、国立競技場の基本設計を完成させるまでには多くの難題を抱えていた。

その一つは、明治神宮外苑を所有する明治神宮との交渉だった。二年前から文部省は明治神宮外苑競技場を国有化にするため、明治神宮と交渉を重ねていた。だが、にべもなく次のような理由で断られている。

「恐れ多くも明治大帝ご遺徳によって奉建された明治神宮の神聖なる財産を、たとえ一坪たりとも通俗目的のために割愛するなどということは言語道断。他の土地を探すがよい……」

しかし、結果を先に記せば、最終的に明治神宮側は「陸上競技場運営は儲からない」などと判断し、明治神宮外苑競技場は国有化される。ただし、次の二つの条件を突き付けてきた。

・敷地周辺の樹木はできるだけ伐採しない。それに伴って景観や環境、周辺の風致を損なわない。

・聖徳記念絵画館側のスタンドを高くしない。ちなみに隣接する明治神宮野球場の外野スタンドの高さは八・七メートルである。

以上の二つの条件を受け入れて、基本設計は進められた。

さらにプロジェクトチームの六人を悩ませたのは、競技場の顔と言ってよい、正面表玄関を設けるメインスタンドの位置だった。神宮外苑全体の構成から考えれば、聖徳記念絵画館側がいちばん適していた。つまり、明治神宮外苑競技場のメインスタンドとは反対側であり、同じように設けた場合は渋谷川側（現在の外苑西通り側）には木造の古い民家や工場もあるため、表玄関としての風格はなかった。当時はアジア大会開催を主目的とした国立競技場建設で、まだ周辺の再開発計画は打ちだされていなかったからだ。これでは国立競技場の露払い役と言うべき公園を造成することはできない。

難題はまだあった。聖徳記念絵画館側は渋谷川側と比べてＧＬ（地盤面）が七メートルほど高く、メインスタンドの高さが聖徳記念絵画館を凌いでしまう恐れもあった。これでは風致地区であることを主張する、明治神宮側は納得しないはずだ。また、午後になると西陽をまともに受けてしまい、たとえメインスタンドにキャノピー（canopy 庇）を設けても効果がないという危惧もあった。

角田は何回となく明治神宮側に説明した。だが、二つの条件を翻すことはできなかった。

「ダメだ。今日も児玉元帥の御曹司に門前払いを食らった……」

そう言って角田は肩を落としながら分室に戻ってきた。

児玉元帥の御曹司とは、日露戦争当時の満州軍総参議長だった児玉源太郎の息子、元内務（総務省）官僚の児玉九一のことで、退職後は明治神宮の管理部長の座に天下っていた。その彼が窓口だったのだが、頑として角田の要望を受け入れなかったのだ。

結果的にメインスタンドは渋谷川側に設けられることになる。だが、このことがアジア大会後の翌年五月に東京招致に成功し、東京オリンピック開催に向け、バックスタンドを増設する際の大きな足かせとなった。第六章で詳述するが、増設したスタンドの一部が公道にはみだすことになり、国立競技場そのものが「違法建築物」になってしまう……。

悩みつつも六人は設計に専念しなければならず、多くの出版物を読んでは参考にした。

最初に参考にしたのは、戦前からの日本建築界の重鎮、建築家の岸田日出刀（一九六六年没、享年六十七）の著書『オリンピック大會と競技場』（丸善、一九三七＝昭和十二年）だった。この本は一九四〇（昭和十五）年開催予定だった「幻の東京オリンピック」になった競技場建設のため、当時の東京オリンピック招致委員会から依頼を受け、岸田自身が第十一回オリンピック・ベルリン大会（一九三六＝昭和十一年）を視察。ベルリンの各競技場を写真に収め、解説したものだった。

その他、国際建築協会が発行した『国際建築　オリンピック競技場』や、ドイツで刊行された『スポーツ・バウテン』をはじめ、国内外の『新建築』『建築文化』『アーキテクチュラル・レコード』『アーキテクチュラル・フォーラム』『ヴェルク』『ドウジュル・ドウイ』『ドムス』など、あらゆる建築専門誌や出版物が参考文献として角田の机の上に山積みにされた。

「俺は『スポーツ・バウテン』を原書で読んだ。バウテンとはドイツ語で建築のことだ。かなり勉強になったぞ。お前らも読め……」

そう言う角田に五人は倣った。重要な部分を次つぎと複写し、設計の参考にした。

それだけではない。角田は上司の関東地方建設局営繕部長の桜井良雄に、ヨーロッパの主な競技場を視察したいと申しでた。当時の関東地方建設局はその名の通り、関東地方の公共施設の営繕を専門に担当し、管轄外の地に出張するのは異例である。ましてや海外出張は許されないというよりも、考えられなかった。

ところが、部長の桜井は快く許可した。国立競技場設計は国家の威信がかかった「国家プロジェクト」だと考えたからだ。角田はフィンランド（ヘルシンキ）、スウェーデン（ストックホルム）、ドイツ（ベルリン）などのオリンピック・スタジアムを視察。四年後に開催される第十七回オリンピック・ローマ大会のメイン会場となる、スタディオ・オリンピコ・ディ・ローマも視察した。

角田が海外視察に行っている間、他の五人は東北の宮城野競技場（仙台市）、北海道の札幌円山競技場などの設計図や資料類を取り寄せては研究。一方、各地の主な陸上競技場や野球場を視察した。丸山と高橋は名古屋市の瑞穂（みずほ）競技場と中日球場。片山と杉浦は大阪の中百舌鳥（なかもず）競技場や大阪球場、甲子園球場。留守番役の室橋は、明治神宮外苑競技場や後楽園球場などに出向いた。

あらかじめ競技場を設計する場合の重要な点――。

①観客席から見やすいこと

②いい記録がだせるトラックとフィールドの競技場であること

③観客の安全と、入退場の容易さと迅速さを保つこと

以上の三点のうち、とくに①と③を重要視し、国内の競技場や野球場に出向いた五人は、測定機器やノートを手に視察。メインスタンドやバックスタンドの観客席の奥行や幅、階段の蹴上寸法、通路の幅、勾配度。グラウンドとトラックまでの距離など。もちろん、収容人数に対する出入口数、男女別のトイレの数、電話回線、選手控室、記者席、放送席、会議室、ボイラー室などの設備につ

いて。さらに災害に遭ったときの避難場所の位置と距離、駐車場の広さと収容台数、大会を開催したときの最寄り駅の乗降者数までも徹底的に調べ上げた。

以上の国内の陸上競技場や野球場の調査結果、加えて角田が視察した海外のオリンピック・スタジアムなどを設計する際の道筋とした。

連日、会議は行われ、練りに練った。その結果、六か月ほどで基本設計は完成したのだ。

まず、当然のごとくスタンドは観客が見やすいように設計された。簡潔に説明すれば、グラウンドに近い下のほうの勾配は十七度にし、中ほどが二十二度、上に行くにしたがって二十五度、二十六度、二十七度の勾配にした。つまり、これまでの競技場では見られない、緩やかな傾斜のすり鉢状でおわん型のスタンドにしたのだ。

また、多くの観客を収容する競技場を考えた場合、トイレの便器の個数も重要なポイントとした。これについては当時の東京都条例の百四十五人に一個の割合を基準（九百平方メートル以上の敷地面積の場合）とし、五万人を収容予定人員にする場合、国立競技場の便器数は百二十七人に一個の割合で三百九十四個（男子大便器四十一個・小便器二百五十六個、女子便器九十七個）を設けなければならず、余裕あるスペースを割く設計にした。解体される明治神宮外苑競技場（公称収容人員は四万百人、芝生席も含む）の場合は、戦前に建設されたためだろう、男女合わせて二百十人に一個の割合だった。

ただし、問題が一つあった。それは駐車場だった。角田は言った。

「海外の競技場には駐車場が設備されていた。それを考えれば、正面玄関前を広場にして駐車場にすればいいんだが、これは都市計画上の重大な問題だからなあ……」

先に述べたように当時はまだ、民家や工場などがある渋谷川側をはじめとした、周辺の再開発計画は打ちだされていなかったからだ。敗戦後、バラックの長屋を建てて住んでいる者も多かった。

ともあれ、基本設計が終わると、間を置かずに実施設計が十月十日から開始された。

この日は二十六歳の高橋恒が結婚した記念すべき日だった。式は質素に都の共済組合の施設で行い、挙式、写真、モーニング借用代込みで総額二万一千円也。妻は手作りの花嫁衣装をまとい、夫とともに幸せをつかんだ。しかし、思い出となる新婚旅行を二泊三日と短縮した。信州のひなびた温泉から帰った翌日には、分室でプロジェクトチームの五人とともに実施設計に取り組んだ。もっとも高橋だけは残業で夜の八時を過ぎても、出前の卵丼は口にしなかった。新妻は夕飯を用意し、食べずに帰宅する夫を待っていたからだ。

若かった当時を、高橋は私にメールで次のように伝えた。

「残業から帰ると、綿入れの袢纏（はんてん）を着た女房がね、しがみついてきましたっけ。安月給のためでしょう。あの年の暮れのボーナスで、やっと小さなガスストーブを買いましたよ……」

そのような高橋にとって結婚記念日の十月十日が、八年後の六四年東京オリンピックの開会式になるとは思いもかけぬことだった。丸一年前の六三年十月には長女が誕生している。

ただし、プロジェクトチームにとって、すべてがスムーズに事が運んだのではない。

基本設計が仕上がり、実施設計に入って間もなく、一九五六（昭和三十一）年十月中旬だった。チーフの角田栄は、東京・千代田区お茶の水の日本体育協会（日本スポーツ協会）で記者会見を開いて報道陣を前に、初めて国立競技場の設計についての概略を説明した。そのときだ。あるベテランの新聞記者が質問した。

「ところで、我われが座る記者席はどの辺りにできるんですか?」

それに対し、角田はこう応じた。

「そうですね、それはメインスタンドの最上段に設置したいと考えています。端から端まで百六十メートルほどありますから、横一列に設ければいいんじゃないかと思います」

そう言った瞬間、報道陣が「えっ?」といった不可解な表情を見せた。質問したベテラン記者は、苦笑しつつ言った。

「そんな記者席はどこの競技場にもありませんよ。スタートライン側の記者席に座る者は、選手がスタートしたらたちまち後ろ姿しか見えなくなるんじゃないですか……」

その言葉に、角田は素直に「その通りだなあ」と納得した。アジア大会を一年半後に控えている時点で、あらためてスポーツに関しては素人だったことを思い知ったのだ。

記者会見後、浜松町の関東地方建設局に戻った角田は、さっそくプロジェクトチームのメンバーと記者席の位置をどこにするか検討した。その結果、ゴールに近い場所に設けることに決めた。ただし、翌日の一部スポーツ紙には、皮肉たっぷりの記事が載った。

〈我われ記者にとって現時点の設計では、選手のケツしか見えないアジア大会となる〉

文部省の命令「八万人収容スタンドをつくれ!」

実施設計も年末には終え、一九五七(昭和三十二)年の新年を迎えた。

そして、まだ松が明けない一月五日。新年早々の入札により、ようやく国立競技場建設の施工会社は大成建設に決まった。だが、最初はそれまで前例のない大規模公共建設工事のＪＶ（共同企業体）入札で行われた。

ところが、関東地方建設局の予定積算価格六億円台は「積算が辛い」と納得されず、何度入札を繰り返しても歩み寄るＪＶはなかった。そのために年を越すことになり、結果としてＪＶ入札は見送られ、予定積算価格の二倍近くの十二億円の落札価格で大成建設の単独施工となったのだ。

こうして国立競技場建設を着工することになった大成建設は、その日のうちに明治神宮外苑競技場敷地内に「箱番」といわれる仮設事務所を設置。一週間後の一月十二日から解体作業を開始するため、作業員が寝泊まりする飯場も建てた。

同時にプロジェクトチームの設計室は、関東地方建設局のおんぼろ庁舎から、神宮外苑内の大成建設の仮設事務所に移された。たとえ仮設とはいえ、それまでの狭くて薄暗い設計室よりもましだった。

前年暮れに実施設計を終えた時点で近畿地方建設局から単身赴任で上京していた片山光生は大阪に帰り、近畿地方建設局営繕部監督課長に昇進。ベテランの丸山重良も本省に戻ったため、チーフの角田栄をはじめ、杉浦介方、髙橋恒、室橋正太郎の四人は多忙を極めた。朝の八時前には仮設事務所に出向き、大成建設の設計担当者とともに打合せ。現場の設計変更などの要望を聞いては、急いで施工図面を作成する毎日だった。ただし、いかに現場の要望とはいえ、譲れないこともあった。

たとえば、スタンドの設計の場合だ。観客が見やすいように緩やかな傾斜のすり鉢状でおわん型のスタンドにしたのだが、施工する大成建設の下請け作業員たちにとっては不満だった。

「おわん型の斜面にコンクリートを打つのは大変だ。普通の柔らかさでは流れてしまう。直線の斜面にしないと工期が遅れる。どうにかしてくれ！」

そう言っては、設計の変更を強く訴えてきた。

だが、そのまま受け入れることはできなかった。それというのも、プロジェクトチームのメンバーだった高橋恒の述懐によれば、スタンドの斜面を直線ではなく、おわん型の半径を円弧にこだわったのも観客を第一に考えたからだ。つまり、前列に座る観客の座高や頭などの位置を計算した場合、どうしてもスタンドをおわん型にしなければならなかった。当然のごとく「観客が見やすい競技場」というのも、六人の国立競技場設計プロジェクトチームのコンセプトの一つだったからだ。

しかし、その設計を取り入れた競技場は当時の日本にはなく、世界の主な競技場のスタンドを調査しても、なかなか見つけることができず、唯一、アメリカ・オハイオ州の競技場で取り入れていることを知った。ところが、その設計の参考となる「オハイオライン」と呼ばれる円弧を図面に描くのは困難であった。T定規や三角定規は使用できず、かろうじて独自に作製したカーブ形定規などを駆使し、頭を悩ませながら設計したのだ。そのため、たとえ現場を主導する大成建設の要請といえども、プロジェクトチームとしては素直に受け入れるわけにはいかなかった。

東京・千代田区飯田橋のホテルのレストラン。近くに住む室橋正太郎が私の取材に応じ、事の真相を詳しく語った。

結果を先に述べれば、現場監督である大成建設の国立競技場建設所長の横内憲夫を、プロジェクトチームのいちばん若い室橋が説得。設計を変更することなくスタンドは造られた。その説得できた理由は単純だった。横内と室橋は、早稲田大学理工学部建築科卒業の先輩・後輩の関係にあったからだ。

後輩の室橋によれば、仕事中のときの横内は真顔で「室橋さん」と呼んでいた。ところが、午後六時の就業時間が過ぎると、態度が一変した。「室橋」と呼び捨てにし、ときには命令口調で「おい室橋、ちょっと付き合え！」と言っては、新宿の行きつけのキャバレーに連れだす。そして、二十歳ほど年下の後輩を前に、酔いに任せて言うのだ。

「おまえなあ、知っての通りこの世界は発注する〝官〟が強くて、俺のように受ける側の〝民〟は頭を下げなきゃならん。我が早稲田のＯＢは民には多いが、官は少ないだろう。本郷（東大）は逆だけどな。だから、俺にとって室橋は貴重な存在なんだ。本郷の連中と飲んでも面白くねえ……」

そのような人柄の横内は、後輩の室橋の説得を受け入れたのだった。当然、元請側の所長の命令に下請け業者は逆らえず、手間がかかるもののコンクリートの柔らかさを調整しつつ時間をかけ、観客が観やすい、すり鉢状のスタンドは造られた。ちなみにチーフの角田は、横内と室橋の関係を熟知していて、大成建設との交渉の場には必ず室橋を同席させていた。

もう一つ、スタンドの設計に関する問題があった。東洋一の競技場を建設するには最低でも五万人以上、できれば立ち見を入れて七万人収容のスタンドを設けなければならなかった。

そのためプロジェクトチームの六人は、頭を捻（ひね）った。このことについては、国立競技場が完成した二か月後に発行された専門誌『新建築』（新建築社、一九五八＝昭和三十三年六月号）に詳述され、スタンドを設計した際の苦労も書かれていた。抜粋し、要約したい。

《ラジオ番組を聴いていると、長くとも十五分でコマーシャルが入る。要するに十五分で人間は気分転換をしたい。つまり、観客の場合も退避時間に十五分以上かかると焦燥感が起きるということが考えられる。それらを念頭にスタンドの設計に取り組んだ。走行時一人の占める面積を前後一メートル、左右〇・七五メートル。走速を八十メートル（一時間四・八km）とすれば、七万人が一列になって退場するに要する時間は八百七十五分。これを十五分の半分の七・五分で退場させるには八百七十五分÷七・五＝百十七であり、百十七×〇・七五＝八十七・七（約八十八メートル）の幅員が必要とされる。そこで三十の出入口を設けた場合は、八十八÷三十＝二・九メートルの通路幅にすればいいし、スタンド内の回廊の周囲が五百メートルであれば、約十六・八メートルごとに出入口を設けることができる。

結局、千駄ヶ谷門と代々木門を結ぶ長さ三百メートル、幅員二十三メートルの陸橋の代々木門側には実施設計で体育館が設置されることになり、幅員十メートルの階段になったため退避時間を九分とした。

スタンド面の観客席及び通路などについては屋外に限って明確な消防法の規定はないが、既設のスタンドを調査した結果、縦通路は二人が並んで歩ける程度。かつ間隔は十メートル前後が適当と思われる。また、横通路は遅れて来場した人や買物、その他の用事で往復すると観客の視線を妨（さまた）げて気分を害する恐れがあると思われる。

座席の奥行は足を引っ込めて前を一人が通れる寸法で七十センチ、座席の幅は老若男女の平均寸法四十二センチとした。スタンド内の横通路は最前部、中央部、最後部にそれぞれ一メートル幅の通路を設けた。また、スタンドの下全周にダッグアウトを設けたことにより、競技役員や報道陣の姿が観客の視線に入らずに観戦できる……》

以上の配慮により、観客に優しいスタンドは設計された。

もちろん、明確な消防法の規定はなかったものの、前例のない七万人収容のスタンドを設けるには所轄の四谷消防署の許可を得なければならない。その点に関して室橋正太郎は、私を前にこう語った。

「あの当時は、消防法はあったが、国立競技場は屋外の施設ということもあり、それほど厳しくなかった。国が建設するということもあったと思うが、消防署員が視察にくると『いやあ、大変ですね』と言ってきて、こっちは『よろしくお願いします』という雰囲気だった。いまは角(つの)突き合せてやり合うけどね。

まあ、これはあまり活字にしてほしくはないんだが、周りの文部省や大成建設の関係者たちは八万人収容の競技場にしたかった。設計について素人の文部省の役人は『出入口を減らせばいいだろう』なんて勝手に命令し、八万人にこだわっていた。しかし、どう考えても無理があるため立ち見も入れて、公称で七万人にした。我われはそれでも入れ過ぎだと思っていたんだが、ある外国人が私に言ったんだな。『日本人は椅子に座り、黙って観戦するが、外国では好きな種目を観たら次の競技場に行く。だから、スタンドなんか立ち見でいいんだ』とね。そのことをチーフの角田さんに言ったら、ホッとしていた。そういった思い出があるね……」

　ともあれ、角田たちの苦肉の策でスタンド最上段のコンコースに手すりを設け、七万人収容を可能にしたのだ。


　五七（昭和三十二）年の一月半ばから開始された、明治神宮外苑競技場の解体作業についても書かなければならない。作業は順調に進み、たった三か月で終了している。

　全国から集められた、二百人を超える作業着姿の石工たちが、朝早くから解体作業を開始。重さ十キロはあると思われるハンマーを手に、まずは内部の水道管、電線、電灯、建具類を撤去。続いてコンクリートの屋根、床、壁を次つぎと破壊し、むき出しになった鉄骨や鉄筋をガスバーナーで切断する。最後は柱、梁（はり）、基礎をダイナマイトで爆破した。人びとに「神宮の時計台」として親しまれた高さ六十尺（約十八メートル）の時計台は縦に二分割され、根元の鉄筋をすべて切断し、ロープをかけて引っ張り倒した。

　朝早くから夕方六時まで解体作業は行われた。赤い鉄帽（ヘルメット）を被った爆破係が赤旗を上げ、拡声器を口元に大声を張り上げる。

「いまから発破！　発破を実施します。安全地帯に退避してください！」

　同時にサイレンが鳴り響き、赤旗が下げられ、爆破係が点火装置のボタンを押し、ダイナマイトはけたたましく爆発した。砂煙が収まるのを待ち、トラックやダンプカーが数珠繋（じゅずつな）ぎで競技場内に入り、次つぎと瓦礫や土を搬出した。その繰り返しで明治神宮外苑内での解体作業は進められた。もちろん、地元の霞ヶ丘町の住民にとっては大迷惑であり、まさに故郷が破壊される思いだったという。ダイナマイトが爆発するたびに地面が揺れ、煤煙や砂塵で洗濯物は真っ黒。住民から苦情がでても解体作業は続けられた。

「都庁に爆破の願書を提出し、警察署と消防署にも通知している。町会長にも連絡している。洗濯物が汚れるのは、日本青年館のボイラーから出る煙のせいもあるだろうが……」

そう説明する責任者を前に住民は、「お上がやることには逆らえない」と諦めたという。

大成建設の国立競技場建設所長を務めた横内憲夫は、翌年五月にアジア大会が開催される直前に、著書『国立競技場建設記』（日刊建設通信社、一九五八）を出版し、解体作業にまつわる話についても記述している。要約したい。

《「ドカアーン」と爆発地点は、もうもうたる砂煙である。忘れた頃に石くずが半径六十米の距離に落下する。まさに映画のロケーションを見るごとく、まことに迫力のあるシーンだ。最初のうちは音が鳴るごとにドキッとしたが、日が経つにつれて、気にならなくなった。

「所長、警察から電話です」。電話の内容は、本日における最後の発破が十五分ぐらい遅れたからだ。ちょうど日本青年館では、午後六時から音楽会を開いていて、クライマックスになる頃合いだったらしい。その最中に「ドカン」ときたから聴衆の中には出口から飛びだし、他の客もこれにつられて総立ちになり、演奏が一時中止なったという訳で、主催者が警察に文句をいった次第。ドカンと鳴ってしまえば、もう後の祭で仕方ないが、これからは時間外には音のしないように爆破してくれと、そう警察は冗談を言っていた……》

祝・国立競技場誕生！

アジア大会開催を二か月後に控えた、一九五八（昭和三十三）年三月二十五日に国立競技場は竣工。落成式が行われたのは五日後の三十日だった。

運よく快晴に恵まれた三月三十日の国立競技場落成式――。

午前九時四十分。秩父宮妃殿下と首相岸信介が出席し、四千人の招待客が見守るなか、警視庁と消防庁の合同音楽隊が「君が代」を演奏。新聞社やラジオ・テレビ局のヘリコプターや小型飛行機が上空を飛ぶなか、織田ポールに日の丸の旗が掲げられ、秩父宮妃殿下が銀のハサミにより、決勝点に張られたテープをカットされた。同時にアジア大会のファンファーレが鳴り響き、電光掲示板に「ＫＯＫＵＲＩＴＵ　ＫＹＯＧＩＪＹＯＯ」と映しだされた。

太陽光線を一点に集中させる、直径三十チセンの凹面鏡によってトーチに火が点（とも）され、三段跳で世界記録を持つ小掛照二がトラックを半周。聖火台までの七十段の階段を一気に駆け上がり、日本陸上競技連盟理事長の浅野均一に手渡され、聖火台に火は点された。

落成式では首相岸信介が祝辞を述べ、文部大臣と建設大臣が挨拶。施工した大成建設に感謝状が贈られ、小学生の鼓笛隊がトラックを行進して式典を盛り上げた。二か月後に開催されるアジア大会のマラソン選手選考会のレースがスタート。盛大な拍手のなか、トラックを二周した後に南門からマラソンコースに向かった。その後は体育館で祝賀会が行われ、万歳三唱で国立競技場の落成式は終了した。

その二日後、エイプリルフールの四月一日には売春防止法が施行され、全国約三万九千軒、従業婦十二万人が消えたという。国立競技場の開場は敗戦後の日本の新たな時代の到来ともいわれた。

そして、アジア大会の開会式を四日後に控えた五月二十日。電光掲示板上の三本のポールには五つの輪のオリンピック旗が掲げられ、「ＷＥＬＣＯＭＥ　ＩＯＣ　ＭＥＭＢＥＲＳ　ＡＮＤ　ＦＡＭＩＬＩＥＳ　ＮＡＴＩＯＮＡＬ　ＳＴＡＤＩＵＭ」と表示された。政府と日本体育協会から招待された、各国の家族を連れた国際オリンピック委員会（ＩＯＣ）の委員たちが国立競技場を視察した。これは一年後にドイツ・ミュンヘンで開催される、一九六四年開催の第十八回オリンピック開催地を決めるＩＯＣ総会に向けての東京招致へのデモンストレーションだった。当然、東洋一を標榜する

国立競技場が完成した当時の空撮　（髙橋恒　提供）

だけあり、その充実した設備に誰もが感心した。

もちろん、国立競技場をメイン会場として開催されたアジア大会は成功裡に終わり、一年後の五九年五月下旬のミュンヘンでのＩＯＣ総会で、第十八回オリンピックの開催地は東京に決まった。

設計開始からわずか二年で日本スポーツ界の「聖地」となる、国立競技場は完成した——。

その聖地である、国立競技場をあらためて案内したい。

まずは、メインスタンド中央下の正面玄関から競技場内に入り、一周五百㍍はあると思われるスタンド下の広いコンコースをゆっくりとした足取りで歩く。一階には壁面が大谷石で造られた中央ホールをはじめ、映写設備もある三百人収容の講堂、役員室、会議室、テレビ調整室、和室、談話室、食堂などがある。貴賓専用エレベーターで二階に行くと、赤絨毯（じゅうたん）が敷かれた皇族室と貴賓室の二室があり、専用トイレと湯沸室が設えられている。そのままメインスタンド中央に位置する、前面をスウェーデン産の御影石で仕切られたロイヤルボックスにでられる仕掛けだ。

一階の選手ブロックも配慮が行き届いている。男女別々の更衣室には、男子五百人分、女子二百五十人分の鍵付ロッカーが設置され、モザイクタイル貼りのシャワー室、その隣には足を洗うことができる低い水道台もある。隣接して診療所、レントゲン室、休養室、サロンが設けられた。選手招集場はウォームアップもできる余裕あるスペースで、雨天の際はサブトラックとしても使用でき、七十㍍のコースはトラック同様のアンツーカ舗装。そこから階段で地下に下り、地下通路を通れば観客に見られることなく第四コーナーの「織田ポール」が立つフィールドにでることができる。地下には選手専用のトイレも設けられた。また、地下通路を通らなくともトラックの外周を取り囲んでいる高さ約二メートル、幅四メートルのダッグアウトを通っても競技する場所に行くことができる。

報道陣に対しても至れり尽くせりの設計となっていた。二階スタンド右側には、仮設電話と小型タイプライターも置ける机付の三百席に及ぶ記者席が並んでいる。席数は日本新聞協会に加盟する国内新聞社七十八社と、海外の通信社を考慮したもので、海外からの報道陣には、海外電報とテレタイプを打つことができるようにＫＤＤ（国際電信電話公社）の協力を得て、国際電信電話取扱所も設置。海外通話のためのテレフォンブースもあり、暗室も設けられた。

ラジオ、テレビの放送室はメインスタンド最上階のキャノピーの下に、横一列に設けられた。約二十メートルの高さにあるスタジオ兼放送席となるゴンドラは、バルコニー付で最大十五室とし、そのうち十室には海外用の放送プログラム回線が設備されている。ラジオはともかくテレビの場合は、ゴンドラからの映像だけでは不足と考えられ、バックスタンドやグラウンド面にもカメラを設置できるようにした。また、正面玄関に入ると出場選手や役員たちは一階にある専用ブロックにスムーズに行けたが、記者席や放送室ゴンドラは階上にあるため、報道陣には専用の通路が設けられた。

観客が座るスタンドはどうだろうか。二〇一五（平成二十七）年に解体されたときの国立競技場のスタンドは、ポリエチレンブロー形式で、座席の座り心地はまあまあだった。しかし、六十年以上前に建設された当時は、背もたれも肘掛もなく、たとえメインスタンドでも単なるヒノキの木製長椅子。繋（つな）いで直線にすればＪＲ東京駅から都下のＪＲ八王子駅までの距離（約四十キロ）ほどあり、収容人数は五万七千人。だが、現在と違って屋外ということで消防法も甘く、立ち見も許され、詰め込めば七万人まで収容することができた。そのため出入口は三十か所設けられた。

　もっとも、スタンドは観客が見やすいように設計された。すでに記述したように、「オハイオライン」により、グラウンドに近い下のほうの勾配は十七度にし、中ほどが二十二度、上に行くにしたがい二十五度、二十六度、二十七度の勾配にし、緩（ゆる）やかな傾斜のすり鉢状のおわん型のスタンドにした。

　照明設備に関してはどうか。キャノピーの上とバックスタンド側には四塔の照明灯が設置され、点灯したときの明るさは当時の野球場のナイターでの試合と同じ二百ルクス。北側のスタンドには電光表示式の自動記録掲示板が設けられた。八年後の東京オリンピックのときの聖火台は、バックスタンド真ん中の上にあったが、当時は南側のスタンド最上部に聖火台は配置されていた。

　その他、東洋一を標榜する競技場に相応しく、四百坪の室内体育館、室内プールも建設された。一年後には百人収容の宿泊施設のスポーツマンホテルもオープン予定で、さらに世界初といわれるスポーツ博物館と図書館を建設するため、延べ八百坪が割当てられた。

　当時の国立競技場へのアクセスは、現在のＪＲ総武線の千駄ヶ谷駅と信濃町駅、地下鉄銀座線の

1957（昭和 32）年 12 月 12 日、当時の皇太子（上皇）が建設中の国立競技場を視察。眼鏡の男性がプロジェクトチームのチーフ角田栄

外苑前の三駅。それに青山通りを走る都電の青山四丁目で降りても徒歩で十分もかからず、千駄ヶ谷門、代々木門、青山門の三つの門がスタンドに招いてくれる。メインスタンドの北側の千駄ヶ谷門と、南側の代々木門を結ぶ陸橋の長さは三百メートル、幅は二十三メートルもあり、混雑を回避することができた。事故や地震など不慮の災害時の退避を考慮した広さだ。バックスタンドへの出入りは東側の青山門を利用することができ、ほかにもマラソン門、貴賓・役員・報道陣関係者専用門、博物館や図書館利用者の出入口なども設けられた。

そして、春の穏やかな日差しのなか、スタンドに立ち、俯瞰するようにグラウンドを望めば、赤と緑、それに白の鮮やかなコントラストを成した光景に、観客は感動するに違いない。四百メートルのアンツーカトラックは眩しく、純白の強化プラスティック使用の縁石で囲まれた、緑の芝生のフィールドは浮き上がって見えるからだ。風通しもよく、ボタン一つで散水できる自動散水設備が芝生を守っている。メインスタンドに腰を下ろせば、バックスタンド左方向に聖徳記念絵画館を臨むことができた。

新たに明治神宮外苑の景観を象ることになった、国立競技場の敷地面積は二万二千五十四坪、建坪は六千二十五坪。工事に要したコンクリートの総量は二万二千立方メートル、鉄筋は一千四百トン、鉄骨は四百トンであった。

第一コーナーと第二コーナー間の南側スタンド最上部に配置された、国立競技場のシンボルである聖火台については、もっと詳しく書かなければならない。

トラックから七十段の階段を一気に駆け上がると、中央最頂部に逆円錐形の聖火台がある。日本で初めて競技場内に造られた炬火台だ。頂円の直径と高さはともに二メートル十センチで、低円の直径は八十センチ。鋳鉄で造られていて、重量は二トン。「キューポラのある街」として知られる、埼玉県川口市の川口内燃機鋳造所（製作鈴木万之助）に関東地方建設局が予算二十万円ほどで発注した。しかし、実際は四十万円近くかかり「川口の名誉だから」と引き受けたといわれる。

　そのデザインは、プロジェクトチームが海外の聖火台を検討した結果、「数十種の候補作から最も国立競技場に相応しい力強く、ダイナミックで、かつ日本的な物を意図した作品を選んだ」と、前掲書の専門誌『新建築』には書かれている。だが、すでに冒頭に記述したようにデザインのヒントは、トリス・ウイスキーのダブルのグラスで、波型の模様はプロジェクトチームの杉浦、高橋、室橋たちが密かに記念に残そうと思いついた手形だった。

　聖火台に関しては、そのほかにもこれまで知られなかった、こんな秘話がある。

　まず、燃料となるプロパンガスのボンベの置き場所だった。聖火台の灯を一時間燃焼させるには、実に百kg（四十五立方メートル）のプロパンガスが必要であり、その上にプロパンガスは液体のためにガス化する際に熱を奪ってしまう。そのためボンベを暖めてやらなければならず、その熱源もまたプロパンガスに頼らなければならない。つまり、ボンベの量もバカにならず、常に百本ほどを収納できる場所も確保しなければならなかった。

　さらに、プロパンガスを燃焼させた際、いかにして紅焔（こうえん）にすることができるかということも課題だった。完全燃焼をすれば炎は青白くなり、橙色に燃えなければ聖火とはいえないからだ。

　もちろん、理論的にはプロパンガスをそのまま燃やせば不完全燃焼で、紅色の炎になることは誰もがわかっていた。メタンに始まる炭化水素は、分子のなかの炭素が多くなると炎は赤っぽくなるからだ。その論理に従えば、ガスバーナーでは最初からガスに空気（一次空気）を混ぜて点火。ノズルからでたところで、さらに周りの空気（二次空気）と混ざり、勢いよく橙色の炎となって燃えるはずだ。つまり、全体的に酸素量を増やせばいい。しかし、角田栄を筆頭とするプロジェクトチームとしては、やはり実験しなければ納得できなかった。

国立競技場が竣工する一か月前の二月末だ。プロジェクトチームは大型のガスバーナーを製作する東京瓦斯（ガス）に要請し、多摩川の河川敷で実験を行った。何度も空気調整をしつつ実験を繰り返した結果、ようやく橙色の炎となってめらめらと燃え上がることを確認。関係者は胸を撫で下ろしたという。

また、実験の結果、聖火台の内部に取り付けたガスバーナーの吹出口は七ミリの連続口にし、その上に赤色の安山岩を敷き、炎が一体化して燃え上がるように工夫された。さらに聖火ランナーが万が一点火に失敗することも考え、外部から見えないように六個のパイロットバーナーも取付け、前もって点火。遠隔操作によって同調するようにした。

ただし、多摩川の河川敷での実験の際は、オマケが付いてしまった。消防署に届けずに無許可で行ったため、燃え上がる炎を見た住民が１１９番通報。消防車が出動する騒ぎとなり、東京瓦斯は当然として、実験を指示したプロジェクトチームも玉川消防署から厳重注意を受け、始末書を書かなければならなかった。

三月二十五日、竣工した日。南側スタンド最上部に配置された聖火台を眺め、杉浦介方はしみじみと言った。

「しかしなあ、聖火台の一時間のプロパンガス代は約一万円だ。二時間も燃やせば、俺たちの月給を軽く上回る。でも、あの波形模様は俺たちの手形だとはわからないだろう……」

その言葉に高橋恒と室橋正太郎は、苦笑いを浮かべつつ何度も頷いた。

こうして関東地方建設局の角田栄をチーフとする、設計プロジェクトチーム六人の苦労が報われて建設された国立競技場。多くの人のアイデアや助言も生かされて完成したのだ。

もちろん、東洋一の規模を誇った国立競技場といえども、百年どころか還暦を迎えることなく無惨にも解体されてしまった。それを予想した者は、誰一人いなかっただろう……。

第五章　「聖地」を愛する人、棄てる人

東日本大震災、3・11から二年六か月後の二〇一三（平成二十五）年九月八日未明。アルゼンチン・ブエノスアイレスで、二〇二〇年オリンピック・パラリンピック開催地を決めるＩＯＣ（国際オリンピック委員会）総会が開かれた。

その最終プレゼンテーション。「イスラム圏初のオリンピック」を訴え四回連続で招致に立候補したイスタンブール（トルコ）と、競技場など施設の「負担軽減のオリンピック」を主張し三回連続で挑戦したマドリード（スペイン）よりも、ＩＯＣ委員の多くは3・11からの「復興オリンピック」を掲げた東京に一票を投じた。

たしかに宮城県気仙沼市の実家が津波被害に遭った体験を語った、パラリンピアンの佐藤真海（現姓・谷）をはじめ、フェンシングのオリンピアン金メダリスト太田雄貴、招致アンバサダー（大使）の滝川クリステルたちの「スポーツの力」を強調したスピーチに魅了された。また、後に明らかになるが、ＪＯＣ（日本オリンピック委員会）会長竹田恒和（当時）が理事長を務める、ＮＯＰ法人「東京２０２０オリンピック・パラリンピック招致委員会」が海外のコンサルタント会社と契約。集票工作のために二億三千万円（総額九億円余）もの大金を支払い、さらに高級時計やデジカメ類をプレゼントしていたことが奏功し、ＩＯＣ委員たちに一票を投じさせたのかもしれない。

「復興オリンピック」への疑念

だが、最終プレゼンテーションで大きな決め手となったのは、地球の裏側にまで出向いた、一国の宰相である安倍晋三（当時、以下同じ）の欺瞞に満ちたスピーチではないか。

まず首相安倍は、東京がいかに「安全で平和な都市」であるかを強くアピールし、世界が注視する「フクシマ」、東京電力福島第一原発事故についてこう言った。

「ＩＯＣ会長、委員のみなさま、このいまも、そして、二〇二〇年を迎えても世界でもっとも平和で安全な都市の一つ、トウキョウで大会を開けますならば、それは私どもにとってこの上ない名誉となるでありましょう。

何名かの方はフクシマについて、ご懸念をお持ちかもしれません。しかし、私がここで保証いたします。状況は収束に向かっています。トウキョウには、いかなる悪影響にしろ、これまで及ぼしたことはなく、今後とも及ぼすことはありません」

そう見得（みえ）を切った。早い話が、放射能汚染で故郷を追われた十四万六千余人（当時）に及ぶ被災者の苦悩を完全無視。汚染水については「アンダーコントロール（制御下にある）」と表明して国際社会を説得し、被災者に大いなる失望と疑念を抱かせる「復興オリンピック」を公然と示したのだ。

一方、英国人建築家のザハ・ハディドがデザインした、あのモンスターのような新国立競技場のイメージ図をスクリーンに映しだし、首相安倍は次のような「国際公約」までした。

「他のどんな競技場とも似ていない真新しいスタジアムから、確かな財政措置に至るまで、二〇年東京大会は、その確実な実行が確証されたものとなります……」

以上の最終プレゼンテーションがＩＯＣ委員の票獲得につながった。その結果、一度もオリンピックを開催したことがないイスタンブールとマドリードを蹴落とし、東京が（一九四〇年の「幻の東京オリンピック」を含めれば）三度目となる二〇二〇年オリンピック・パラリンピックの開催地に決まった。

いわば、原発禍で喘ぐ被災者を無視し、「安全神話」をばらまいた安倍晋三流スピーチが、東京招致を勝ち取った。したたかにも原発事故を利用しての招致ともいえた。

このことが後に、世界を席捲する新型コロナウイルス禍で一年延期、中止も覚悟しなければならない「二〇二〇年東京オリンピック・パラリンピック」のすべての始まりだった――。

ともあれ、一か月後の十月四日には政治主導の「二〇二〇年オリンピック・パラリンピック東京大会推進室」を設置。さらに十五日には首相安倍が顧問となり、副総理の麻生太郎が会長の「二〇二〇年東京オリンピック・パラリンピック大会推進議員連盟」を発足させた。この議連には「オリンピック」の肩書を欲する超党派の国会議員約百二十名が顔を見せ、さっそく総会を開催。一気に新国立競技場建設がクローズアップされるようになったのだ。

明けて二〇一四年一月にＪＯＣと東京都は一億五千万円ずつ拠出して「東京オリンピック・パラリンピック大会組織委員会」を発足。元首相の森喜朗が会長に就き、東京・港区の超高層ビル「虎ノ門ヒルズ森タワー」に本部をかまえ、大手広告会社の電通が主導する約五百人の職員たちが本格的に活動を開始した。あえて補足すれば、森タワーの家賃は年間約五億円である（現在は、中央区晴海の「晴海アイランドトリトンオフィスタワー」に移転している）。

二〇二〇年東京オリ・パラ招致を決める前年の二〇一二年三月だった――。

まずは文部科学省がスポーツ基本計画を策定。その意向に沿って国立競技場を管理、運営する独立行政法人日本スポーツ振興センター（ＪＳＣ）は、税金を払う主権者である国民に会議日程も議事録もすべて非公開とする、東京都都知事石原慎太郎（当時）や日本ラグビーフットボール協会会長の元首相森喜朗（東京オリンピック・パラリンピック大会組織委員会会長・当時）ら十四人のメンバーから成る「国立競技場将来構想有識者会議」を発足させた。

その四か月後の七月十六日だった。世界的に有名な建築家、つまり国際コンクールなどで最優秀賞を受賞した「金メダリスト建築家」だけしか参加できない国際コンペ「新国立競技場・基本構想国際デザインコンクール」を開催。国立競技場を解体した後の跡地に建設する、新国立競技場のデザインを募った。応募の基本的な条件としては、床面積が駐車場も入れて二十九万平方メートルで、予算は一千三百億円以内であることの二つのみ。もちろん、二〇一九年九月に開幕するラグビーワールドカップのメイン会場とし、翌年九月に控えたＩＯＣ総会で決まる二〇二〇年オリンピック開催地の東京招致へのアピールの一環のためだった。

そして、十一月十五日。ＪＳＣの有識者会議は、応募された四十六作品のなかから、先に述べた英国人建築家ザハ・ハディドの鳥瞰図だけのデザインを最優秀賞とし、新国立競技場の基本構想デザインに決めたのだ。ようやくこの時点で審査委員長を務めた、金メダリスト建築家の安藤忠雄が記者会見を開いて説明した。

「最優秀賞は、躍動感があり、外観構造と内部空間が合致していて、その流線型は特徴的。世界に日本の建築技術は『凄い！』と言われ、これから百年、この建築が世界のスポーツの殿堂になるだろう……」

まさに絶賛したのだ。たしかに首相安倍がＩＯＣ総会の最終プレゼンテーションで国際公約したように、それは「どんな競技場とも似ていない真新しいスタジアム」らしく、そのデザインは奇抜だった。

ところが、である。後に判明するのだが、なにせデザインを優先する「アンビルト（建物が完成しない）の女王」の異名を持つザハ・ハディドの作品だけに大規模だった。床面積が広いデザインをそのまま具現化すれば、他に類例のない巨大な高さ七十メートル、長さ四百メートルにも及ぶキールアーチ（Ｋｅｅｌ ａｒｃｈ＝弓型の竜骨）を設置するなど、ことごとく高さ二十メートルの規制がある風致地区の明治神宮外苑の景観を破壊し、威圧するものであった。

問題はまだあった。そのうえ、関連施設も含めて総工費一千三百億円以内と設定しながらも、実に三倍もの三千億円以上に膨らんでしまうのだ。これは過去最高のロンドンオリンピック・スタジアムの床面積と建設費九百億円の三倍以上。さらに年間維持管理費は約五十億円に達し（旧国立競技場の場合は約十億円）、当然のごとくメンテナンス費も馬鹿にならない。要するに新国立競技場建設は、血税を蝕む「負の遺産」になることは周知の事実だった。

しかし、ＪＳＣと安藤忠雄が記者会見で発表した時点では、以上の問題点などはすべて隠されていた。また、誰もが不思議に思ったのは、歴史ある風景が破壊されるデザインだというのに、明治神宮がＪＳＣに一切抗議せず、沈黙していたことだ。

金メダリスト建築家、槇文彦VS安藤忠雄

ようやく新国立競技場建設に関しての、大いなる問題点が指摘されたのは、九か月後の二〇一三

（平成二十五）年八月十五日だった。

二〇二〇年東京オリンピック招致が決まる一か月ほど前だ。日本を代表する建築家の一人、幕張メッセや東京体育館などの作品で知られる金メダリスト建築家の槇文彦が、日本建築家協会（ＪＩＡ）の会員向けの機関誌２９５号『ＪＩＡマガジン』（部数約五千）八月号に新国立競技場建設に関しての問題点を指摘した、一万一千字（四百字詰原稿用紙二十八枚）に及ぶ、六ページにわたる論文「新国立競技場案を神宮外苑の歴史的文脈の中で考える」を特別寄稿したのだ。

槇の論文を要約すれば、明治神宮外苑は風致地区の第一号であり、穏やかな風景が展開している歴史的な遺産でもある。その敷地内に巨大モンスターのような建物、新国立競技場を建設するのは相応しくない。ヨーロッパでは公共施設の建設に当たり、たとえ国際コンペで選ばれた作品であろうが、レファレンス（住民投票）で否決されることもある。それは税金を納める住民にも、建設の当否について意見を述べる権利があるという主張に基づいているからだ……。

早い話が、前年七月に開催され、密室で会議、審査が行われた「新国立競技場・基本構想国際デザインコンクール」から一年を経て、初めて八十五歳の長老である槇文彦が意を決して、ＪＳＣと安藤忠雄が推す「新国立競技場建設」に対し「絶対反対！」を唱えた。超法規を適用し、現存の解体する国立競技場の規模を遥かに超える、新国立競技場建設は疑問だらけである。予定している一千三百億円の建設費も確実に超えてしまう。建築を勧める側はオリンピックのためなら、どんなに血税を投じてもいいと錯覚しているのではないか。もっと議論すべきだと警告し、世に問うたのだ。

くしくも敗戦記念日である、八月十五日発行の『ＪＩＡマガジン』に掲載された槇文彦の論文。当然、「新国立競技場建設問題」勃発の引き金になると思われた。ところが、このときも哀しいかな、賛同する建築家はいなかった。一方、警告されたＪＳＣも安藤忠雄も口を閉ざし、槇論文は完全に無視されてしまった。そう思われたのだが……。

私が足しげく国立競技場に通い始めた頃、二〇一三年九月二十三日だ。東京新聞の一面トップに空撮した国立競技場に、ザハ・ハディドがデザインした巨大な新国立競技場のイメージ図を重ねた写真を掲載し、次のようなタイトルが付けられた記事が載った。

〈20年五輪　新国立競技場　巨大すぎる〉
〈床面積　ロンドン（オリンピックのメイン会場）の3倍〉
〈「神宮の森　美観壊す」建築家　槇文彦さん提起〉

以上の記事を読めば、誰もが驚いただろう。二十三面の関連記事では、新国立競技場建設に疑問を抱く槇文彦への一問一答による独占インタビュー記事をはじめ、国際コンペで選ばれたザハ・ハディドのデザインが決まるまでの不可解な経緯、建設費用負担の不透明さをこれでもかと指摘。オリンピックと競技場のあり方にまで言及した、大特集の記事を掲載したからだ。

この東京新聞のスクープは、ある建築家からの一通の投書が引き金になったと伝えられる。前述したように槇文彦は、八月十五日発行の『ＪＩＡマガジン』八月号に新国立競技場建設に関する問題点を綴った論文を寄稿した。それを読んで賛同した建築家が、東京新聞社に槙論文を添付したメールによる投書を送信。事態を重く受け止めた東京新聞社会部が取材を開始し、スクープ記事をものにしたのだ。

ともあれ、二年六か月前に勃発した3・11以降、徹底して「原発関連問題」を報道し続ける東京新聞。さらに「新国立競技場建設問題」を追及することになり、他紙も負けじと本格的に取材を開始することになる。

もちろん、私も原発取材同様、新たな新国立競技場建設問題の取材を加速させた。

東京新聞のスクープ記事がでた十八日後の十月十一日――。

この日の私は、原発事故で原発禍の街となり、故郷を追われた双葉町の住民が避難する、埼玉県加須市の旧騎西高校に行った。3・11から丸二年七か月も経つというのに、未だ被災者は遠く離れた地で不自由な避難生活を余儀なくされている。そのほとんどは七十五歳以上の後期高齢者だ。

一か月ぶりに元原発労働者の八十歳になる男性に会った。彼は二年以上も段ボールで仕切られた教室の片隅で生活している。三百五十円のコンビニ弁当を食べつつ、私に気軽に話してくれた。

「今日もラジオ体操やストレッチをやった。それに〝にこにこサロン〟で、みんなしてぬり絵をやったしね。身体の調子はいいんだよ。午後からは失禁などの予防運動をする予定だ」

そう語って、十月の「にこにこサロン」の予定表を見せてくれた。そこには毎日九時半からのラジオ体操とストレッチ、折り紙（月曜）、リハビリ体操（火曜、木曜）、脳トレゲーム（水曜）、ぬり絵・

予防運動教室（金曜）などのメニューが記されていた。

「いま、何がいちばんしたいですか？」

そう尋ねた私に、彼は小さく頷いた後に口を開いた。

「そうだな、金には困ってねえ。隔月で十五日には年金が入るからな。まあ、外で金を使うような生活はできねえからいいんだ。でもな、やっぱりたまには女房の顔を見てえ。双葉の厚生病院に入院していて、原発事故のときはそのまま（福島の）二本松市の病院に搬送された。いまも病院生活をしてんだ。俺はここにずっといるし、二年半以上も顔を見てねえ。たまには顔を見てえんだよ……」

2013年10月11日、埼玉県旧騎西高校に避難する双葉町民。ボランティアでストレッチ

そして、呟くように言った。

「隣の教室の連中も引っ越して行ったし、気軽に喋る相手がいねえのはな、寂しいもんだ。もうすぐここで三回目の冬を迎えるが、しょうがねえ。行くところがねえんだから。生きてるうちに双葉に帰りてえよ。故郷の空気がいちばんだあ……」

生徒ホールに行くと、慰問に来たという首相夫人のサインが写真入りで飾られていた。

「昭恵夫人、教室で避難生活する人たちに会ったんですね？」

そう私が尋ねると、双葉町役場職員は頭(かぶり)を振って言った。

「いやあ、このホールで住民と話しただけでした」

「それじゃあ、住民がどんなに酷い避難生活をしているのか、わからないですよね」

「さあ、どうでしょうか……」

3・11、大地震に見舞われた時刻の午後二時四十六分がやってきた。私は校門前広場で避難する住民たちとともに北西約二百キロ離れた双葉町方向に、両手を合わせて黙祷を捧げた。報道陣は私を含めて三人だけだった。

校門前広場で黙祷する双葉町住民（2013年10月11日午後2時46分）

丸二年七か月を経たこの時点でも、原発事故で故郷を追われ、未だに福島県内外に避難している被災者は十四万人以上だ。私が何度もインタビューしている、双葉町町長の井戸川克隆（当時）は語った。
「二〇二〇年まであと七年。それまで故郷に戻れない者が一人でもいたら、安倍首相が国際公約までして掲げた『復興オリンピック』は実現しない。そう私は思っている。いまの私たち被災者にとっては、オリンピックも新国立競技場建設も関係ないし、考えられない。故郷も日常も奪われたし、大問題は日々どう過ごすかなんです……」
この日の夕方、私は加須市からバスと電車を乗り継ぎ、国立競技場に隣接する日本青年館に急いだ。「新国立競技場建設問題」を提起した槇文彦は当然として、賛同した建築家や学者たちが集合。

午後六時からシンポジウムを開催するという情報が前夜に入ったからだ。

午後五時過ぎ。私は運よく会場に入れたが、開会三十分前には三百五十席が満席となり、立ち見がでる一方、用意されたモニター映像を流した第二会場も満杯。インターネット中継の視聴者も一万五千人を超えたという。それだけ新国立競技場建設に疑問を抱いている人たちが多いという証左だ。

「明治神宮外苑を壊してしまうほど巨大。新国立競技場の延べ床面積は、ロンドンオリンピック・スタジアムの三倍、東京ドームの二・五倍に当たる。何故にこれだけの広さや設備が必要なのか事業主体であるＪＳＣから一切、説明がない。それにデザインの公募条件も国際的なメダルを受賞した人だけに限定し、ほとんどの人は応募できなかった。何故にこんな差別をするのか……」

まずは、少年時代に明治神宮外苑で遊んでいたという、槇文彦が登壇。国立競技場建設の不透明さを指摘すると、会場からは「その通りだ！」という声がとんだ。

さらに槇に賛同する、都市計画専門の東京大学教授の大野秀敏も訴えた。

「世界の都市には立派な建築、壮大な眺めがあるが、

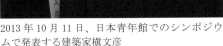

2013年10月11日、日本青年館でのシンポジウムで発表する建築家槇文彦

二十世紀の東京はこうした名所を造らなかった。明治、江戸時代からの遺産を食いつぶして高層建築を建てるような都市計画は改めるべきです……」

この日のシンポジウムの発起人には金メダリスト建築家の伊東豊雄や隈研吾、社会学者の中沢新一ら三十四人が名を連ね、今後は市民を巻き込んで運動を展開していくべきだとの意見で一致した。早い話が、半ば独断でザハ・ハディドのデザインを決めた、同じ金メダリストの安藤忠雄たちへ「果たし状」を突きつけたのだ。

東京オリンピックのたびに「退去！」命令

渋谷区と港区に挟(はさ)まれ、まるでデベソのような地形の新宿区霞ヶ丘町――。

その地を「故郷」と呼ぶ人たちがいる。だが、新国立競技場建設計画が発表されると同時に、「都営霞ヶ丘アパート」の住民は石持て追われるように立ち退きを命じられた。

一九三三（昭和八）年十月生まれ。霞ヶ丘町が故郷である甚野(じんの)公平は、大学卒業後に両親とともに雑貨・たばこ店を営んでいた。しかし、六四年の東京オリンピックの際は、隣接する国立競技場が改修される一方、明治公園造成のために立ち退きを余儀なくされた。ようやく故郷霞ヶ丘町に戻ることができたのは、東京オリンピック開催二年後の六六年だった。都営霞ヶ丘アパートの住民となり、かろうじて店を続けてきた。

ところが、さらに半世紀が経ったいま、再び二〇二〇年東京オリンピック・パラリンピック開催のため、否応なしに故郷を追われてしまったのだ。

甚野は視線を宙に浮かせて語った。

「たった一度の人生なのに、東京オリンピックのために二度も立ち退きを強制されるとはねえ。オリンピックは好きだけど、東京オリンピックは大嫌いだ」

国立競技場の前身である、明治神宮外苑競技場が開場して二年後の一九二六年の師走。大正から昭和の時代を迎える頃だ。福島県福島市から二十四歳の父平吉と、二十一歳の母とめは駆け落ち同然で上京し、東京市四谷区霞岳町（かすみがおかまち）三十六番地（当時）の木造トタン屋根の二軒長屋に住むことになった。目と鼻の先に明治神宮外苑競技場があった。実直な植木職人の父は宮城（皇居）に出向き、庭園の植木の世話をした。母は近くの明治神宮野球場で売り子をする一方、近所の家に出向いては家政婦をして生活の糧（かて）を得ていた。

「私らは福島生まれだから……」が口癖の若い夫婦は、寸暇を惜しむように休みなく働いた。毎朝、食卓の席から見える富士山を眺め、両手を合わせて職場に向かう。

そのような環境で育った甚野は、男ばかりの兄弟九人の上から四番目。少年時代は近くの渋谷川で川遊びに興じ、フナやハヤを捕る。また、近くの近衛歩兵連隊の敷地内のひょうたん池でザリガニやコイを捕ったこともある。木登りをし、キャッチボールをし、飽きると明治神宮野球場まで走り、人気スポーツの東京六大学野球を観た。

「坊主、また来たのか。試合中は静かにするんだぞ……」

そう言ってたしなめつつも、球場職員はタダで入場させた。隣接する明治神宮第二野球場は、一九六一（昭和三十六）年に建設されたもので、もともとは木々に囲まれた相撲場。子どもたちの遊び場の一つだった。土俵に上がると叱られたが、大相撲もタダで観ることができた。大横綱の双葉山をはじめ、男女ノ川、羽黒山、安芸ノ海の土俵入りはいまでも甚野の脳裡に焼きついている。

春はイチョウ並木の新緑の葉が芽生えるのを眺め、夏は聖徳記念絵画館前の池で水遊びをし、氷が張る冬は滑る。秋にはギンヤンマを捕り、椎の実やギンナンなどを拾う。枯葉を集め、たき火にくべるとパンパンと実が弾け、おやつ代わりに食べた。タヌキを見つけ、追い駆けたこともある。空を見上げれば、トンビがくるりと輪を描いて飛んでいた。朝は軍隊の起床ラッパで起き、夜は就寝ラッパを聞きながら兄弟揃ってセンベイブトンにもぐり込む。

花の東京のど真ん中にありながら、牧歌的な風景が広がる明治神宮外苑――。

この地で人生を送ってきた甚野の思い出は尽きない。こんな思い出もある。四谷第六尋常小学校に入学する前だ。明治神宮外苑競技場で遊んでいると、いつもトレーニングに励む選手がいた。オリンピアンの村社講平だった。

一九三六（昭和十一）年に開催されたベルリン大会陸上競技で五千メートルと一万メートルに出場。ともに日本新記録をだし、四位入賞を果たしていた。その走りは「金メダリスト以上の力走だった」と賞賛され、ドイツ人観客を魅了した。

そのような村社の主な練習場は、明治神宮外苑競技場であり、中央大学の学生時代は日本青年会館近くの太田煙草店の二階三畳間に下宿。練習に励んでいたのだ。村社は現役を引退する一九四〇（昭和十五）年までの十六年間に千五百、五千、一万メートルの三種目にエントリー。合計六十二回出走しており、いわば明治神宮外苑競技場はホームグラウンド。勝手知った自分の庭のようなものだった。そのため甚野は、自分と同じ読みの名前の村社に好感を持ち、よく仲間たちとバックスタンドの芝生席から声援を送った。

「ムラコソセンシュ、ガンバレー！」

もう一つ。東京府と東京市が統合され、東京都制が施行された四か月後だ。雨の明治神宮外苑競技場で挙行された、一九四三（昭和十八）年十月二十一日の「出陣学徒壮行会」も忘れられない。

甚野が四谷第六国民学校四年生のときで、その日は雨降る木曜日。いつものように仲間と明治神宮外苑競技場を右手に見て、渋谷川沿いを歩いて登校するときだ。朝の八時前だというのに、多くの人たちが競技場に集まっていた。九日後に十歳を迎える甚野は吸い込まれるように南門から入り、グラウンドを見た。行進曲が鳴り響くなか、「歩調を取れーっ！」の号令で、肩に銃を担いだ大学生たちが両足を九十度に曲げて足並みを揃え、泥飛沫（しぶき）を上げながら行進していた。

東京にはこんなに大勢の人がいるんだ、と目を見張ってしまうほどの大観衆がスタンドを埋め尽くしていた。女子学生たちは泣きながら拍手をし、男子学生たちは腕を上げて「我らも後から続くぞ！」などと叫んでいる。メインスタンドの中央には勲章を左胸にぶら下げた軍人たち、カーキ色の国民服姿の政治家たちが厳しい顔を見せて整列。両手を挙げて「天皇陛下、バンザーイ！」と叫んでいた。

思わず甚野は武者震いをした。何度も「カッコいいなあ」と呟いた。「早く大きくなり、自分も兵隊になるんだ」とも思った。

しかし、一年七か月後に甚野は、戦争の恐ろしさを知る。

敗戦を迎える九か月前の四四（昭和十九）年十一月末、甚野は両親から離れ、山梨県南巨摩郡身延町の寺に学童疎開をし、半年後の年が明けた五月二十八日に故郷に戻ることができた。だが、二軒長屋の家は跡形もなく焼け、新宿の伊勢丹デパートが一望できるほど一帯は焼け野原になっていた。四日前の五月二十四日から二十五日にかけて、アメリカ軍は三百機を超えるB29で来襲。二か月前の三月九日と十日に下町を襲い、十万人もの命を奪った、人類史上最大の虐殺といわれた東京大空襲と同様に、今度は山の手を中心に焼夷弾（しょういだん）攻撃を繰り返した。都心を焼け野原にし、皇居までもが被害に遭ったのだ。

当然、明治神宮外苑競技場にも焼夷弾が落とされた。弟たちを抱いて火の中を逃げ回った両親は、かろうじて助かった。だが、焼け野原を目の当たりにして甚野は落胆した。父平吉は息子九人のうち七人に「平和」を願い、平助、平八郎、吉平、公平、昭平、壮平、昌平と名付けていた。そのため小学六年生の甚野は考え込んだ。

「平和って何だろう？　何で人殺しの戦争なんかするんだ……」

その後の甚野は、家族とともに両親の生まれ故郷である、福島県福島市に縁故疎開し、敗戦の日である八月十五日を迎えることになる。

敗戦後の甚野は、家族とともに雨漏りするバラックの家に住みながら中学を卒業。高校から大学に進学し、さらに英会話の専門学校に通った。いずれも働きながら夜間学校で学んだ。働き者の両親が日本青年館の近く、同じ町内の四谷区霞岳町から新宿区霞ヶ丘町に町名が変更された、焼け跡地の霞ヶ丘町一番地の土地を購入。両親が雑貨・煙草店を開店したのは、大学卒業後の一九五五（昭和三十）年だった。

当時の甚野は店を手伝い、閉店後はアルバイトをし、休日ともなると近所の子どもたちを集めては明治神宮外苑の広場で草野球をする。春休み、夏休み、冬休みの期間中は遠くに富士山を眺めつつ一緒にラジオ体操をし、宿題の面倒も見ていた。

そして、その頃から第四章に記したように政府は三年後に東京で開催される、第三回アジア大会に向けた政策を実施。翌年の一九五六（昭和三十一）年三月に文部省は「国立競技場設立協議会」を発足。宗教法人明治神宮所有の明治神宮外苑競技場は国有化され、五八年三月に新たに国立競技場は建設された。

ただし、この時点では周辺住民に立ち退きの話は伝えられていない。再開発を理由に、長年住む甚野たちが一方的に立ち退きを命じられるのは三年後。東京オリンピックが開催される三年前の一九六一（昭和三十六）年だった……。

お婆ちゃんの遺書「わたしは身体を張ります」

♪兎(うさぎ)追いしかの山
　小鮒(こぶな)釣りしかの川
　　夢はいまもめぐりてぇ……

隔週月曜日の昼下がり、都営霞ヶ丘アパートの集会所で老人会が開かれる。茶菓子を口に談笑する。八十歳を迎えた老人会会長の甚野公平が手づくりの歌集を配り、いつものようにみんなで唱歌や童謡などを歌う。「故郷」「里の秋」「みかんの花咲く丘」「浜辺の歌」「四季の歌」「あざみの歌」……。高齢者にとっては、心が癒される憩いのひとときだ。

私は何度も、この老人会に出向いた。母の介護に追われる団塊（だんかい）の世代の女性は言った。

「私の少女時代は牧歌的な風景が広がり、よく母と草花で首飾りをつくっていました。近くの銭湯に行けば、ここに住んでいるお姉さんたちが背中を流してくれる。お祭りもあるし、夏休みには一緒にラジオ体操をする。霞ヶ丘アパートは私たちの終（つい）の棲家（すみか）なんです……」

九十歳を過ぎたお婆ちゃんは言った。

「私はね、大正十一（一九二二）年十一月十一日生まれなの。だから、何でも一番が好きなのよ。でもね、一回だけ二番目になったときがあるの。それというのも結婚したダンナが再婚のため、私は二番目の女房だったのよ。とっくにダンナは死んだけどね」

私は思わず笑った。お婆ちゃんは続けて言った。

「私が結婚したのは遅くてね、昭和三十四（一九五九）年にここにお嫁にきたの。でもね、ありがたいことに天皇陛下（上皇）と同じ四月十日に結婚したの。だから、全国民に祝福されたのね。当時は平屋のアパートだったけど、新婚時代は楽しかった。いま、いちばん辛いのは四階の自分の部屋に戻るとき。エレベーターがないから、踊り場で休みながら部屋に戻るの……」

隣で聞いていた昭和七（一九三二）年生まれのお婆ちゃんも言った。

「私なんか姑（しゅうとめ）と毎日口喧嘩してたわよ。だから、死んだときは涙もでなかったわね。でも、いまは姑に少しは感謝してるの。介護することなく亡くなってくれたしね。だから、私は寝たきりにならないように健康には気をつけてるわ……」

テーブル挟んで前にいた八十代のお爺ちゃんが言った。

「あんまり知られていないと思うが、ここには画家の山下清さんや俳優のE・Hエリックさんと岡田真澄さん兄弟も住んでたんだ。もう全盛時代にね。あの二人は仲よかったな……」

毎回、老人会は歌で盛り上がり、懐かしい思い出話に花を咲かせて和やかに進んだ。

しかし、甚野が語るにはあの日以来、霞ヶ丘アパートの住民の雰囲気は一変したという。それまで老人会には常に二十人以上参加していたが、その後は十人ほど。あの日とは――。

二〇一二年八月二十六日の夜だ。東京都都市整備局の呼びかけで、霞ヶ丘アパートの住民約百人は近くの日本青年館に集まった。当初は十年ほど前から「同場所にエレベーター付の高層住宅に建て替えて欲しい」と要請していたため、その説明会だと思っていた。ところが、表向きは「国立競技場の建て替えに伴う移転に関する説明会」であったものの、早い話が「立ち退き命令の通達」だった。

実は前月の七月十二日、先に述べたようにJSCは、石原慎太郎東京都都知事や森喜朗元首相ら十四人のメンバーから成る「国立競技場将来構想有識者会議」を開き、文科省の意向に沿って国策として新国立競技場を建設することを決定。それに伴う都営霞ヶ丘アパートの解体、住民の移転を決めていたのだ。

そのため日本青年館での都職員は、次のように告げるほかなかった。

「二〇一九年九月にラグビーワールドカップが国立競技場をメイン会場として開催されます。それに向け、国立競技場を五万四千人収容から八万人収容の競技場に拡張することになりました。そのため隣接する明治公園はなくなり、日本青年館は移転します。都営霞ヶ丘アパートは公園になるため、工事が始まる三年後の二〇一五年までには立ち退いていただきます……」

当然、寝耳に水の住民たちは怒った。「俺は死ぬ。殺されてたまるか」と言って退席した高齢者もいた。説明会は午後九時に終わったが、納得できない住民たちは残り、都職員に食い下がった。だが、都職員は同じ言葉を繰り返すだけだった。

「国が決めたことですから、立ち退きをお願いします……」

前述したように、その一年後の九月八日未明に二〇二〇年オリンピック・パラリンピックの東京招致が決まり、ラグビーワールドカップ同様に新国立競技場がメイン会場になることとなったのだ。

霞ヶ丘アパートの六号棟一階にある外苑マーケットで文房具、洋品、雑貨、たばこ店を営む甚野公平。私が訪ねると「まさに塗炭(とたん)の苦しみを味わってるね」と言って続けた。

「いくら国策とはいえね、私ら家族は東京オリンピックのために二度も立ち退きを余儀なくされる。今回もこの霞ヶ丘町、私

立ち退きを命じられた都営霞ヶ丘アパート

らにとっての故郷から退去しろと一方的に命令してくる。そりゃあ、東京オリンピックを喜んでいる人も多い。でも、こうして苦しんでいる人もいることもマスコミは書くべきだと思うね」

傍らにいた妻の保子も頷き、夫に続いて言った。

「私たちは昭和三十四（五九）年に天皇陛下（上皇）と同じ日（四月十日）に結婚し、翌年に娘が生まれ、次の年に息子に恵まれた矢先でしたね。いまの明治公園に住んでいたんだけど、あのときも都は国策だと言って、立ち退きを通告してきたの。当時は百軒くらい民家があって、もうみんなして『冗談じゃない』と、都庁に行って『立ち退き反対！』と言ってデモをやりました。当時の都庁は有楽町にあったけど、私なんか子どもをおんぶしながら大声で叫びましたよ」

その結果、ようやく都は立ち退き者への補償金（一坪当り約十八万円）を支払ったものの、「都営霞ヶ丘アパートには入居しない」という条件を突き付けてきたのだ。甚野が説明する。

「そりゃあ、それなりの補償金をいただいたため、それで店を移転しようと、西新宿に物件を見つけて手付金を払った。ところが、相手側が明け渡さない。そこで裁判に持ち込んで、私ら家族は、近くの信濃町の三畳一間で生活を始めた。もう早朝から深夜まで働いてね。結果的に裁判では勝ったけど、そんな生活を二年間も続けると、頭がおかしくなる。そこで都に泣きついた。そしたら運よく外苑マーケットに空き店舗があるということで、ようやく故郷に帰ることができた。東京オリンピックが終わって、二年後の昭和四十一年にね」

六四年東京オリンピック開催の年に竣工した、全十棟三百戸から成る都営霞ヶ丘アパート。明治神宮外苑に隣接しているため、都民には人気があり、常に満室だった。だが、年とともに老朽化が進み、エレベーターもなかったためだろう。都は二〇〇〇年代に入ると新規入居者募集を中止した。

甚野は続けて語る。

「ここは六割以上が高齢者で、八十代、九十代のお年寄りも多い。私らはこの地を終の棲家だと思っているんだが、都は退去しろと命じる。これは人権蹂躙(じゅうりん)ではないですか。日本青年館でたった一回の説明会を開いただけでね。その後はすべてこのような通告書で済まそうとしている。この通告書を見てください。同じ新宿区の都営アパートの百人町アパートや弁天町アパート、戸山ハイツアパートなどに移転しろと強制的に通告してくる。地域分断としか思えないですよ。お年寄りが立ち退いて、新たなアパートに引っ越してもね、そこの環境に馴染むことができますか。たとえエレベーターがあってもね……」

スズメに餌をまきながら語る甚野の言葉に、私は頷くことしかできなかった。

甚野が店舗を構える六号棟一階の外苑マーケット。一年前まではクリーニング店、パン・菓子店、精肉店、鮮魚店、時計・化粧品店、米穀・食料品店など八店舗があったが、営業しているのは甚野の店と野菜・果物店の二店舗のみだ。あとは立ち退きを余儀なくされて引っ越してしまった。

二〇一三年（平成二十五）十月の時点で霞ヶ丘アパート入居世帯は二百世帯を切っていた。週末、十棟ある敷地内を歩くと、カーテンが取り外された空き部屋も多く、家財道具が積まれた運送会社のトラックが停車している。立ち退く住民によれば、引っ越し代と別に立ち退き料一世帯当たり十七万一千円が支払われるという。

二〇一四年一月半ばだった。外苑マーケットを訪ねた私に甚野は、古いアルバムを見せてくれた。

神宮外苑の野球場で少年たちを指導する若き日のユニフォーム姿の甚野、夏休みに家族と行った海水浴、竣工したばかりの国立競技場の写真も収められている。

「父の平吉が監督になって『ＪＩＮＮＯＳ』という野球チームを結成した。メンバーは私ら兄弟が中心でね。住民だった岡田真澄さんもメンバーに入り、私が教えていたのよ。結構有名になって、テレビに出演したこともあった。みんな懐かしい思い出だなあ……」

遠い日の思い出を語る甚野公平。その店先のドアには、「お知らせ」と書かれた一枚の紙が貼りだされていた。

《平素より格別のご愛顧を賜わり大変ありがとうございます。厚く御禮申し上げます。

此の度、一身上の都合により一月末日を以ってたばこのみの営業とし、他の商品の販売を取り止める事にしました。

創業より、六十年間、本当にお世話になりました事、心より感謝申し上げます。

お客様各位　　一月十五日　　甚野》

その後、甚野たち住民有志は支援団体「霞ヶ丘アパートを考える会」と団結し、都庁で記者会見を開いてはメディアに訴えた。加えて都知事の舛添要一（当時）に三回も面談を直訴。拒否されるたびに「移転回避の要望書」や「霞ヶ丘アパートの存続再生計画」などを提出した。だが、回答は得られず、都知事の舛添は現地を視察することもなかった。弱者である住民を守るべき立場にある都は、国策を盾にすべて無視したのだ。
　そんななか、二〇一五（平成二十七）年三月の寒い日だったという。八十代のお婆ちゃんが一通の手紙を遺し、独りで逝った。葬った「霞ヶ丘アパートを考える会」のメンバーによると、その遺書といってよい手紙には次のようにしたためてあった。

《わたしは、霞ヶ丘アパート5棟6号に53年間住んでいます。結婚、子育てをして生活をしてきました。住民とのつながりもよく、よこの連絡もいいです。わたしのふるさとです。わたしの死に場所と考えていました。
　しかし、たかが老人の話を都は聞いてくれません。天涯孤独の老人は、環境の変化についていけません。わたしはこの町からでるわけにはいきません。わたしにできることは、自分の身体を張ることです……》

　それから十か月後、年が明けた二〇一六年一月末、甚野公平夫妻は期限ぎりぎりに霞ヶ丘アパートから退去。東京・杉並区に住む息子夫婦の家に身を寄せたが、目に見えないストレスで身体が疲れ果てていたのかもしれない。間もなく妻の保子は亡くなった。享年八十二。

二〇一三年十一月八日の国立競技場

　正式名称は「国立霞ヶ丘陸上競技場」。だが、「国立競技場」と呼ばれて親しまれてきた。

名称のごとく、日本を代表する競技場として一九五八（昭和三十三）年三月に竣工。その年の第三回アジア大会を皮切りに、六四年の東京オリピック、その三年後のユニバーシアード東京大会や世界陸上競技選手権大会（一九九一＝平成三年）など、多くの国際大会を開催。五万人以上の観客を動員する、サッカーやラグビーなどの大会も開かれて日本スポーツ界の「聖地」と称された。

前身である明治神宮外苑競技場が開場された年から数えれば、その歴史は九十年に及ぶ。激動の大正・昭和の時代を耐え忍び、人間でいえば卒寿を迎え、四半世紀が過ぎ去った平成の世を見つめてきた。イチョウ、ケヤキ、クスノキ、コナラ、ムクノキなど千六百本ほどの樹木の葉叢(はむら)で彩(いろど)られ、聖徳記念絵画館や明治神宮野球場、秩父宮ラグビー場とともに風致地区である、明治神宮外苑の景観を保ってきたのだ。

しかし、六四年東京オリンピックから五十年目。国立競技場は石もて追われるように二〇一四（平成二十六）年五月三十一日に閉鎖され、その歴史にピリオドを打った。その後は「国策」の名のもとに無惨にも解体され、五年後の二〇一九（令和元）年秋に六万八千人収容規模の、巨大な新国立競技場として生まれ変わった。

私が国立競技場の正面に立ったのは、閉鎖される七か月前の二〇一三（平成二十五）年十一月八日だった。

ＪＲ千駄ヶ谷駅から徒歩で約五分。東京体育館と外苑西通り（都道

国立競技場正面（2013 年 11 月 8 日）

418号）を背にした。国立競技場の関係者が「開かずの門」と呼んだ、中央門まで約三十メートル。中央門前の広場である、明治公園・四季の庭の左手には「I・O・C　70TH　ANNIVERSAR　XⅧ OLYMPIAD　TOKYO　1964」と記された、近代オリンピックの始祖であるピエール・ド・クーベルタンの碑。右手には日本人初のIOC（国際オリンピック委員会）委員に就任した嘉納治五郎の碑があり、二人のレリーフが出迎えてくれる。

そして、正面の国立競技場を見上げると、黄金色の日の丸と五つの輪のオリンピックマーク、デザイン化された月桂樹が刻まれ、その下に「TOKYO　1964」の文字が輝き、左右に設けられた御影石には六四年東京オリンピックの金メダリストの名前が刻まれている。眺めていると、懐かしい思い出のシーンが甦(よみがえ)るのだ。

嘉納治五郎の碑

クーベルタンの碑

二か月前の九月八日未明のIOC総会で、二〇二〇年オリンピック・パラリンピックの開催地が東京に決まった。同時に国立競技場が解体され、新たに建設される新国立競技場がクローズアップされるようになる。

そのような時期、東京オリンピック・パラリンピック招致決定から二か月経った十一月八日。小春日和に恵まれた日だった。終日、私は国立競技場にいた。

まずは、国立競技場の露払い役ともいえる、「四季の庭」と「霞岳広場」から成る明治公園を隈なく歩いた。昔は外苑西通りに沿って渋谷川が流れていたが、暗渠となって四季の庭の地下を流れている。

その四季の庭を二分する中央広場から、国立競技場中央門に通じる十五段の階段を上り、競技場全体を囲む黒いコルテン鋼（錆びない耐候性鋼。なんと横一メートルにつき約十五万円と高価）製の外柵沿いの遊歩道を南車門方向に歩く。私の歩幅で百三十歩ほどの地点には、外柵にもたれるように高さ約三メートルのグレープフルーツの木がある。直径六センチほどの薄黄色の実が三十個ほどなっていた。

そのグレープフルーツの木の近くの植込みには、ツバキやサザンカ、ツツジなどの木々が茂り、隠れるようにあるキンカンの木もまた、薄黄色の小さな実をつけていた。公衆トイレ近くにはホームレスが寝泊まりする、ブルーシートに覆われた棲家もある。

南車門右手の階段を降りると、道路を挟んだ霞岳広場に足を踏み入れる。その場は、休日にはフリーマーケットやドッグコンテストなどのイベントが開催され、平日には警視庁の機動隊員や消防署員の訓練も見ることができる。毎年春には隣接する日本青年館に新入社員が宿泊。日中は広場で軍隊の演習を思わせる大声をだしての社員研修も行われ、通り過ぎる人たちを驚かせる。毎週土曜の夕方は女子大生とＯＬが旗を振りながら行進する、マーチングバンドの練習も見ることができて楽しい。劇団員だろうか、声を抑えつつセリフを繰り返す若い女性。ドローン（小型無線飛行機）を飛ばす大学生グループもいる。

また、赤坂署、新宿署、渋谷署が、月に一回の割でボランティアの指導員の協力を得て、バイクの安全運転指導講習会を主催している。この日は、午後二時から赤坂署主催で行われるため、すでに路肩にバイクを停め、皮ジャン姿のライダーたちが開場を待っていた。その一人に二〇二〇年東京オリンピック・パラリンピック開催について尋ねると、強い義憤を覚えると言った。

「この広場を潰してまで、オリンピックのために新国立競技場を建設しなきゃなんないの。その前に老朽化した首都高速をどうにかしてほしいですよ。ぼくらドライバーにとっては、あのままでは走るのが怖いですから……。それにね、警視庁の白バイ隊は、晴海の国際見本市などをやっていた場所で訓練してるけど、あそこは選手村になって使用できなくなるというしね。いろんな問題があるんじゃないの、今度の東京オリンピックに関しては……」

ここ最近、最も霞岳広場が賑わうのは、アイドルグループなどのコンサートが国立競技場で開催されるときだ。グッズ類を販売する仮設の店舗が設置され、若いファンで埋め尽くされる。前日からテントを張って野宿するファンも多い。広場の外苑西通り寄りには、新宿区の天然記念物に指定された推定樹齢三百五十年と伝えられる、老木のスダジイが植樹されているが、現代の若者たちをどう見ているのだろうか……。

顔見知りのホームレスは、私に渋い顔でこう言った。

「アイドルグループの非売品のプログラムを、古本屋に持って行ったら七千円で買ってくれた。でもな、野宿するファンの連中は世の中のことは考えていねえ。俺らホームレスのためにテントくらい置いていけばいいと思うが、ボランティア精神なんかはないいな。散らかして帰るだけだ……」

そもそも霞岳広場は、国立代々木競技場が隣接する代々木公園とともに、市民が権力者側に異議を唱える貴重な「プロテストの場」で、メーデーなどの集会の場として使用されることが多かった。高度経済成長期時代の七〇年安保の際は、市民が連日のように集会を開き、佐藤（栄作）政権に「アンポ、フンサイ！」「オキナワ、カエセ！」などとシュプレヒコールを繰り返し、国会議事堂やアメリカ大使館前を経由し、日比谷公園までデモる起点の広場だった。また、銃弾に倒れたアーサー・キング牧師の教えを胸に「We Shall Overcome（私たちは打ち勝つ）」や、反戦歌「インターナショナル」などを口ずさみ、ベトナム戦争に反対するべ平連（ベトナムに平和を！市民連合）の集会も行われた。当時、学生だった私にとっては、ホテル・ニューオータニ（千代田区）の近くにある清水谷公園とともに、権力者側と対峙することを教えてくれた広場でもある。

ともあれ、昼の霞岳広場は、市民の憩いの場だ。この日は、小春日和に恵まれたためだろう。日本青年館側の藤棚の下では、サンドイッチを食べながら談笑するＯＬ、ベンチで昼寝するサラリーマンもいた。杖を手にゆっくりと歩行する、お年寄りの姿も見られた。声をかけると隣接する都営霞ヶ丘アパートの住民だった。

「そこの土手にはノビルが生えているし、アパート内にはふきや菜の花、ミョウガもありますよ……」

八十代のお婆ちゃんは私にそう言った。見ると土手の草むらにノビルが群生していた。

代々木門前の公衆トイレに寄り、自販機で飲み物を買い、一服するタクシー運転手も多い。

「ここのトイレは広くて、清潔だしね。いい休憩場所なんだ。私は高校時代に国立競技場を走ったし、よくそこのホープ軒でラーメンを食った。昔からホームレスはいたし、ここは住み心地がいいんだろう……」

そう語る運転手が指さす方向に視線を向けると、先ほどの顔見知りのホームレスのほかに、植込みにブルーシートを張って寝泊まりするホームレスもいる。クスノキの枝に洗濯物を干すホームレス、私と何故か気が合うキャリーバッグを横に分厚い洋書を読むホームレス。この日は見かけなかったが、スカートをはいたホームレスもいる。人生いろいろだ。

午後二時ちょっと前——。

私は四季の庭側の南車門から国立競技場敷地内に入り、メインスタンド北側に位置する、秩父宮記念スポーツ博物館に向かった。二時から国立競技場を管理・運営する独立行政法人日本スポーツ振興センター（ＪＳＣ）主催の「国立競技場見学ツアー」に参加するためだ。参加費は千円。記念として小袋に入った、国立競技場のフィールドに撒く芝生（ソプラノ・ペレニアルライグラス）の種四十グラムが配られた。

この日の参加者は十八人。うち半数は六四年東京オリンピックを知っている年代の人たちだ。まずは北三門寄りの外階段を上り、バックスタンド三階の四十番ゲートをでて、中央の聖火台に案内された。

「今日は天気がいいため、遠くに富士山が見えますねえ。スカイツリーも見えますよ……」

そう説明する、ガイド役の女性が指さす方向を見て、参加者は「おおー！」と歓声を上げた。遥か遠くに富士山がはっきりと見えたのだ。薄目にすると、秩父連山も微かに見えた。新宿方向に目を向ければ副都心に連立する高層ビルも、池袋のサンシャインビルも望むことができた。東京タワーも東京スカイツリーもばっちりと見える。

さらに聖火台のあるバックスタンドから、フィールドを俯瞰（ふかん）しつつ左手の最上段通路をぐるりと周り、ロイヤルボックスのあるメインスタンド中央に移動。参加者はフレスコ壁画を日本で初めて手がけた、長谷川路可（ろか）作の「野見宿禰（のみすくね）像」と「ギリシャ（勝利）の女神像」をしばし鑑賞した。

その間に私はプロサッカーのJリーグ取材に明け暮れた、二十年前を思いだした。一九九三（平成五）年五月十五日のJリーグの記念すべき開幕戦、ヴェルディ川崎（東京ヴェルディ1964）対横浜マリノス（横浜F・マリノス）の取材の際は、メインスタンドのM－S席のE列41番のオレンジ色の椅子に座わり、約六万人の観客とともに興奮したことを覚えている。試合終了後は、そのまま翌日の午後四時キックオフの、鹿島アントラーズ対名古屋グランパスエイトの試合取材のため、茨城県鹿島町（鹿嶋市）に向かった……。

そんな思いにふけっていると、ガイド役の女性がフィールド内の第四コーナー地点に立つ、ポールを指さして参加者に質問した。

「あのポールは〝織田ポール〟と言います。高さはどのくらいあるかご存知ですか？」

白いポールを眺めつつ、参加者は黙っていた。一秒、二秒……。私は手を挙げて答えた。

「たしか、十五メートルと二十一センチだと思いますが……」

「そうですね。日本人として初めてアムステルダムオリンピックで金メダリストになった、三段跳の織田幹雄さんが跳んだ記録です。それを記念して立てられたポールですね」

メインスタンド二階にある貴賓室に入った。皇族や海外からの来賓専用の椅子に腰を下してみた。さすがに座り心地は満点だ。年に数えるほどしか使用されない一階からの専用エレベーター、給湯室や調理室もあった。ただし、トイレの中は見学できなかった。

貴賓室を後にし、天井からぶら下がるシャンデリアを見つつ大理石の階段を降りた。一階のドーピングコントロール室やシャワールームを覗き、選手専用のロッカールームに入る。ツアー参加者のために用意された、三年前の南アフリカでのサッカー・ワールドカップ日本代表選手のユニフォームを手に、たがいに参加者同士がデジカメで記念撮影をした。一番の人気は本田圭佑のユニフォームだった。

続いてグラウンドにでた。参加者誰もが赤茶色のオールウェザーのウレタン製のトラックで腰を屈(かが)めて走る真似をし、フィールドの柔らかな芝生の感触を手のひらで確かめた。電光掲示板や聖火台をバックに記念撮影をする。東京オリンピック当時からのサッカーファンだという、私と同年代のおじさんが肩をすくめて言った。

「ついに国立競技場ともお別れかぁ。残念無念の心境だなあ。トヨタカップ（FIFAクラブワールドカップ）を思いだすよ……」

グラウンドを離れ、第一コーナー近くの南ゲートから外にでると、「独立行政法人日本スポーツ振興センター（JSC）労働組合事務所」と書かれたドアが見えた。かつて「特殊法人国立競技場」

と称されていた時代だ。この労組事務所を本部とし、政労連（政府関係法人労働組合連合）に加盟する組合員は猛者ぞろいで、まさに過激派だった。待遇改善要求は当然として、監督官庁の文部省（文部科学省）をはじめとする中央省庁からの天下り人事に断固反対し、ヘルメットを被り、赤旗を振ってストライキやデモを決行。果敢に権力者側と対峙し、国立競技場にバリケードを築くばかりでなく、国立代々木競技場のアイススケートリンクの電源を切っては抵抗していた。

労組事務所ドアを右手に見つつ、参加者は日本を代表する画伯たちが製作した回廊の壁画やブロンズ像を鑑賞した。また、マラソンゲート近くには「戦争の悲惨さを次世代に伝えよう」という趣旨で〃同期の桜〃と命名されたソメイヨシノが植樹され、一九四三（昭和十八）年十月に前身の明治神宮外苑競技場で挙行された「出陣学徒壮行の地」と記された碑がある。その前で参加者全員が合掌。最後は集合場所だった、秩父宮記念スポーツ博物館に戻り、「ＳＡＹＯＮＡＲＡ国立競技場」と銘打たれた特別展を観て、解散することになった。

これまで何度も博物館を見学していた私ではあったが、日本スポーツの歴史を垣間見ることができる数々の遺品類が陳列されていて飽きさせない。第七回オリンピック・アントワープ大会（一九二〇＝大正九年）で日本選手初のメダリストとなったテニスの熊谷一弥の銀メダル、第九回のアムステルダム大会（一九二八＝昭和三年）で日本選手初の金メダリストの織田幹雄の金メダルも展示されていた。明治・大正時代に使用されていたマラソンシューズ、卓球のラケットもある。

もちろん、東京オリンピックの際の懐かしいポスター類、金・銀・銅メダル、画家岡本太郎作の参加メダル、石津謙介デザインの赤のデレゲーションユニフォームも飾られている。マラソン金メダリストのアベベ・ビキラと銅メダリスト円谷幸吉の足型、サッカー競技で使用された雨天用と晴天用の公式戦使用ボールもある。さらに、表彰式の際にコンパニオンが着用した、日本刺繍によるオリンピックマークが巧みに織り込まれた振袖には目を見張った。これが勝者をさりげなく讃えた、日本流「お・も・て・な・し」だったのだ。

館内に設置されたテレビは、明治神宮外苑競技場を解体し、国立競技場が竣工（一九五八＝昭和三十三年三月）されるまでを撮影した映画を放映していた。建設した大成建設が撮影した、貴重な七十二分に及ぶ記録映画で、メインスタンドを覆うように組まれた、五千本に及ぶ丸太の足場が映しだされた。私の隣で画面を凝視していた、白髪の高齢者が何度も頷き、低い声で言った。

「あの当時の足場は、やはり丸太だったか。一年そこそこでよく建てたもんだ……」

もちろん、博物館の名称に冠された「スポーツの宮様」の秩父宮雍仁（やすひと）親王と勢津子（せつこ）妃の写真、宮様が愛用したスポーツ用具類の遺品、銀製の秩父宮杯も展示されていた。

そして、誰もが驚いたのは、館内に展示された国立競技場解体後に建設される、巨大な白い新国立競技場の模型を目にしたときだ。デザインは、英国人建築家ザハ・ハディドで、それは、たたみ二畳分ほどの大きさのものだが、東側の聖徳記念絵画館は新国立競技場に圧倒されて小さく見え、逆方向に位置する東京体育館はまるでウサギ小屋。周辺のビルはマッチ箱のように見える。

呆気に取られたのか、見学していた若い女性が驚き声を上げた。

「すっごーい、これが新しく造られる新国立競技場なんだあ……」

その声に反応するように、傍らのデジカメを手にした中年女性が皮肉っぽく言った。

「すごいわねえ。でも、こんなの建ててどうするんでしょうね……」

近くにいた博物館関係者は、以上の言葉に困惑顔でこう言うほかなかった。

「申し訳ありません。これは撮影できないことになっています……」

それでも彼女は気にせずシャッターを切った。私も倣（なら）った。


一時間三十分に及んだ国立競技場見学ツアーは終わった。

私は再び明治公園・霞岳広場に行くことにし、北一門から外にでた。左手の交差点の向こう側には「水明亭」の看板が見える。六四年東京オリンピックの開会式の日、ここで最終聖火ランナーである十九歳の坂井義則は昼前から待機。午後三時過ぎに聖火を受け継ぎ、一気に国立競技場の聖火台をめざして走ったのだ。

私は時計回りで「違法建設」（第六章で詳述）のバックスタンドの下を歩き、青山門を右手に見つつ、霞岳広場に急いだ。日本青年館裏の道路を挟んだ、植込みを棲家にする「パンダ」と「リク」と名付けられた二匹の野良猫がいた。キャットフードを与えに新宿の自宅から自転車で毎日やってくる、七十代のおじさんに甘えるように寄り添っている。だが、餌を与えたことがない私への視線は鋭い。

夕方近くの霞岳広場は西陽で眩しい。そのなかでキャッチボールをする父子、テニスをする母子、サッカーボールを蹴る若者たちもいるし、ピンクのリボンを付けたプードルを連れた中年女性もやってきた。日本青年館側の一段高い広場ではミニスカート姿で練習する、女子大生のチアリーダーのグループも見える。その横を若いカップルが腕を組んで歩き、トレパン姿でジョギングする女性が走り去る。明治神宮野球場での大学野球が終わったのだろうか、坊主頭にエンブレム入りのブレザー姿の学生たちが、ＪＲ千駄ヶ谷駅のほうに歩いて行く。歌を口ずさみながら、女子高生たちが通り過ぎる。

レジ袋を手に、ギンナンを拾うマスクをしたおばさんがいた。

「今晩の茶碗蒸し用ですか？」

そう声をかけると、目もくれずに愛想なく言った。

「東京のギンナンは二酸化炭素を吸ってるわね。でも、ここは緑も多くタダだし。でも、このイチョウの木も伐採されるんでしょ。もったいないわね……」

夕暮れどきの午後五時前。私は霞岳広場の老木スダジイとケヤキを囲む縁石に腰を下し、周りをぐるりと見渡した。空缶を詰めたビニール袋を台車に乗せて戻ってくるホームレス。顔見知りのホームレスは缶チューハイを手に、鳩に餌を与えるエプロン姿の女性を眺めつつ言った。

「俺は東京オリンピックのとき、そこの東京体育館で体操競技を見たんだ。オリンピック後は修学旅行で賑わってたよ。あの当時の東京の名所といったら、浅草と皇居のほかは国立競技場と東京タワーだったな……」

東京生まれのホームレスの言葉に、福島県出身で埼玉県在住の私は頷いた。

私の好きなスダジイの葉叢を凝視すると、ヤマガラのつがいが仲よく枝に止まっていた。国立競技場と明治公園、とりわけ明治神宮外苑界隈にはほかにもスズメ、シジュウカラ、メジロもいれば、やや不気味だが野生化した体長二十㌢ほどのインコも驚くほど多い。もちろん、鳩やカラスも群れを成して飛んでいるし、国立競技場の芝生に生息する虫を好んで食べる、ムクドリの群れも見ることもできる。

東京オリンピックの翌年の六五年に国立競技場のグラウンドキーパーに就いた、都立園芸高校出身の鈴木憲美が私に言っていた。

「芝の害虫といわれるシバツトガが、暗くなるとでてきてね、新芽を食ってしまう。だから、昼に殺虫剤をまくと苦しくなって土の中からでてきて、上空から見つけたムクドリが食べてくれる。それを見てカラスもやってくる。助かるんだよ……」

私の近くに自転車に乗った、同年代と思われるおじさんがやってきた。毎夕方、曙（あけぼの）橋（新宿区）から来るという。同時に何処からともなくスズメたちが飛んでくる。彼は持参した紙袋から細かくちぎられた食パンを取りだし、周りにまくと食べ始めたのだ。なんと伸ばした彼の手のひらの上で食べるスズメもいる。

そのスズメを見て、彼は私にウインク。囁くように言った。

「ときには私の手のひらの上でね、居眠りするのもいるのよ……」

この日だけでも私は、いろんな人びとの人生を垣間見た。国立競技場は名前も知らない人びとの拠り所であり、出会いの場でもある。何も言わずに優しい眼差しで、私たちを見守るように佇（たたず）む国立競技場。「国策」という名で有無を言わさず解体すれば、多くの人たちだけでなく、棲家とする野良猫も野鳥も木々も草花も怒り、哀しむのだ。

第六章　国立競技場に抱かれた男たち

我が人生を国立競技場に捧げた男たちがいる——。

一九三〇（昭和五）年生まれ。都立園芸高校を卒業した中原久和は、国立競技場開場と同時に設立された「特殊法人国立競技場（独立行政法人日本スポーツ振興センター＝ＪＳＣ）」の職員となった。職人気質で仕事に誇りを持ち、正義感が強いためだろう。文部省（文部科学省）を筆頭とした中央官庁からの天下り役人たちと真っ向から対峙。労働組合を旗揚げし、初代委員長として猛者ぞろいの組合員とスクラムを組み、ときにはストライキやデモを決行。待遇改善を訴え、天下りの輩（やから）を押し退け、プロパー（生え抜き）職員のために理事のポストを獲得した。

その中原の部下の一人だった藤田勝洋は、一九四四（昭和十九）年生まれ。順天堂大学卒業後の六八年春、特殊法人国立競技場に職を求めた。国立競技場に限らず、国立西が丘サッカー場、国立代々木競技場、秩父宮ラグビー場にも勤務。その真面目さが評価されたと思われる。管理職に抜てきされ、第１と第２体育館を擁する国立代々木競技場の場長を務め、初めて芸能人にコンサート会場として開放。それが契機となり、国立競技場でもコンサートが開催されるようになった。行動派の職員だ。

そして、もう一人。ベルリンオリンピックが開催され、日本では国会議事堂が建設された年の一九三六（昭和十一）年生まれの矢ヶ崎彰は、日本大学理工学部卒業後にカトー設計事務所（代表は建築家加藤渉）に入社。六四年の東京オリンピックの際には二十八歳の若さで、最終聖火ランナーの坂井義則が一気に駆け上がった、あの踊り場のない一直線の特設階段の設計を任せられた。それが縁で、半世紀にわたって国立競技場の改修工事に携わってきた。現在は都下調布市で矢ヶ崎総合計画の代表を務めている。

以上の三人の共通点は、私流にいえば「国立競技場に抱かれた男」ということだ。

コンサート会場に開放した、藤田勝洋の執念

二〇一三（平成二十五）年十一月八日のＪＳＣ主催の「国立競技場見学ツアー」に参加してから十六日後、十一月二十四日だった。この日も私は解体される前の国立競技場にいた。

千葉県船橋市の市民で構成される団体、約二百人を擁するスポーツ推進委員会メンバーの藤田勝洋は、四十二人の西船地区の市民を引率し、都内をウォーキング。午後は来年（一四年）七月から解体作業（実際は一五年一月から）が予定されている国立競技場を見学した。

まず藤田たちは、ＪＲ渋谷駅前から代々木公園方向をめざした。左手にＮＨＫ、右手に国立代々木競技場を眺め、明治神宮を参拝。西参道から北参道を歩き、鳩森（はとのもり）神社で十五分ほど休憩。そこから徒歩で五分ほどの国立競技場に向かった。

「ＪＳＣが主催する見学ツアーは二十九日が最終日だしね。十二月になったら中に入るのは厳しくなる。四十九年前に開催された、東京オリンピックの会場をあらためて見たいという希望者も多かった。ぼく自身は四十年間も国立競技場で働いていたし、知らなくともいいことまで知っているしね。職場にさよならの挨拶をしたかった」

同行した私に、藤田はほのかに笑みを浮かべて言った。

鹿児島県生まれで、小学一年から高校二年まで神戸市で生活。高校三年のときに千葉市の高校に転校し、順天堂大学スポーツ健康科学部に入学した藤田勝洋。卒業後は保健体育教員になるのが夢だった。

「ところが、当時はコネがないとなかなか教員にはなれない。ぼくよりも成績が悪くとも、親が教員ということだけで採用試験に合格する。ぼくはコネがないから不合格……。もう憤りを感じましたよ。

そんなときに親しい友人が、特殊法人国立競技場が職員を募集しているから受けたら、とね。そこで受けたら合格。ただし、勤務してわかったんだが、いくら大卒でも出世できないと思った。何故なら当時の国立競技場の管理職は、文部省をはじめとする中央官庁からの天下りの連中がほとんどで、生え抜きのプロパーが管理職になるのはほぼ不可能だったよね」

ともあれ、こうして特殊法人国立競技場の職員になった彼は、主に業務課に籍を置く職員として勤務。先に述べたように最後は管理職の場長まで出世し、周囲から国立競技場のことなら何でも知っている「生き字引」と言われるようになった。

国立競技場見学ツアーを終えた六日後の十一月三十日、あらためて私は藤田に国立競技場勤務時代の話を聞いた。場所はJR西船橋駅前の喫茶店――。

話が進んで一時間ほど経った頃だ。私は尋ねた。国立競技場は「違法建築物」という噂を聞いたことがあります。本当ですか？　それに対し、逡巡せずに事の真相を説明した。

「それは噂ではなく、本当の話ですね。つまり、北門と青山門の間のバックスタンドの一部、約百三十平方メートルのスタンド部分が道路（都道414号）側にはみだしている。東京オリンピックの際、オリンピック大臣の河野一郎と都知事の東龍太郎の話し合いで、開催後に取り外すことを条件にバックスタンドを増設したんですね。

ところが、そのままの状態で現在に至っているということ。だから、ぼくが業務課にいたときに増設工事などの申請で都庁に出向く。そのたびに、都市計画課や道路課の担当職員に『違法建築だ！』と厭味を言われた。結局、『しょうがねえなあ』ということでしょうね。道路上空使用料として年間一平方メートル当り約一万円、百三十万円ほど払うことになった。まあ、違法建築の部分は、いつでも取り外しができるように建築されているけど、取り外したら歯抜けのようなスタンドになり、世界一醜い競技場になってしまう……」

バックスタンドの一部が道路側にはみでている

苦笑しつつ語る藤田は、職員時代に次つぎと新機軸を打ちだしている。八二年に国立代々木競技場に業務課係長として赴任したときだ。第1体育館はプールとアイススケート場として使用されていたが、「もったいないなあ」と考え、使用されない時季にコンサート会場に開放したのだ。

「当時は武道館や後楽園球場などで有名シンガーたちがコンサートをやっていた。そこで第1体育館もコンサート会場にできないかと考え、上司に話をした。ところが、開口一番、『ちゃらちゃらした芸能人に、国立の施設を使用させるのか！』と怒鳴られた。文部省の担当官も『そんなことをしないためにも補助金があるんだ』とね。

もちろん、そのまま引き下がるのもしゃくだしね。そこで論文というか、直訴文を書いてやれと。まずは『音楽は立派な文化だ』『武道館は柔道や剣道だけでなくコンサート会場として許可している』などと書き、使用料金を調べたりね。さらに音楽関係のプロモーターを訪ね、実際に武道館のコンサートを視察させていただいた。そこで思ったのは、広い北の丸公園内に位置する武道館の場合は、原宿駅に近い第１体育館よりも立地条件が悪い。たとえば、コンサート後に仲間たちと『よかったな』などと言い合いながら飲食をするには、第１体育館のほうが立地条件がいい。近くに原宿や渋谷があるしね。また、音響を研究する団体に調査していただいたら、『ＮＨＫホールの音響装置には劣るが、武道館よりもいい』ということだった。

それに重要なことは電気の消費量。つまり、コンサートでは派手な照明などをするために電気量が嵩（かさ）むため、電源車（ゼネレーター）を借りればいいと思ったんだが、運転手付だと一日百万円ほどかかる。新たに変電設備を用意すれば一キロワット当り十三円……。いろいろと悩んだんだが、結果としてコンサートを主催する側は、自前の電源車を持っていることがわかった。観客席のパイプ椅子に関しても、業務提携をしている民間会社のシミズオクトから借りると一脚百五十円ほどかかるということで、新たに買えばいいと考えた。購入してしまえば、他の施設に貸した場合は、レンタル代を取ることもできる。まあ、そういったことをＢ４サイズの原稿用紙二十枚ほどに詳しく書き、上司や文部省の担当官に読んでもらい、ようやく説得することができた」

そのような彼の執念と努力が実った。国立代々木競技場（第1体育館）で初めてのコンサートが開かれたのは、一年後の八三年九月三十日。文化放送主催のチァゲ＆飛鳥のコンサートで、なんと一万二千人収容の特設会場は満杯となったのだ。

ところが、である。周りの職員たちはいい顔をしなかったという。何故？　藤田は語る。

「一応、当時の理事長は『藤田君、なかなかやるじゃないか』と誉めてくれた。でも、職員たちは『余計なことをしたな』と。つまり、使用料を稼げば稼ぐほど文部省からの補助金が減らされるためにね。たとえば、十億円の補助金をいただいた年度に二億円の利益をだすと、次の年度は八億円に減ってしまう。逆に利益が前年度を下回ると『何やってんだ？』と渋い顔をされる。まあ、そのたびに『こんちくしょう！』と思いましたけどね。

でも、六年間も国立代々木競技場に勤務し、異動するときは年間使用料金を約六倍の十二億円までに伸ばすことができた。芸能人たちプロに貸す場合の使用料は基本的に入場券の一割で、五千円だったら五百円ですね……」

もちろん、国立代々木競技場を音楽業界に開放したことが契機となり、本体である国立競技場は「劇場」という新たな顔を見せることになる。

二年後の八五年六月十五日には、国際青年年記念「ＡＬ

アイドルグループのコンリート開催時の国立競技場

L TOGETHER NOW」が開催され、吉田拓郎、武田鉄矢、松任谷由実、白井貴子、山下久美子、イルカ、南こうせつ、財津和夫、佐野元春、さだまさし、加藤和彦、アルフィー、オフコース、はっぴいえんど、ブレッド&バターたちが次つぎと国立競技場の特設ステージに登場。四時間三十分にわたる歴史的なイベントを行ったのだ。七万人の夕涼み、石原裕次郎二十三回忌法要、スタジアムウエディングなども催されたことがある。

そして、九六（平成八）年には日本初の三大テノール（プラシド・ドミンゴ、ルチアノ・バヴァロッティ、ホセ・カレーラス）の世界十都市で開催されるワールドツアーの初日公演が国立競技場で行われ、クラシックファンを魅了。以来、周知のように有名アーティストが争うようにコンサート会場に国立競技場を希望。アイドルグループ、私が好んで口ずさむ「泣いてもいいんだよ」の「ももいろクローバーZ」や「嵐」、「L'Arc～en～Ciel」までもが公演し、多くの若いファンを動員した。

国立競技場はスポーツに限らず、アーティストの新たな「聖地」になったのだ。

藤田勝洋は国立代々木競技場の場長時代の、次のような秘話まで披露した。

「東京オリンピック後の競泳の日本選手権や国際大会などは、しばらく第1体育館のプールで開催されていた。ほかに競技用プールが無く、辰巳のプールが開場したのは大分後だしね（東京辰巳国際水泳場、一九九三年八月オープン）。まあ、東京オリンピックのときのタイムは、手動式のストップウオッチを使用していたんだが、その後にタッチパネルが導入された。タッチパネルの厚さは一センチで、プールに設置したために一センチ短くなった。つまり、五十メートルのプールは厳密にいえば、長さが四十九メートル九十九センチ。気づいた者もいたかもしれないが、誰も口にしなかったね……」

その言葉に、思わず私は声を上げた。

「じゃあ、いくら日本記録や世界記録をマークしても公認されないじゃないですか？」

彼は苦笑しつつ続けた。

「水泳はお金がかかるんですね。アマスポーツのために使用料は格安で四日間で百万円。その上に主催者側は、とにかく水温を下げてほしいと。二十二メートル×五十メートル、深さ二メートルのメインプールには約一千九百八十トンの水が入っている。飛込みのほうは二十二メートル×二十二メートルで深さは五メートルだから約二千トン。水泳のシーズンは夏場だから水温が上がり、高いときは二十六度から二十八度になってしまうんですね。そのために水を入れ替えるんですが、水道の本管からの源水も水温が上がるために二十二度以下にはならない。毎日、メインプールの四分の一の水を入れ替えると四日間で約二千トン。一トンの水道代が五百円とすれば約百万円ですから、使用料金は水道代でパーになってしまう。まあ、国立だから赤字でもしょうがなかったけど、いまは財務省が『何がなんでも稼げ！』とＪＳＣにハッパをかけているらしいね」

そう淡々と話す彼を前に、私は頷いていいか迷ってしまった。

再び小春日和の一三年十一月二十四日の国立競技場——。

船橋市西船地区の四十二人の市民は、引率する藤田勝洋の案内で国立競技場内を見学。メインスタンドで昼食を摂り、その後はフィールドと電光掲示板をバックに記念写真を撮影し、学徒動員記念碑、秩父宮記念博物館で、藤田の説明に耳を傾けた。さらに隣接する聖徳記念絵画館を見学し、青山通りに続くイチョウ並木をウォーキング。その間に藤田は、コンビニで記念写真をプリントアウトし、参加者全員に配った。

午後三時。地下鉄銀座線外苑駅前改札口で別れる際、藤田はやるせない思いを私に言った。

「来年夏から国立競技場の解体作業が開始される。やっぱり、四十年も働いていたぼくとしては、もう寂しいというか、悔しいですね。あんな巨大な競技場を建設してどうするのか。維持費も四十億円以上かかるはず。ぼくは新国立競技場建設には絶対反対です！」

そして、国立競技場を取材する、私へのアドバイスを惜しまなかった。

「今週の土曜日、三十日に西船で会ったときに連絡先を教えますが、ぼくの上司だった中原（久和）さんと、国立競技場の改修を長年やってきた建築家の矢ヶ崎（彰）さんにも会ったほうがいいと思う」

その言葉に私は甘え、「よろしくお願いします！」と頭を下げた。

2013年11月24日、藤田勝洋たちの国立競技場視察

初代労組委員長、中原久和の職人魂

十五歳のときに敗戦を迎えた中原久和は、一九四八（昭和二十三）年春に都立園芸高校を卒業。進

駐する米軍の補給所に職を求め、アメリカから送られてくる野戦食などの物資を運搬する仕事を五年間続けた。その後に、宗教法人明治神宮の職員に採用され、主に明治神宮外苑競技場と明治神宮野球場のグラウンド整備を担当。一方、ゴルフ練習場としても使用されていた野球場で受付係をやることもあった。

「やっぱり、絵画館に向かって打つのは明治天皇に失礼だ……」

「しかし、西陽に向かって打つのは打ちづらい。眩しいよ……」

芝生の外野スタンドからバックネット方向に打つゴルファーが、そんなことを口にすることもあり、中原は「なるほどなあ」と思った。それというのも明治神宮野球場の場合、ホームベースは他の球場と違い逆方向にあり、天気のいい午後はセカンドやライト、センターを守る選手にとっては不利だった。とくにフライのときは陽射しが目に入り、捕球しづらいのだ。現在も神宮野球場でのデーゲームのとき、選手がサングラスを使用するのはそのためである。

では、何故にそのような球場にしたのか──。

それは本来の野球場のようにホームベースを北方向に設けた場合は、なんと「不敬罪」に当たるのではないかと考えたからだという。つまり、バックネット裏の貴賓席に座る者は、どうしても明治天皇・昭憲皇太后の御聖徳を永く後世に伝えるために造営された聖徳記念絵画館に尻を向けてしまう。その配慮からだった。ついでに神宮球場の外野スタンドの高さが八・六メートルと低いのは、風致地区の明治神宮外苑の景観を壊さないということもあるが、貴賓席から絵画館を臨めるようにしたからだ。

明治神宮に勤務して五年目。明治神宮が運営していた明治神宮外苑競技場は国有化され、解体が始まる一九五七（昭和三十二）年一月。中原は、上司の岡崎太郎たち六人と明治神宮を中途退職。国立競技場が開場した際に新たに設立される、特殊法人国立競技場の職員として転職することになった。

しかし、初め中原は転職することを躊躇（ためら）った。第一に約一万円の月給が七千円台に減る。いかに独身といえども、封切り映画館の入場券が百五十円、ラーメンが三十円の時代に三千円の減給は痛い。悩んだが、一九三一（昭和六）年に明治神宮外苑競技場に奉職以来、四半世紀にわたりグラウンド整備に携わっていた上司の岡崎は、部下の中原たち五人を前にこう言った。

「新たな日本一の競技場をしっかりと整備して管理する。それが俺たちの仕事だ」

この言葉が転職した大きな理由であり、グラウンドを整備・管理することが自分の天職だと思ったからだ。当時から「グラウンド造りの神さま」と呼ばれた三十四歳年上の岡崎からもっと学べる。

九三（平成五）年八月末、中原久和は六十三歳で理事を最後に定年退職した。もちろん、いまでも明治神宮外苑競技場と国立競技場という、日本を代表した二つの競技場で四十年間にわたって働いたことを誇りにしている。

だが、卒寿を迎えている中原の胸中は複雑だ。職場だった国立競技場が跡形もなく解体され、巨大な新国立競技場が建設された。すでに泉下の人となった上司の岡崎をはじめ、二つの競技場で苦労をともにした五人の仲間たちにどう報告すればいいのか、と考えてしまうからだ……。

中原は否応なしに若かった、六十年以上前の遠い日を振り返る――。
一九五七（昭和三十二）年一月半ばから明治神宮外苑競技場の解体作業は始まり、三か月ほどで終了。一年二か月後の五月二十四日開催予定の第三回アジア大会に間に合わせるため、国立競技場建設はスタートした。まずは基礎の下に二千本もの鉄筋入りの直径五十センチのペデスタル杭を打ったため、三基の杭打ち櫓が組まれ、深さ十メートルほどの硬い地盤までパイプを打ってはコンクリートを流し込んだ。この杭打ちの音は凄まじく、斜面になっているバックスタンド側はブルドーザによる掘削作業が始まった。

それと同時にフィールドとトラックの造成も進められた。競技場でもっとも重要なことは雨天のときの排水だった。そのため掘削した後、グラウンド面に改良土と粘土を混合させた土を五十センチほど入れ、直径十五センチと三十センチの有孔ヒューム管を埋め、十メートル間隔に碁盤の目のように設置。注水口からメイン排水管に接続し、場外に放出するようにした。その上に玉石と川砂利を約三十センチ、さらに石炭殻のシンダーを敷き詰めて排水の効果を高め、最後に黒土を八センチほど入れてグラウンドを均した。

そして、間を置かずにフィールドに芝を張って根付かせなければならない。また走路であるトラックもできるだけ早く造り、ローラーで転圧を繰り返して固める。グラウンドコンディションがよくなければよい競技場とはいえず、選手に好記録は期待できないばかりか、観客も喜ばないからだ。

当然、岡崎太郎をはじめとした中原久和たち六人のグラウンドキーパーは、有孔ヒューム管を設置した段階から本格的に作業に従事。グラウンドを均した後の芝張りは、造園業の老舗「富士植木」

から派遣された職人とともに深夜まで続け、終日フィールド造りに専念した。世界の主流となっていたアンツーカ使用のトラック造りは、日本陸上競技連盟が推薦する「奥アンツーカ」が請け負うことになった。

こうしてアジア大会開催を二か月後に控えた、一九五八（昭和三十三）年三月二十五日だった。後に日本スポーツ界の「聖地」と称される国立競技場は竣工。五日後の三月三十日に落成式が挙行された。第四コーナーのフィールド内に立つ白い「織田ポール」を遠くから眺め、グラウンドキーパーの中原は呟いた。

「きっと織田さんも喜んでいるはずだ。よかった……」

中原が前身の明治神宮外苑競技場に採用された当時、すでに織田幹雄は現役を引退していた。だが、たびたび競技場に顔を見せては主任の岡崎たち裏方を労(ねぎら)い、いつも気軽に話に応じていた。

一九二八（昭和三）年のアムステルダムオリンピックで初めて日本に金メダル（三段跳）をもたらした織田にとって、もっとも相性のいい競技場が明治神宮外苑競技場だった。一五メートル五八の世界記録を樹立（一九三一＝昭和六年）した競技場であり、走高跳、走幅跳、四百メートルリレーを入れれば、通算十二回の日本記録をマークしている。十種競技で日本記録（一九二五＝大正十四年）をだしたこともある。

「世界記録をマークしたときは前日が雨でね。とうてい記録は期待できないと思っていたんだが、きちんと整備してくれた。まあ、雨で多少は弾力がついたかもしれないが、三段跳には都合がよかった。裏方のみなさんには感謝しています……」

そう語った織田の裏方を思う言葉に感激した中原が、実は織田ポールを設置すること提案したのだ。明治神宮外苑競技場が解体され、国立競技場のフィールドの造成が始まった頃。建設省関東地方建設局の角田栄をチーフとした国立競技場設計プロジェクトチームの一人、同年代の室橋正太郎に何気なく進言した。

「室橋さん、織田さんの功績を讃えて記念のポールでも立ててみてはどうですか……」

それが功を奏した。数日後、室橋は中原に言ってきた。

「中原さんの話を文部省のお役人に伝えたら、『それはいい案じゃないか』と言ってましたよ。実現すると思いますね……」

川崎市に住んでいる中原を訪ねた。私が持参した大成建設が製作した記録映画「国立競技場建設工事　完成編」のＤＶＤを観つつ、柔和な表情で遠き日を語った。

「織田さんがアムステルダムで金メダルを獲得したときの記録は、十五メートル二十一センチですね。それと同じ高さのポールをフィールド造成中に立てた。じっくり見ればわかるんだが、当時は金属製ではなく、ヒノキの木製。各国の国旗を揚げるポールもヒノキでね。金属製のポールになったのは、六年後の東京オリンピックのときからだね……」

その東京オリンピックのときだ。改装された国立競技場のフィールドに通じる地下通路や地下室に新たにトイレが設けられ、とくに女子選手に喜ばれた。それを提案したのも中原だった。

「長年、競技場勤めをしていたためでしょうね。試合前になると選手たちは、私たち一般の人間には信じられないほど緊張するし、気持ちを高ぶらせてトイレに行きたくなる。女性の場合は男と違って大変だしね。男と同じように立ちしょんができるような便器があればいいんじゃないかと……。そこでトイレメーカーのＴＯＴＯ（当時は東洋陶器）に問い合わせたら、男女兼用の便器があるということで設置することができた」

終始、中原は懐かしむように当時を振り返った。

もちろん、国立競技場をメイン会場として開催されたアジア大会は成功裡に終わり、一年後の五九（昭和三十四）年五月下旬にミュンヘンでのＩＯＣ総会で、第十八回オリンピックの開催地は東京に決まった。

六四年十月十日に開会した東京オリンピック。その期間中、国立競技場を管理、運営する特殊法人国立競技場の二十五人の職員は、一日二十四時間フルタイムで働いたという。「自分の布団で寝た記憶はないなあ」と、苦笑しつつ語る中原は続ける。

「オリンピックが開催される二年ほど前までは、霞ヶ丘町の百軒ほどあった民家の主婦たちがパートで競技場の清掃などをしてくれた。ところが、明治公園造成のために立ち退きを余儀なくされ、遠くに引っ越してしまった。そのために清掃などの雑用はすべて役職なしの平職員がやらなければならない。オリンピック開催の年を迎えると、もう徹夜なんかは当たり前という雰囲気でね。たまにストレス解消のために新宿辺りでお酒を飲んでも、心配になって競技場に戻り、ボイラー室で寝ることもあった。

とくにグラウンドキーパーの岡崎（太郎）さんをチーフとする私たち六人は、フィールドの芝のことで頭がいっぱいだった。それというのも六年前の五月にアジア大会が開催されたときだね。ホッケーの強豪国のインドとパキスタンの選手たちから『こんなグラウンドではできない。もっと硬くしろ！』といったクレームがつき、徹夜で手引きのローラーをかけた苦い経験があった。そういった無様なことは、絶対にオリンピックでは味わいたくなかった……」

そのような中原たちの努力が報われ、無事に閉会式を迎えることができた。

だが、中原たちプロパー職員は、満足感を覚えることなかった。当たり前のように残業をし、たとえ徹夜で働いても残業代は支給されない。早い話が、職員とはいっても虫けら同然の単なる作業員扱いを受けていたからだ。それに対し、文部省を筆頭とした中央官庁から天下ってきた役員の待遇は、プロパー職員と比べると天と地ほどの違いだった。なんと一期二年で三期六年を勤務すれば、月給二十八・八か月分（一か月勤務に付〇・四か月）の退職金を手にし、東京オリンピック後は次の政府関係機関や民間企業の役員に天下っていた。

中原たちは思った。俺たちは不当労働行為を受けている。待遇改善を訴えるべきだ——。

当時の政労連（政府関係法人労働組合連合）委員長、一九三二（昭和七）年生まれの滝沢幸一に会った。発行していた『天下り白書』を手に、私を前に語る。

「オリンピック当時の国立競技場の職員たちは、上から『お国のためだ』『オリンピックのためだ』と叱咤され、寝食忘れて働いていた。理事長から課長までが天下りで占められ、現場で汗水流して働くのはプロパーの平職員だしね。ろくに働かない天下りの連中は、多額の退職金をいただき、渡り鳥のように次の待遇のいい職場に異動してしまう。そういった差別にプロパー職員は気づいた。それで中原さんと池田（博）さんが私を訪ねてきたため、政労連は全面的に協力することになったということですよ」

こうして東京オリンピック終了五か月後の六五年三月だった。滝沢が委員長を務める政労連に加盟する「特殊法人国立競技場労働組合（国競労）」を結成。指導力がある中原久和が委員長に抜てきされ、副委員長は中央大学陸上競技部出身で、七年前の五八年に日本体育協会（日本スポーツ協会）から転職した池田博。書記長には日本大学法学部出身で、司法修習生の経験がある嵯峨勝吉が就いた。

再び川崎市の中原久和の自宅。懐かしむように振り返り語った。

「とにかく、当時は課長補佐までもが文部省（文科省）や大蔵省（財務省）、防衛庁（防衛省）からも天下って役職に就いていた。もちろん、仕事はデスク作業のみで、現場で働くのは私たちプロパー職員。国競労を旗上げしたときは、池田さんと『上手くいくかなぁ』という感じで不安だったんだが、文部省から天下っていた理事長の寺中（作男）さん相手に団体交渉をし、不当労働行為であることを指摘し、待遇改善を訴えた。そしたらなんと、一時金として平均で四万円もでて驚いたね」

ともあれ、中原を委員長とした国競労は、「国労・動労・国競労」と称されるほどの組合運動を積極的に展開した。春闘や年末闘争の際は、現場を持っているだけに強かった。ストライキをし、バリケードを築いて国立競技場などに立て籠もり、ときには国立代々木競技場のプールに氷を張ったアイススケート場の電源を切り、七十二時間ストライキ（三日間）を決行したこともある。

「何年かは忘れたが、日ソ親善のアイスホッケー大会が控えている時期だった。最後の手段で電源を切ったんだが、氷が解けていくのを目の前にし、『これはまずいなあ』と思った。氷を溶かすと完全に張るまで一週間はかかる。私たちは組合員と言っても、頭ん中は職人気質でいっぱいだしね。結果として日ソ親善大会は無事に開催されたが、あのときは、かなり悩みましたよ。どの段階で電源のスイッチを入れればいいのかと。結局、二日目の四十八時間が過ぎた時点で電源を入れた……」

中原は真顔で言った。前出の政労連委員長の滝沢幸一はこう語る。

「たしかにスケート場の電源を切ったときは、中原さんたち労組幹部も、天下りの理事連中も悩んだというか、私も含めて『どうなるんだ』と思っていた。氷が完全に溶けて、大会が中止になれば国際親善にも影響を及ぼすからね。

まあ、当時の政労連は『天下り白書』などを発行し、マスコミに訴えていたし、私らの活動は世間も認めていた。とにかく国立競技場の労組は現場を持っているだけに、過激で武闘派だったね。七〇年安保のときの全共闘のように『一点突破の全面展開』の考えで行動を起こした。いまのやわな御用組合とは違って、迫力があったよね」

民間企業も中央官庁をはじめとする役所も、当時の定年は六十歳だった。だが、国競労が「定年六十三歳」を勝ち取ることができたのも、委員長中原や副委員長池田の功績だといわれている。また、先に述べたようにプロパー職員のための理事（競技場担当）のポストを獲得。九〇年に初めて中原が理事に就任。その後は池田博が理事に就き、順次プロパー職員が理事に就くようになった。

二〇一四（平成二十六）年十一月、川崎市に住む中原を二度目に訪ねた際、私は尋ねた。復興オリンピックを掲げる、六年後の東京オリンピックをどう考えているのでしょうか？　彼はこう答えた。

「いまも多くの被災者が仮設住宅で生活していると聞きます。放射能は怖いですからね。やはり、二〇年に仮設住宅などで生活している人がいたら、復興オリンピックとは呼べないでしょうね」

そして、さらに表情を渋くして語った。

「四十年間働いた国立競技場が解体されるのは残念というか、解体しなくてもいい方法があると思う。理事になって二年目の九一年の世界陸上のときは、カール・ルイスが百メートルで9秒86、マイク・パウエルが走幅跳で八メートル九五の世界記録をマークしてくれた。

それに私が定年を迎える九三年五月にはJリーグが開幕し、試合のたびに職員全員で近隣住民に『お騒がせします』と頭を下げ、お詫びのチラシを配っていたしね。思い出はいっぱいある。解体されたら、あのシンボルの織田ポールはどうなるのか。亡くなった岡崎さんたち仲間五人にどう報告していいのやら、いまの私にはわからないです……」

そう語る中原久和。私は彼を直視するしかなかった。

改修工事一直線、矢ヶ崎彰の抗議

三陸沖を震源とするマグニチュード9・0の巨大地震が発生したのは、二〇一一（平成二十三）年三月十一日午後二時四十六分だった。直後に大津波が東日本の海岸を襲い、さらに翌日の午後には東京電力福島第一原子力発電所建屋が水素爆発を起こし、放射能を拡散した。

死亡・行方不明者一万八千四百余人をだした東日本大震災。東京では、千代田区の九段会館の天井仕上げ材が崩落して二人が犠牲になり、江東区の金属加工工場では化学薬品トリクロロエチレンを含んだガスが充満し、二人が犠牲になった。また、町田市のコストコ多摩境の駐車場のスロープが崩落しての犠牲者も二人。東京湾を襲った津波による死者はでなかったものの、地震によって六人が死亡した。

３・11、東日本大震災の日。矢ヶ崎総合計画の代表を務める建築家の矢ヶ崎彰は、国立競技場の改修工事を施工した大林組の仮設事務所にいた。

「一週間ほど前、三月初めに改修工事を終えたばかりでね。大林組のスタッフと打ち合わせをしていたら大地震。揺れが収まるのを待って、すぐに『国立競技場は大丈夫か！』と現場に行った。すり鉢状の楕円形の国立競技場は、地震が起きたときのために力が伝達しないように、十二か所から成る構造体に分割して建設されている。それを全九十一本の柱で支えているんだが、改修工事で耐震補強したばかりでね。それに亀裂が入っていたら大変だということで、もう徹底的にチェックした。

まあ、結果としてすべての柱は異常ナシ。亀裂一つなかった。メインスタンド上の長さ二百メートルのキャノピー（canopy　庇(ひさし)）は、八メートルほどの間隔で二十四本の柱で支えられているんだが、そこも異常ナシ。聖火台も台座も異常ナシで、四百ミリのパイプで抑えてある電光掲示板もびくともしなかった。

もちろん、スタンドも大丈夫でしたよ。

何回も改修工事をやってきた国立競技場だったが、大地震にも耐えられるということが証明されたわけで、ぼくも大林組のスタッフも胸を撫で下ろしたね。当時の大林組は高さ六百三十四メートルの東京スカイツリーも施工していて、最上部は六メートルくらい横揺れしたらしいが、あの五重塔の原理を利用した新たな構造システムを取り入れたからだろうな。何ともなかった」

都下調布市の矢ヶ崎総合計画の会議室。私が初めて前出の藤田勝洋の紹介で、矢ヶ崎に会ったのは二〇一三年十二月だった。まずは3・11のときの国立競技場について話し終えると、一拍置いて続けた。

「ところが、一年八か月後の二〇一二年十一月だね。JSCは、例のザハ（ハディド）のデザインを基本とする新国立競技場を建設すると発表した。まあ、ぼくに言わせれば、あのデザインも新国立競技場建設に関する問題もマンガ、茶番劇ですよ。ザハのデザインを選んだ安藤（忠雄）さんは、自然を重んじる建築家だと思っていたんだが、正直言ってがっかりした。

まあ、税金の無駄使いですよ。問題提起をしている槇（文彦）さんに対してもひと言いいたい。『何故、もっと早く問題を指摘しなかったんですか？』とね。正直、ぼくは半世紀にわたって国立競技場とともに生きてきたため、解体を知ったときは悔しかった。建築物は古くなれば、いずれは解体される運命だけど、国立競技場は何度となくお金をかけて改修されてきた。大地震にも耐えたしね。悔しいですよ」

矢ヶ崎の表情は、前出の藤田勝洋と中原久和同様に渋かった。

「たとえ目隠しされても国立競技場を自由に歩けますね」

そう真顔で語る矢ヶ崎彰が、国立競技場に関わったのは日本大学を卒業し、カトー設計事務所に入社して四年目。東京オリンピックが開催される前年、一九六三（昭和三十八）年の師走だったという。ＪＲ有楽町駅に隣接する都庁に出向いた際、財務部長に声を掛けられた。開会式と閉会式で使用する、トラックから聖火台までの階段を設計してみないか、と。

「吉田全弥さんという財務部長が『矢ヶ崎君、名誉になるからやりなさいよ』とね。それでカトー設計事務所代表の加藤（渉）先生に話したら『お前、やれよ』ということで設計をした。加藤先生は体操と水球の会場になった、当時の東京体育館を設計していた関係もあったしね。

まあ、トラックから見た場合、聖火台の高さは二十八メートルかな。踊り場のない一直線の百八十段ほどの階段を設計した。鉄骨と鉄板で造り、その上に滑らないように絨毯（じゅうたん）を敷いただけで、苦労することはなかった。開会式はテレビで観ていて、最終聖火ランナーの坂井（義則）君が、階段を一気に駆け上がったときは、そりゃあ感動した。あの階段は自分が設計したという、自負心もあったよね」

矢ヶ崎彰が国立競技場の改修工事を本格的に手がけるようになったのは、東京オリンピックから十三年後の七七（昭和五十二）年からだ。まずはスタンドの改修工事から始まった。

「改修する際は、徹底的に設計図を頭ん中に叩き込んで始めるんだが、東京オリンピック当時のスタンドはメインスタンドも木製、台湾ヒノキの長椅子でね。横幅四十二センチで七万人収容できたとしても、二万人近くは立ち見だったと思う。もちろん、国立競技場が開場した当時と、ぼくが改修を始めた頃の消防法や東京都の安全条例は、かなり違っていて厳しくなっていた。オリンピック当時は、立ち見は許されても七〇年代に入ると許されないしね。そのため何度も四谷消防署に出向いては交渉し、できるだけ消防法に従って観客席数を決める。

たとえば、背もたれがない椅子の場合は、横一列がマックスで二十席。縦通路幅は八十センチ、横通路幅は一メートル以上にしなければならない。前の席との間隔は八十センチだね。また、地震などがあったときはフィールド近くに座る人たちは、フィールドに逃げることができるんだが、それ以外の座席の人たちはゲートに殺到する。だから、自分が座っている位置から遠くとも、直線で四十メートル以内にゲートがなければならない。そういったことが消防法で決められている」

矢ヶ崎はメモ用紙に数字を書きつつ、丁寧に説明する。私は頷きながら聞く。

「まあ、そうやって座席数を決めた。ところが、ゲートが四十か所しかない楕円形の国立競技場の場合は、バックスタンドの上の方は横二十席だとしんどいんですよ。そのために四谷消防署に『バックスタンドの縦と横の通路幅を一メートル二十センチに広げます。その代りに横の座席を二十五席にしてほしいです』などと言って交渉する。

その結果、収容能力は五万四千人ほどに減ってしまったけどね。もちろん、椅子の素材は炎天下でも割れないポリエチレンブロー成形にした。メインスタンドの座席数は、二千席ほど減ってしまったが、座り心地はよかったんじゃないかな。狭かった記者席だって少しは広くしたしね。また、コンクリート製のスタンドは風化し、もろに砂利がでていたため、一平方メートル当たり二・四トンの比重だったのを一・七トンの軽量コンクリートにして固め、その上に三ミリのリムスプレーを塗って防水にした。

まあ、そんな感じで毎年少しずつ国立競技場を改修したわけだよね」

私は尋ねた。国立競技場が開場したときのナイター照明は二百ルクスと聞きましたが、いまはかなり明るいですよね？　彼は答えた。

「昭和三十三年の開場当時は、その程度だったと思うが、東京オリンピックのときは照明灯も増えて五百ルクスの明るさだった。それで改修後はフィールドの明るさをさらに最大で三倍以上の千八百ルクスにしたね。国立競技場は独自の変電室を所有しているんだが、二千キロワット以上にすると東京電力の監督下になってしまう。東電が入ってくると何かとうるさいため、千八百キロワットに抑えたわけだね。

まあ、振り返ると、改修工事のために初めて国立競技場に入ったときは、とくにバックスタンドの下は、もうお化け屋敷だったね。職員がキノコを栽培していたりして……。トイレは男女合わせて三百九十四個しかなかった。最終的に五百個まで増やしたけどね。もうモグラのように歩き回って、十年、十五年、二十年とかけて改修工事をした。九一（平成三）年の世界陸上のときは、五十七億円ほどの改修費の予算を組んだと思う。日本陸連から『世界に誇れる競技場に整備してほしい』という、強い要望もあったしね。そのためにアンツーカのトラックを全天候型のタータンにし、バックスタンドの下にトレーニングルームを設けた。

もちろん、貴賓室も東京オリンピックのときのままだった。そこで設計し直して改修したんだが、ある業者が『昭和天皇と皇后両陛下が使用した椅子とテーブルがいただけるのなら、すべてタダでやります』と申しでてきた。それで国立競技場側も喜んで、タダ同然で改修工事ができたという話もあった。トイレは大理石仕様の洋式にした。貴賓室の場合は、年に何回使用するかはわからないが、やはり設計するときはいつもと少し違う感じかな。秩父宮ラグビー場の貴賓室もやったけどね」

九〇（平成二）年にカトー設計事務所から独立し、矢ヶ崎総合計画代表に就いた矢ヶ崎彰。その後も国立競技場や国立代々木競技場、秩父宮ラグビー場の改修工事に携わった。

「競技場担当の理事の中原（久和）さんを筆頭に、藤田（勝洋）さんたち職員は国立競技場を愛していた。ぼくも国立競技場を知り尽くした男の一人で惚れていたね」

そう言って矢ヶ崎は笑う。

しかし、惚れて愛した国立競技場の解体が決まり、新国立競技場建設の話がでて、それが深刻化するたびに無念と怒りが交錯した。

「ぼくが最後の改修工事をしていた当時の国立競技場の理事長は、東京オリンピック体操競技選手の小野清子さんだった。小野さんはぼくらの意見をきちんと聞いてくれた。しかし、独立行政法人になったのはいいが、なんか国立競技場に愛着を持つ人が少なくなった。ぼくが改修工事を手がけた当時は、職員たちと宿直室やボイラー室なんかに泊まり込んで話し合っていたよね。でも、いまの理事長の河野一郎さんは、本職は医師だというしね。彼が理事長に就任（二〇一一年十月）してからは、なんかおかしくなった。元首相の森喜朗さんが絡んでいるためか政治色が強くなったしね。なにも二千億円以上もの税金をつぎ込んで新国立競技場を建設しなくともいいんだ。国立競技場を大幅に改修すれば、さらに立派な競技場になるんだからね」

私は黙って耳を傾けた。矢ヶ崎は続けた。

「ぼくはカトー設計事務所時代、加藤先生と新宿の靖国通りの下の地下街のサブナードの設計に携わった。地下一階がショッピングモールで、地下二階が駐車場だね。オープンしたのは七三（昭和四十八）年かな。あのときのノウハウは熟知しているし、生かせるからね。国立競技場に隣接する明治公園と日本青年館の跡地を使用できるんなら、地下鉄銀座線の外苑前駅から秩父宮ラグビー場、神宮野球場、国立競技場に通じる通りの地下を地下街にすればいいんですよ。その地下街から通じる国立競技場の地下、明治公園と日本青年館の位置にサブトラックと駐車場を造る。そうすれば、高さ二十メートルの制限がある風致地区の明治神宮外苑の景観を保てる。誰にも文句を言われない、新たな国立競技場を建設することができる……」

そして、矢ヶ崎彰は溜息を吐いて言った。

「新国立競技場建設問題は、何度も言うけど、マンガの茶番劇。後の祭りだね。解体される国立競技場は、もう可哀相のひと言。残念無念の心境ですよ……」

残念無念の心境。私も溜息を吐いてしまった。だが、長年にわたって国立競技場に人生を捧げ、「国立競技場に抱かれた男」と称してもよい矢ヶ崎彰たち彼らの心境は、さらに計り知れない。

国立競技場跡（2015 年 10 月）

第七章　最期の国立競技場、冬景色

二〇一四（平成二十六）年の新年が明けた――。

〈第二十二回冬季オリンピック・ソチ大会開幕〉

〈20年ぶり、首都圏に大雪の恐れ〉

そう新聞が大見出しで報じた、東京都知事選前日の二月八日の昼過ぎだ。私は「雪の国立競技場を見られるのは、これが最後かもしれない」との想いで、国立競技場に向かった。

いつものようにＪＲ千駄ヶ谷駅で降りて徒歩で約五分。東京体育館と外苑西通りを背に、国立競技場の正面に立った。すでに中央門前の広場は一面の雪で覆われ、まるでモノクロームの世界だ。近代オリンピックの始祖ピエール・ド・クーベルタン、日本人初のＩＯＣ委員に就任（一九〇九＝明治四十二年）した嘉納治五郎の二つの碑も雪化粧している。国立競技場の露払い役を務める明治公園・四季の庭の木々は、雪の重さにじっと耐えているようだ。

降りしきる雪のなか、何も言わずに佇(たたず)む国立競技場。その姿を私はしっかりと心に留めた。

千駄ヶ谷門から国立競技場敷地内に入ることにした。人影はまばらだ。あらためてメインスタンドの下に位置する、回廊の壁画やブロンズ像を鑑賞。マラソンゲート近くの〝同期の桜〟と命名されたソメイヨシノもまた雪の重さに黙って耐

降りしきる雪のなかの国立競技場

えていた。雪化粧した「出陣学徒壮行の地」と記された碑を前に合掌。秩父宮記念スポーツ館入口を右手に見つつ、北一門から外にでた。降りしきる雪を避けるように例の「違法建設」のバックスタンドの下の都道を歩き、青山門を右手に見つつ明治公園・霞岳広場に急いだ。植込みを棲家にしている野良猫のパンダとリクは、この冷え込む雪のなかどうしているのだろうか。飼い猫であればコタツで丸くなっているのだが……。

　霞岳広場は、雪が七センチほど積もっていたが、子どもたちは降りしきる雪などへっちゃらだ。雪だるまをつくり、雪合戦をしている。

「ここで雪合戦ができるのは最後じゃないのかな……」

　そう声をかけた私に、少年は口を尖らせて言った。

「知ってるよ。国立競技場は壊されるんでしょ。三千億円かけて新しいのを建設するって、パパとママが言ってたよ。バカだって……」

　私の好きなスダジイのほうに目を向けると、まるで映画のようなワンシーンが飛び込んできた。雪を気にしない相合傘の若いカップルが、しっかりと抱き合っていたのだ。二人にとってこの広場は、思い出深い場所なのだろうか……。

　二十分ほど子どもたちの雪合戦を見ていたが、私と気が合う沖縄出身のホームレスに会うことはできなかった。いつものように原宿図書館に出向いたのかもしれない。ちなみに年金受給者の彼は、毎月故郷に住む親に仕送りをしている。

　隣接する都営霞ヶ丘アパートに向かった。敷地内には、明日に控えた都知事選のポスターが貼られた掲示板があったが、立候補者はいずれも雪のなかでも笑顔だ。外苑マーケットに行くと、甚野公平が店先で雪かきをしていた。

「そうだよねえ。ここで見られる雪は最後かもしれないなあ。解体作業が始まると、私らはここに住めなくなるしね。悔しいし、寂しいねえ……」

呟くように言って続けた。

「まあ、昨日でなくてよかった。昨日は天気がよかったしね。私の母校の四谷第六小学校の子どもたちと一緒に競技場に入り、トラックを走り、聖火台にも火を点けさせてもらった。解体作業が始まったら入れなくなるしね。子どもたちは喜んでいたよ……」

「フクシマ」と「新国立競技場建設」の狭間で……

翌日の九日。私は仕事部屋から雪景色を眺めつつ思った。放射能を恐れてフクシマから避難している人たちは、どんな想いでこの雪景色を見ているのだろうか。私が住む埼玉の町にも三十人ほどが避難しているが、そのほとんどは高齢者だ。

そして、翌十日の午後、久しぶりに原発禍の街の双葉町から家族とともに埼玉に避難している鎌田寿男に会った。南相馬市の小高工業高校（小高産業技術高校）野球部出身の彼は、少年野球の「双葉リトルリーグ」と、社会人野球クラブ「オール双葉野球クラブ」を運営。誰よりも「双葉野球の灯りを消すな！」の想いが強い。初めて取材したのは3・11から一年ほど経った頃だ。

「リトルの選手三十人の避難先は、東北の宮城や山形だけでなく、新潟、栃木、埼玉、横浜、島根とばらばらですが、みんな野球が好きなため、私の元に手紙がきます。『みんなして双葉で野球すっぺー!』って。でも、双葉に帰れる保証はないし、帰れば放射能を自ら浴びに行くようなもんです。それに悔しかったのは、いまはこうして落ち着いていますが、避難した当時は、『福島からきました』と言うと不動産屋はアパートも貸してくれない。コンビニに行けば、私の福島ナンバーの車を見て、放射能で汚染されていると思うんだろうな。汚い物を見るような厭な顔をされることもあった。子どもたちのなかには転校先で『放射能が移る』なんて言われ、いじめられた者もいたと聞いています……」

そう語っていた鎌田寿男。3・11後も勤務先の福島第二原発内で防護服を着て働き、休日は時間が許す限り仲間を集めては野球をしている。補足すれば、文部科学省が原発事故により避難している児童生徒への放射能に関してのいじめの実態を把握したのは、実に遅かった。原発事故から六年も経った二〇一七(平成二十九)年に入ってからで、四月十一日付で当時の文科大臣松野博一が「被災児童生徒へのいじめ防止」の要望書を避難先の小・中学校教職員、児童生徒、保護者、地域住民、教育委員会に送っている。

喫茶店で約二時間、鎌田は私にフクシマの現状を伝えてくれた。

通行止めの看板(2011年6月)

「岡さんから電話をもらったときは、住んでる団地の庭の雪かきをしてたんですが、団地の人たちは自己中心主義というか、誰も外にでてこない。都会の人は冷たいというか、自分勝手というか……。でもまあ、三月にはこの埼玉に家を新築し、住むことに決めました。いつまでも親に狭い団地住まいはさせたくないですからね。岡さんと同じように、双葉出身の私らも埼玉県人になります。明日で3・11から丸二年と十一か月が経つ。早いですよ……」

その後の鎌田は東電系列の会社を退職。埼玉県でコンビニを営み、福島に出向いては仲間を集め、野球を続けている。

「家族の健康と幸福を考え、第二の人生をスタートさせました」

そう語る鎌田寿男の表情には、否応なしに故郷を奪われた悔しさが垣間見えた。

それから八日後の雪解け水が道路を濡らす、二〇一四年二月十八日夜——。

東京・渋谷区神宮前の日本建築家協会で開かれた市民団体「神宮外苑と国立競技場を未来に手わたす会」主催の勉強会に参加した。

そのときに登壇した、順天堂大学客員教授の鈴木知幸（国士舘大学客員教授）と名刺交換。あらためて彼に会って取材したのは三月初旬だ。元都庁職員で二〇一六年東京オリンピック招致準備担当課長でもあった彼は、一週間前に「スポーツ界は新国立競技場計画になぜ沈黙しているのか」のタイトルで持論を展開。スポーツ学会関係者や競技団体、メディアなどに積極的にメールを送信し、意見を求めていた。

ＪＲ千駄ヶ谷駅前の喫茶店。席に着くなり鈴木は、「日本陸連と日本サッカー協会は何も発言しない。不思議ですね」と言って続けた。

「現在の国立競技場の欠点の一つは、補助競技場（サブトラック）が常設されていないことですが、計画されている新国立競技場に関しても同じですね。オリンピック・パラリンピック開催のときは、仮設の補助競技場で対応すると言っているが、開催後はどうするのか。補助競技場がなければ競技大会を開催することはできない。それに陸上競技場であれば、トラックの下に常設の電気系統の設備を埋め込まなくてはならない。その費用は約六億円で、年間維持費は約一千万円と聞いています。それを無駄にしてしまうのか……。

さらに言えば、日本陸連はＪＳＣが想定する一日の会場使用料五千万円を払うことができるのか。約五万人収容の味の素スタジアムの一日の会場使用料は一千万円ですが、関係者はそれでも高くて使用できないと言っている。失礼を承知で言えば、陸上競技の大会で会場を満杯にできるのはオリンピックと世界大会くらいですからね。そういった状況にある日本陸連は、新国立競技場建設についてどう考えているのか。誰もが知りたいはずですけど……」

黙って耳を傾ける私を前に、鈴木は問わず語りに続ける。

「沈黙する日本サッカー協会も同じですね。いかに開閉式とはいえ、屋根付きの巨大な新国立競技場では天然芝を育成するのは難しいはずです。最近はハイブリッドターフの研究が進んでいると聞きますが、まだまだＦＩＦＡ（国際サッカー連盟）が認める段階じゃないですからね。天然芝育成には、自然の日照と通気性の二つの要素が満たされていなければならない。

たとえば、二〇〇二年日韓サッカー・ワールドカップのときに建設された、ドーム式の大分スタジアム（大分スポーツ公園総合競技場）の場合ね。もちろん、ピッチは天然芝なんだが、屋根を開けた状態でも開催から十年間は育成することができず、ようやく最近になって育つようになった。新国立競技場の半分、四万人収容の大分スタジアムさえも難しいわけです。

とにかく、高さ七十㍍の壁に囲まれるように建設される、新国立競技場における天然芝育成は至難の業なんです。常に屋根を開けていても、風通しがいいとは限らない。とくに陽射しが強い夏場は大変です。いかに電力で風を送っても、生き物の芝を育成するのは難しい。

まあ、以上のような疑問、問題点に関し、現在まで日本サッカー協会は何も発言しない。やはり、おかしいですね。このまま建設すれば、新国立競技場はスポーツ施設の機能を果たさない、単なる大型イベント会場を建設することになる」

鈴木知幸は断言した。

英国人スポーツ社会学者の眼

明治大学教授の寺島善一（名誉教授）から連絡が入ったのは、それから一か月後の四月初旬だった。彼はイギリススポーツ文化論を専門にしている。

「私の友人でもある、イギリス人のジェニファー・ハーグリーブズが『国際協力人材育成プログラム』の講師に招かれて来日しています。知っているかもしれませんが、彼女は人権、民族、宗教、ジェンダー問題などを積極的に調査、研究し、世界に発信しているプロフェッサーです。一九九七年のスイス・ローザンヌでのＩＯＣ総会でも講演しています。彼女は私の家に宿泊していますから、スケジュールが合えば会えます。オリンピックに限らず、新国立競技場建設問題などについての意見も聞いてみませんか？」

もちろん、私は寺島の行為に甘えた。二日後の四月十日、東京・新宿のアスリートが集う居酒屋「酒寮・大小原」で、日本酒が大好きだという彼女に会った。寺島は快く通訳役を引き受けてくれた。

彼女を前に、私はのっけから質問した。二〇二〇年東京オリンピック・パラリンピック開催をどう考えていますか？　彼女は迷わず答えた。

「私たちイギリス人の多くは、〝復興オリンピック〟を掲げる東京オリンピック・パラリンピックには賛成していません。それはフクシマの特殊な事情を知っているだけでなく、現在のオリンピックは多額の税金を使うからです。寺島さんから詳しく聞きましたが、何故にまだ十分に利用できる国立競技場をすべて解体し、新たな競技場を建設しなければならないのでしょうか。本来なら福祉などに投じるべき税金をスポーツ施設に使用する。クレージーです。

二年前の二〇一二年ロンドンオリンピック開催前、イギリスのオリンピック組織委員会は競技場などの施設を残し、住民に利用していただくと宣言しました。しかし、二年経っても約束は守られていません。競技

英国人スポーツ社会学者ジェニファー・ハーグリーブズ

場が建てられた場所は貧しい人たちが生活していた地区であったため、再開発するという理由で多額の税金を投じて建設し、オリンピック終了後は、追いだした住民に利用させるという約束でね。しかし、スイミングプールだけは開放しましたが、他の施設は未だ機能していません……」

すでに古稀を迎えていると思われる彼女だが、終始熱い口調で続けて語る。

「残念ながらメディアにも責任があります。ロンドンオリンピック・パラリンピック開催中は、メダルを何個獲得したか、感動するパフォーマンスをしたかといった国民の愛国心を煽(あお)るニュースは報道しましたが、大会終了後のスポーツ記事は極端に少ない。つまり、エリートスポーツだけにスポットを当て、『スポーツ・フォー・オール』の理念をないがしろにしているのです。IOCは二〇一〇年からユースオリンピック（夏季大会、冬季大会は二〇一二年から。いずれも四年毎に開催）を開催しています。子どもたちにスポーツを推進し、オリンピック精神を伝えるためです。その政策は大いに評価しますが、イギリスのもっとも民主的な『ガーディアン』紙でさえも報じる記事は小さい。これはIOCの広報活動にも問題があるのですが、オリンピックだけにスポットを当てるのは危険です。

さらに言えば、子どもたちのスポーツもオリンピック同様、勝利至上主義の傾向にあります。私の孫は体操が大好きですが、『その技術があるのなら、水泳の飛込競技をしなさい』などと学校や指導者から強要される始末です。そのような最悪な状況に対し、私たちは本来のスポーツの姿を取り戻すために闘うべきです」

ときに微笑みつつ語るジェニファー。その言葉には説得力がある。「この話をすると、私の年齢がわかってしまうわ」と頬を崩し、自身のスポーツ歴も語ってくれた。

「私は四歳のときから水泳を始め、九歳の頃は叔母とともに同じスポーツクラブで競争をしていました。最終的にはナショナルチームのメンバーに選ばれたけど、ホッケーやラクロスにも夢中になっていた。それで十一歳のとき、第二次世界大戦終了三年後の一九四八（昭和二十三）年夏に開催されたロンドンオリンピックのときです。父に連れられてウェンブリー・スタジアムで陸上競技などを観戦し、いまでも脳裏に焼き付いているのは四百㍍で金メダリストになったアーサー・ウィント（一九九二年没、享年七十二）のことです。彼はジャマイカに金メダルをもたらした最初の黒人選手。当時の私はロンドンの白人地区に住み、通学する学校には黒人はいなくて、黒人選手の活躍は刺激的でした。

また、四八年のロンドンオリンピックは〝緊縮オリンピック〟と称され、当時は高い失業率と食糧難で『耐乏生活は個人や国家の自覚』と言われていました。そのため開催国のイギリスは、新たに競技場や選手村などの施設は用意できず、各国からやってきた参加選手たちは、父の友人の家などの民家に滞在していました。食料も配給のなかでやりくりする状態で、まさに緊縮オリンピックだったのです。こういった歴史があることを知らなければなりません」

この少女時代に開催されたロンドンオリンピックで眼にしたことが、彼女がスポーツ社会学者の道を歩む契機となる。

「ロンドンオリンピックの年からイギリスは、イギリス連邦国から開拓民を受け入れました。その結果、たとえばナショナルチームに黒人選手が増え、民族的な緊張状態や政治的な不安などが生じました。これらの問題が、私がスポーツにおける社会的・政治的要素への興味を抱くことになり、四十五年間もこうして研究のために世界中を駆け回っているんです」

我が人生を語る彼女は、イギリスのブライトン大学、ブルネル大学、ロウハンプトン大学などでプロフェッサーとして教鞭を執り、スポーツから疎外されている障がい者やセクシャルマイノリティのＬＧＢＴなどの問題までも追究。多くの著書を出版し、二〇一四年当時は世界各国の研究者たちと『Routledge Handbook of Sport Gender and Sexuality』を編集・出版して話題を呼んでいた。彼女は語る。

「私は、自身の眼で確かめないと納得しない人間です。一九九四年に南アフリカ共和国でアパルトヘイトが摘発され、黒人女性にもスポーツが解放されたと言われましたが、私は単純に信じません。そこで南アフリカに行き、十四人の女性に話を聞いたところ、危惧した通りでした。たとえ黒人女性が理事に選ばれても、上から一方的にノミネートされた理事では、イエスマンばかりで自分たちの本当の意見を理事会では発言できないのです。

スポーツ界はフェアプレーを標榜していますが、一方では差別が横行しています。イスラムの場合は、宗教的に女性はスポーツをすることが制約され、肌を見せることさえも禁じられています。また、十八世紀にイギリスの植民地になったオーストラリアは悲惨です。先住民の〝アボリジニ〟は長い間白人に迫害を受けていたこともあり、私はキャシー・フリーマンの苦難の人生を知るために密着取材をしたことがあります。彼女はシドニーオリンピック（二〇〇〇年）のとき、陸上競技四百メートルで金メダルを獲得し、アボリジニの旗とオーストラリアの国旗を手にトラックを一周し、私たちに感動を与えてくれた。一九七〇年代に〝アボリジニ女性の星〟と賞賛された、テニスのイボンヌ・グーラゴング（一九五一年生まれ。四大大会（グランドスラム）の全豪、全仏、全英で通算七回優勝）が活躍していることも教えてくれた。

「きも同じ思いでしたね」

話は進んだ。イギリスではゲイの競技大会がおおっぴらに開催されていることも教えてくれた。一息ついたところで私は質問した。たとえば女性のマラソン選手を取材すると、生理がない選手がいます。どう思いますか？　間を置かずに彼女は答えた。

「ダイエットをしなければ好タイムは期待できない。つまり、女性であることを考えれば、根源的な課題が生じてしまいます。これを警告するのが私たちの使命ですね。

過去に私は、双子の姉妹の体操選手を追跡したことがあります。一人は途中で競技をやめ、一人は競技を続けたのですが、続行したほうはガリガリに痩せ、もちろん生理もない。やめたほうは普通の健康的な女性として、毎日スポーツを楽しんでいました。競技スポーツは恐怖と背中合わせなのです。スポーツに関わる者は、その辺の状況をしっかりと把握しておくべきです……」

インタビューは二時間以上に及んだ。彼女は強い視線で言った。

「日本では、二〇二〇年東京オリンピック・パラリンピックについて、国立競技場をはじめ新たに建設する競技場についても、もっと議論すべきです。私たち研究者やジャーナリストは取材し、発信する責任と義務があります」

それから二日後の四月十二日。ジェニファー・ハーグリーブズは、寺島善一の計らいで東京・お茶の水の明治大学で講演会を開いた。多くの学生やスポーツ社会学を専門とする学者、ジャーナリストたちが駆けつけた。彼女は、オリンピックをはじめとするスポーツの意義を説いた。誰もが頷きつつ耳を傾けた。

オリンピアン有森裕子のジレンマ

大雪に見舞われた冬が去り、春がきて、初夏を迎えた。晩年が近づいていることを察知したのだろうか、東京体育館を背に中央門から見上げる国立競技場は寂しそうだった。

二〇一四年六月二十九日の日曜日。私は午前九時前には国立競技場にいた。二年後の二〇一六年の「希望郷いわて国体」と称された第七十一回岩手国民体育大会のメイン会場は、北上市の北上陸上競技場だが老朽化している。岩手県と北上市が座席の取り換えに国立競技場の座席再利用を願い、JSCに申請して受理された。私はその座席解体のために募られた、約六百人のボランティアの一人として参加したのだ。

用意された十三ミリのレンチを手に腰を屈め、座席下の二か所のボルトを緩める。さらに十ミリのレンチで四か所のボルトを外せば、簡単に座席を解体することができる。一つの座席を外すのに時間にして二分もかからないが、解体される側の国立競技場の心境を思えば「ごめんね……」と、少なからず申し訳ない気持ちになってしまう。

国立競技場の座席解体ボランティア。有森裕子も参加していた

そのような思いで作業を続けていると、素手でレンチを持つ女性の細い指が見えた。

「それじゃあ、きれいな指が可哀相ですよ。これを使えば……」

そう言って隣で作業する女性に軍手を差しだすと、なんとマラソンのオリンピアン、バルセロナとアトランタの二大会連続でメダリストになった有森裕子ではないか。もちろん、この時点で彼女がどのような経緯と理由でボランティアに参加したのかはわからない。

だが、それから一年後の一五年七月六日だった。新国立競技場建設反対を唱える市民団体「神宮外苑と国立競技場を未来へ手わたす会」が主催する勉強会に出向いたときだ。会場（渋谷区・日本建築家協会）に姿を見せていた有森裕子は、司会者から指名されるとマイクを手に約七分間、途中二十秒ほど絶句し、涙ぐむ場面もあったが発言した。仲間のオリンピアンやトップアスリートを代表するように、新国立競技場建設問題について、本音の意見を口にできない理由を語ったのだ。要約したい。

「ほとんどのアスリートは、今回のような問題が起こった場合、自分の意見を社会に発信したいと考えます。そういう人もいるとは思うんですけど、競技団体に所属して育ててもらい、競技に没頭することが私たちのいちばんの使命なんです……。

現役のアスリートが最高のパフォーマンスを発揮できるのは一瞬ですから、周りを触発するような言動はなかなかできないです。たとえ発言して、それがプラスになって、いい触発になればいいんですが、それはわからない。わからないんです。だからいまは、みなさんに、その気持ちを汲んでもらいたいんです。現役を引退した私の場合は正直、感情的になりやすいため、こうして参加して話すことができるんですが……」

スペシャルオリンピックス日本理事長、日本陸上競技連盟理事、日本プロサッカーリーグ理事、日本体育大学客員教授など多くの肩書を持つ、メダリストのオリンピアン有森裕子。彼女の言葉から、参加者たちはあらためてスポーツに関する問題が起こった際、オリンピアンやトップアスリートの物言わぬ理由の一端を知ったのではないか。同時に私の脳裏に芭蕉の一句が浮かんだことも事実だ。

物言えば唇寒し秋の風――

国立競技場の座席取り外しのボランティアは「国立のレガシーを北上へ！」の号令で、三時間ほどで終了。六千五百個の座席は三台のトラックに積まれ、北上市に向かった。昼食は岩手米のカレーライスが用意され、私は北上市から駆けつけた同年代の男性と席をともにした。食べつつ彼は言った。

「3・11の後だったな。県側は『国体なんか開催する場合じゃやねえ。それよりも復興だ』なんて言ってたけど、いつの間にか『復興のためにも国体をやる』なんて言うようになったんだ。私らは地元で開催するというなら、いろいろと手伝わなくちゃなんねえ。でも、解せねえことはいっぱいある。この国立競技場を壊してね、新しい競技場の建設が始まったら、私らの岩手、宮城や福島の被災地で働いている復興作業員は、賃金のいいこっちに流れてくると思うし、資材だってこっちのほうが優先される。〝復興〟という二文字がわかんなくなるんだよね。復興五輪なんて言われても、なんか複雑な想いですよ……」

以上の言葉に、福島出身の私は頷くほかなかった。

時計の針は午後二時を回った。ボランティアを終えた私は、隣接する明治公園・霞岳広場に行った。顔見知りのホームレスが声をかけてきた。

「こないだの二十五日だった。新宿区役所の職員がやって来て、『ホームレスは七月中にここから退去しろ』と言ってきたため、もう仲間は五人しかいねえ。あんたとよく話すインテリは、きょうも原宿の図書館に行ってると思うな。まあ、廃品や空缶（あきかん）集めで生活してる連中は大変だよ。高級マンションのゴミの集積所をあさってもろくな物はねえ。俺は名門ゴルフ場の会員名簿を手に入れて、まあまあの値段で売ったけどな」

「新国立競技場建設問題」が勃発して一年が過ぎた一四年十一月。この時点においても、文科省と管理・運営するＪＳＣは、計画の見直しを迫られながらも動かなかった。前年九月のＩＯＣ総会の最終プレゼンテーションで「他のどんな競技場とも似ていない真新しいスタジアムを造る」と、「国際公約」をした首相安倍晋三に忖度（そんたく）していた。

その結果、新国立競技場建設問題は解決するどころか、より一層迷走してしまうのだ。

爆弾が仕掛けられた！

二〇一五（平成二十七）年の正月は、故郷南相馬市の実家で過ごした。

元日とはいえ市内のスーパーは営業していて、好物カツオの刺身を買いに行った。埼玉や東京で口にするカツオとは比べることができないほど美味(うま)い。新鮮なホッキ貝は一個百円ほどだ。ただし、3・11以来、帰省してスーパーに出向くたびに「本当に大丈夫なの？」と疑ってしまう。魚介類に限らず、農産物を前にすると躊躇(ためら)うのだ。

もちろん、商品には漁協や農協が放射性物質（セシウム134、セシウム137など）を測定したモニタリング検査結果が表記されている。だが、素直に納得できないのは私だけではないはずだ。基準値（一キロ当り百ベクレル）以下であれば、すべて「検出せず」「不検出」と表記されている。つまり、線引き以下の九十九ベクレルなら安全・安心ということなのか。

南相馬市在住の同年代の知人は私に、こんな話をした。

「たとえば、原発事故で放射能を浴びた柿の木になった生柿でも基準値以下なら食べる者もいるかもしれない。しかし、同じ柿でも干し柿にしたら口にする者はいないと思う。干し柿にすれば水分がなくなって重さは減るが、放射性物質はなくならないからね。そういうことだよ……」

拡散された放射能は消えることはないし、透明人間のごとく目に見えない。そういった3・11以来の現実があるにもかかわらず、当時の安倍政権は「復興オリンピック」を声高にアピールしていた。

二〇一五（平成二十七）年一月九日の金曜日、いつものように国立競技場に行った。前年十二月半ばから本格的な解体作業が開始され、中央門側の明治公園・四季の庭のほとんどの樹木は伐採、移植された。近代オリンピックの始祖クーベルタンと、日本人初のＩＯＣ委員の嘉納治五郎の二つの碑もどこかに運ばれてしまった。

国立競技場に出向くたびに私は、植込みに茂るグレープフルーツとキンカンの木の実をもいで食べていたが、すでに伐採されていた。若い解体作業員に声をかけた。

「グレープフルーツの木、切っちゃいました？」

「ああ、昨日切ったよ。けっこう実がなっていたね」

桜、イチョウ、ヒマラヤスギ、クスノキなども次つぎと伐採され、丸太となって積んである。こうして人びとに親しまれた国立競技場は、その姿を消して行くのだ。

それから三か月ほど経った、四月三日の昼過ぎだった。私は国立競技場に急いだ。何故なら十時前だ。親しくなった警備員から情報が寄せられたからだ。

朝の七時半頃、解体中の国立競技場青山門辺りのゲートに乗用車が突っ込んだ――。

私は、「またか！」と思った。それというのも二か月ほど前だった。解体中の国立競技場に「爆弾を仕掛けた」という電話が入り、急遽解体作業は中止となり、四谷警察署が探知機で隈なく競技場敷地内を捜索したという話を聞いていたからだ。結果として、爆弾は仕掛けられていなかったのだが……。

ともあれ、現場に行くと、通りかかった住民が教えてくれた。青山通り方向から走ってきた、居眠り運転の乗用車が曲がり切れずに縁石を乗り越え、フェンスに激突した。運よく怪我人はでず、ジョギング中の人が目撃し、警察に通報したということであった。現場の歩道には警察が検証したと思われる白墨（はくぼく）で書かれた線が確認でき、フェンスは大きく凹（へこ）んでいた。

また、こんなこともあった。ＪＳＣは国立競技場解体の撮影記録業務をＮＨＫエンタープライズに落札価格一千八百九十三万六千七百二十円で委託。毎日、撮影クルーが解体作業を撮り続けていたが、三月半ばだったという。三百トンの大型クレーン車で足場が組まれ、鳶職人たちが照明灯の解体を始めたときだ。ＮＨＫと解体業者が二機のドローンを飛ばして空撮していたところ、突然見知らぬドローンが現れ、空撮を始めたという。関係者は色めき立った。

「業務妨害ではないか！」

南工区で解体作業に従事する、若い作業員は渋い顔を見せつつこう証言した。

「こうして上からも下からも撮影されているため、手抜きなんかできないんですよ。毎朝、七時四十五分からの朝礼では、元請けの現場監督に『周りのビルの屋上にもカメラが設置されている。バカな行動はするな！』と言われる。立ちしょんべんもできないですよ」

バックスタンド側の南工区の場合、多いときは六十二台の十トントラックが瓦礫などを積み、一日四往復で神奈川、東京、千葉、埼玉の廃棄物処理場に運んでいるという。

「まあ、他の現場なら十トントラック一台に十四トンほど積むこともあるんだが、この現場は国の仕事だから違反はできない。積んでもせいぜい十二トンまでだな。道路に土を落とそうものなら、すぐに文句の電話が入るんだ」

解体作業が順調に進めば北工区も同様に九月末、遅れても十月中には終了する予定だ。

建築史家松隈洋の「国立競技場と原発」

「なに撮ってんだよ！」

「カメラだせよ。フィルムだせ！」

怒声の主は、新国立競技場建設の基本デザイン、ザハ・ハディドの作品を強く推した金メダリスト建築家の安藤忠雄。写真週刊誌に直撃されたときだ。声を荒げ、手にした傘をカメラマンの顔に押しつけたためだという。現場は騒然となった……。

二〇一五年の六月五日、小雨降る京都の夜だった。場所は京都市左京区にある、京都工芸繊維大学センターホール。毎年、大学の創立記念日には安藤忠雄の講演会を催しているという。この日も立ち見がでるほどの聴衆が詰めかけた。しかし、私の隣の学生は途中「去年と同じ話や」と言い、ポケットからスマホを取りだした。

約一時間半の講演で安藤は終始、建築家としてのサクセスストーリーを語り、なんと仕事の極意の一つは「暴力」だと力説した。要約すると、こんな調子だ。

「私たちは誇りになる物を造らなあかん。そのためには命がけでやる。どうしてもやりたいときは暴力を振うんですよ。これからは暴力を振わない人は役に立ちませんよ。仕事を邪魔する者には暴力ですよ……」

当時の安藤は、「新国立競技場建設問題」について公の場では一切口にせず、週刊誌などは「沈黙の戦犯」などと揶揄していた。そのため私に限らず、誰もが期待したのは、そのことについて講演で話すのではないかということだった。ところが、ひと言も触れなかったためだろう。先に記したように講演会終了後、写真週刊誌が直撃したのだ。現場を目撃した大学関係者は言った。

「高校時代の安藤さんはプロボクサーでデビューしていますからね。だから、もしも大学敷地内で記者を殴ったら大事になると、もう心配でした……」

無論、この日の私は、単に安藤忠雄の講演を聴きにわざわざ埼玉から京都に足を運んだのではない。京都工芸繊維大学教授の松隈洋に会い、話を聞くのが目的だった。

松隈洋はいかなる人物なのか――。

いみじくも解体された国立競技場の建設が始まった年、一九五七（昭和三十二）年生まれの松隈は、京都大学卒業後に前川國男建築設計事務所を経て、二〇〇八（平成二十）年から京都工芸繊維大学で教鞭を執っている。『残すべき建築 モダニズム建築は何を求めたのか』（誠文堂新光社、二〇一三）、『建設の前夜―前川國男論』（みすず書房、二〇一六）などの著書をものにしているように「近代建築史」を専門としている。とくに一九四〇（昭和十五）年の「幻の東京オリンピック」と、その二十四年後に開催された六四年東京オリンピック。この二度の東京オリンピック施設計画に関わった、建築家岸田日出刀（ひでと）について調査・研究していることでも知られている。一八九九（明治三十二）年生まれの岸田は、「造形意匠の権威」と称され、研究室には丹下健三をはじめ、詩人としても知られた立原道造、ヒューマニズム建築を提唱した浜口隆一たち、さらに松隈が師事した前川國男も在籍した。

そのような建築史家の松隈洋は、槇文彦が新国立競技場建設問題を提起すると同時に賛同し、積極的にメディアで発言。その意義をわかりやすく丁寧に発信していた。

六月五日、運よく京都工芸繊維大学内で開かれていた「前川國男展」を鑑賞した後の午後三時。研究室を訪ねた私に、松隈は問いかけるように語った。

「今回の槇（文彦）さんが提起した新国立競技場建設問題は、単なる一オリンピック施設に起きた事件ではないんです。この国に民主主義の結実した公共的な空間があるのか。それを問いかける試金石だと思う。多くの歴史を目撃してきた明治神宮外苑、それが目的不明な巨大開発によって毀損されてしまえば、大きな負債だけが残る。

考えてほしいです。これほどの施設の建築がある日、議論されずに密室で決められてしまう。新国立競技場建設においては、ＪＳＣのコンペ案の実現をそのまま追認する形で、東京都の都市計画審議会は密室で決定した。神宮外苑の景観を保つ風致地区であるにもかかわらず、高さ七十五メートルまで緩和してしまった。このような思考停止の暴走をくい止める、より良き生活環境を築くための議論の道筋を、しっかりと読み取らなくてはならないですね」

さらに松隈は、ザハ・ハディドのデザインを選んだ安藤忠雄と同じく審査委員だった、ともに建築家で東京大学名誉教授の内藤廣と鈴木博之についても言及した。

「新国立競技場建設問題が起きた当時、安藤さんにお会いする機会があった。当然、事の真相を尋ねたのですが、『選んだだけや。文句があるんならＪＳＣに聞けばいい』と言って逃げた。たとえ祀り上げられて審査委員長を務めたとしても、やはり責任は大きい。鈴木さんは昨年（二〇一四年二月）亡くなられてしまったけど、学生時代は全共闘（全学共闘会議）のボス的存在として学生運動をやっていたと聞いていますから残念です。一方の内藤さんにもショックを受けた。昨年の春、ある会合でお会いしたら、『松隈君、潰してくれないか』と言う。だから、『何を潰すんですか？』と尋ねたら、なんと『新国立競技場建設プロジェクトを潰すんだよ』と……。つまり、ザハ案（デザイン）を選んだ自分たちは動けないが、君たちの反対運動で潰してほしいと。これはショックでした……。

思うのは、もし槇さんが問題提起しなかったらどうなっていたんだろうと。（一九二八＝昭和三年生まれの）八十歳を過ぎた槇さんが察知したのに、その下の世代の建築家たちは見逃し、スルーしてしまった。（四五＝昭和二十年生まれの）鈴木さんも、（その五歳下の）内藤さんもチェックできなかったばかりか、逆に加担してしまった。建築の世界が、そういった環境になっているのが怖いんです」

もう一つ。松隈はまた、私と同様に「新国立競技場建設問題」と「フクシマ」をリンクさせていた。直視してこう語る。

「ぼくが生まれる前年の五六（昭和三十一）年には、日本で初めて『原子力の平和利用』という惹句で原発（茨城県東海村）が稼働した。ぼくと原子力との関係について話せば、親父が長崎で被爆していたことは知ってはいた。中学のときに赤血球が少ないと診断されたこともありますからね。それで学生時代は『原発はおかしい』と思い、積極的に脱原子力運動を展開する高木仁三郎（物理学者、二〇〇〇年十月没）や、作家の広瀬隆の講演会に行ったりしていた。

つまり、建築史家のぼくの人生のなかには、原子力の歴史も入っている。たとえば、原発の危険性をいえば、建設は雨漏（あまも）りしない建物を造ることを要求される。でも、建築家に聞けばわかるんだが、雨漏りしない建物を造るのは簡単なようでかなり難しい。それを考えれば、放射能や汚染水が漏れない原発建屋があるとは思えない。日本に限らず、世界には多くの原発がある。それは時限爆弾を抱えていると同じ。フクシマの人たちはいま、苦しみながら見えない放射能と闘っている。それを傍観することはできない。新国立競技場建設問題も同じです」

3・11後、八十歳を過ぎた父親から、ナガサキでの被爆体験を初めて詳細に聞かされたと語った松隈洋。それを契機にさらに原発に疑問を抱き、一年後には仲間の建築家たちと共著で『原発と建築家』（学芸出版社、二〇一二）を上梓した。大学では学生たちと原発問題について論じているという。

六月五日の久しぶりの京都。安藤忠雄の講演には失望してしまったが、私にとっては松隈洋に会えたことが何よりもの収獲だった。

首相安倍晋三の朝令暮改

くしくも京都で過ごした同じ六月五日——。

東京ではザハ・ハディド案のデザインに異議を唱える槇文彦たち建築家グループが、記者会見を開いていた。政府＝文部科学省の管轄下にあるＪＳＣが総工費二千五百二十億円をつぎ込んで新国立競技場を建設する案に対し、代替案を発表。ザハのデザインの特徴である可動式屋根や、それを支える四百ﾒｰﾄﾙにも及ぶキールアーチを「高コストと工事遅延は免れない」と指摘し、文部科学大臣下村博文宛に「太平洋戦争末期に戦艦武蔵に無謀なレイテ島（フィリピン）突撃を指示した、軍参謀本部の姿勢と酷似したものがある」となぞらえた文言が記された提言書も公表した。

それが奏功したと思われる。十二日後の十七日に槇文彦は、ＪＳＣに招かれて詳細に説明。翌十八日には文部科学大臣下村博文が「前向きな提言には耳を傾ける」と言い、槇と会談した。しかし、あくまでもキールアーチを特徴とした政府案は変わることはなかった。

〈迷走する新国立競技場建設〉

〈納得できぬ見切り発車〉

〈無謀な国家プロジェクト〉

連日のようにメディアは、新国立競技場問題を報じた。全国紙の世論調査では現行案への反対は、実に七割以上に及んだ。


容赦なく時は過ぎる。私は週に一回は国立競技場に足を運んだ。

解体作業中のため高さ三メートルほどのフェンスで囲まれ、なかなか中の様子を見ることはできない。だが、顔見知りの警備員がいる青山門側の隙間から覗かせてもらうと、なんと東京体育館が見え、その後方には新宿副都心の高層ビルが広がっていた。芝生が剥されたフィールドには早くも雑草が茂っている。

七月に入ると国立競技場の姿は完全に消えた。この時期の私は、毎週金曜日午後六時からの首相官邸前での「原発反対」の集会だけでなく、国会議事堂前での「安保関連法案阻止」の集会にも参加するようになった。

そして、事態は急変する——。

七月十七日だった。首相官邸で首相安倍晋三が新国立競技場建設計画を白紙に戻し、ゼロベースで計画を見直すと発表したのだ。当然、誰もが驚いた。なにせ一週間前の十日の衆議院特別委員会で首相安倍は、次のように見直しを否定していたからだ。

「現段階では、これから国際コンペをやって新しいデザインを決め、基本設計をつくっていくと時間が間に合わない」

ところが、舌の根が乾かぬうちに「白紙撤回」をしたのだ。首相安倍はこう説明した。

「国民みんなで祝福できる、世界の人びとから称賛される東京オリンピック・パラリンピック大会にしたい。ところが、コストが当初の予定よりも大幅に膨(ふく)らみ、国民やアスリートからも批判があった。このままでは祝福される大会にするのは困難だ。一か月ほど前から見直しを検討した結果の判断だ。大会開催までに間違いなく完成することができると判断し、ゼロベースで見直すことにした」

まさしく朝令暮改だ――。

だが、当然、それだけの理由からではない。多くの憲法学者までもが「憲法違反」と指摘した安全保障関連法案を与党は、二日前の十五日に衆議院特別委員会で強行採決。前日の十六日に衆議院を通過させていた。そのため内閣支持率が大幅に下がることを恐れた安倍政権が、急遽白紙撤回に舵を切ったのだ。

二〇二〇年東京オリンピック・パラリンピック招致のため、国立競技場の建て替えを決め、新国立競技場建設問題が表面化してから実に一年九か月の歳月が過ぎていた。

その間、どんな批判に対しても、「国際公約」を盾に見直しを無視してきた首相安倍晋三。その責任は重い。当然、文科省とＪＳＣ、東京オリンピック・パラリンピック大会組織委員会、東京都の責任も重いが、その責任のなすり合いも見苦しかった。それは組織委員会会長、当時七十八歳の森喜朗の発言に代表される。

「ぼくは、もともとあのデザインは嫌いだった。生ガキがドロッとたれたみたいだ」

さらに居直ったのだろう。文部科学大臣下村博文は語った。

「首相には見直すべきだということについて、一か月前から提案していた」

周囲から「スポーツ界の木下藤吉郎」と揶揄された、JSC理事長河野一郎も言った。

「政府判断なので、指示に従い、これまでも動いていたし、今後もそうしたい」

一方、蚊帳（かや）の外に置かれた格好の都知事の舛添要一は、しかめ面で記者団に語った。

「何の相談もない。この大失策に至った経過を検証し、責任者を処分することが不可欠だ」

早い話が、長期政権の首相安倍を筆頭とした為政者たちの「オリンピックのためなら何でも許される」という勘違いと驕りが、無責任の連鎖を生み、新国立競技場建設問題解決を長引かせたのだ。

こんなずさんな国家プロジェクトはなかった。

解体屋フジムラの心意気

大手解体業者である「株式会社フジムラ」は、奇特な会社といってよい。業界初のテレビＣＭ放送を開始し、解体業のイメージアップを図った。最近では次のような話もある。

二〇一九（令和元）年九月九日の早朝だった。千葉県に上陸した台風15号は最大瞬間風速57メートル超を記録し、その強風で二千軒以上が停電に見舞われた。とくに千葉県市原市のゴルフ練習場の鉄柱が強風で倒壊し、民家十六軒が損壊する、いわゆる「市原ゴルフガーデン鉄柱倒壊事故」が起こった。そのとき四千五百万円ほどかかる撤収作業を無償で支援したいと申しでたのがフジムラで、その撤収作業はテレビのワイドショーで生中継された。

何故にフジムラは無償支援をしたのか。その理由は次の通り。二〇〇九（平成二十一）年五月、本社を構える東京・江戸川区と防災協定「災害時における重機機材及びオペレーターの供給に関する協定」を締結した。ゆえに自治体は違っても、無償支援を申しでたと言うのだ。

《妻や子が一つの願い父の無事　株式会社フジムラ》

解体される国立競技場を囲む高さ三メートルほどのフェンスに、以上の惹句が書かれた看板を見たのは二〇一五年一月半ばだった。北工区（メインスタンド側、ＪＳＣ本部ビル含む）を落札（十五億四千九百万円）したフジムラが解体作業を開始したのは一月五日。地上五階、地下二階のＪＳＣ本部ビルやメインスタンドなど、鉄筋コンクリート造の解体延べ面積は二万八千五百平方メートルに及んだ。（ちなみに南工区を十三億九千四百万円で落札した関東建設興業が解体する延べ面積は二万八千平方メートル）。

私が初めて東京・江戸川区に本社を構えるフジムラを訪ねたのは、一五年十二月二十二日だった。解体工事が終了した二か月後で、担当した執行役員工事部副部長の西俣英彰が快く取材に応じた。

一九八六（昭和六十一）年生まれの西俣が初めて国立競技場に入ったのは、落札を決めた後の一四年十二月だった。まずは設計図を手に隈なく構造をチェックしたという。

「解体作業に入る際は、『この建物はどういった人が設計したのか？』『なぜにこの構造にしたのか？　その理由は？』などと考えながらチェックするんですが、正直、国立競技場の場合は感心してしまった。たとえば、スタンドはすり鉢状になっているため、観客席のどこに座っても観やすい。五十年以上前に建設されたものですからね。『よくぞこの構造でできたなあ』と感心しました。それまで私は、ビルや団地、ホテルなどの解体が多く、競技場は初めてということで、これまでの集大成にしようと。もちろん、『失敗は絶対に許されないぞ！』という強い想いで現場を徹底的にチェックし、毎日百五十人ほどの作業員に指示する。朝八時前の朝礼の際は、作業員同士が向き合い、『ヘルメットはよいか？』『あご紐は？』『服装は？』『安全帯は？』『安全靴は？』などと言いながらお互いに確認し、最後は『顔色はよいか？』と言い合って作業に入ります……」

解体作業ででた瓦礫類の廃棄物は、安全型産業廃棄物（金属くず、コンクリートくず、ガラスくず、木くず、廃プラスチックなど）と石綿含有産業廃棄物（アスベストを含んだ繊維くずや汚泥など）に分けられ、ダンプカーで産業廃棄物処理場に搬送される。

「瓦礫はコンクリート類や金属類などに細かく分類し、建設リサイクル法に従い再利用できるようにする。コンクリートに関しては、処理場に搬送した後、さらに細かく砕き、それを砕石として新たな現場に持って行って再利用します。我が社の場合は、さらにオペレーターが、異物類が混じっているかを、入念にチェックします。アスベストに関しては、特別な資格を持つ者が、レベル分けして除去。写真に撮り、報告書を作成します。所轄の労働基準監督署に提出するためです」

解体終了予定日は九月三十日だったが、台風などの影響で一か月ほど延びて、すべての解体作業が終わったのは十月二十三日だった。

終始、丁寧な口調で取材に応じる西俣英彰。続けてこう言った。

「初めて体験する今回の現場で苦労したというか、これまでになく緊張したのは貴賓室を解体するときでした。ここに天皇・皇后両陛下をはじめとした皇族がいらっしゃったんだと考えると、やはり特別な気持ちになりましたね。秩父宮記念スポーツ博物館を解体するときも同じ気持ちでした。それに常に頭のなかにあったのは、『日本でいちばん注目されている現場だぞ』ということです。だから、ある面、緊張しつつも冷静だったと思います。七月に安倍首相が白紙撤回したときも『俺たちは最後までやり抜くぞ！』という強い想いで解体作業に取り組んでいました。その結果、無事故、無災害で一人の怪我人もださずに終えることができた。本当にいい仕事をした。当たり前のことですが、そう私たちフジムラの解体作業員は自負しています」

解体した瓦礫はできるだけ再利用する——。

無事故、無災害で一人の怪我人もださない——。

この二点をとくに強調した、解体屋フジムラの言葉を信じたい。国立競技場は、人生の節目である還暦を迎えることができなかったにせよ、静かに成仏して天国に旅立ったのだ……。

私がフジムラの本社を訪ね、西俣英彰が取材に応じた同日の十二月二十二日。首相安倍が「白紙撤回」してから実に五か月も経たこの日、ようやく政府である文科省とＪＳＣは、再コンペの結果（と言っても応募はたったの二案）、金メダリスト

国立競技場を解体中のフジムラ

建築家の隈研吾と大成建設・梓設計グループのデザイン案を採用することを発表。ザハ案のデザインに異議を唱えていた建築家の隈研吾は、こうコメントした。

「東日本大震災の被災地の材料を多く使いたいですね。木を媒介にして、オリンピックと復興を結びつけることができると考えています……」

一方、ＪＳＣは、それまでの総工費二千五百二十億円を四割ほど下回る、一千五百九十億円であることを誇張した。ただし、跡形もなく解体された国立競技場への鎮魂の言葉は、誰の口からも聞かれなかった。

オリンピックを翻弄した為政者たちの意中

白紙撤回後も次つぎと騒動が繰り返し起こり、多くの国民は呆れ返った。

もう読者は忘れてしまったかもしれないが、まずは損失一億円を超す「エンブレム類似騒動」（二〇一五年八月）が起きた。続いて次のような「明治神宮野球場使用問題」も起こった。

文科省とＪＳＣは、野球場を運営、管理する明治神宮に「二〇二〇年東京オリンピック・パラリンピック開催前後の約七か月間、明治神宮野球場を使用したい」という要望書を提出した。つまり、大会役員やボランティアが待機するプレハブ施設などを球場内に設営。同時に資材置き場としても使用したいということだ。

もちろん、明治神宮に限らず、明治神宮野球場を本拠地とするプロ野球のヤクルト・スワローズをはじめ、アマ野球の東京六大学野球連盟、東都大学野球連盟、東京都高校野球連盟までもが「神聖な球場を資材置き場にしたいとは、どういう了見か」と激怒。結局は八十日間に短縮して借りることになったが、この問題も「オリンピックと名が付けば何んでもあり」という驕りからだろう。

さらに、日本オリンピック委員会（ＪＯＣ）会長竹田恒和が理事長を務める、ＮＰＯ法人「東京２０２０オリンピック・パラリンピック招致委員会」が、海外コンサルタント費計九億円余のうちシンガポールのコンサルタント会社に、集票工作のために二億三千万円を支払った「東京五輪招致疑惑問題」も起こった。いかにＪＯＣの調査チームが「違法性はない」と結論付け、会長の竹田恒和も「招致を勝ち取るには必要な額だった」と説明しても、当時の書類が不明であることを知れば、その疑惑は拭（ぬぐ）いきれないだろう。結果、フランス検察当局の捜査を受けたＪＯＣ会長竹田は、一九年六月に退任に追い込まれた。また、セイコーウオッチや和光、ミキモトの三社からデジタルカメラや高級腕時計類など総額一千万円超で購入し、ＩＯＣ委員にばらまいていたことも明らかになった。いかに元電通専務で組織委員会理事の高橋治之がメディアの取材に対し「ＩＯＣの倫理規定の範囲内、あるいはそれを大きく超えていない……」と強調しても言い訳にしか聞こえない。

繰り返したい。二〇一三年九月八日の未明、ＩＯＣ総会で日本は首相安倍晋三の原発事故の汚染水について「アンダーコントロールしている」といった欺瞞（ぎまん）に満ちた表明で国際社会を説得し、二〇年東京オリンピック・パラリンピック招致に成功した。それ以来、国民が呆れ返るほど状況は混沌とした。

それだけではない。主催都市の東京都は招致から三年間で、不透明な借入金問題で猪瀬直樹、続いて政治資金の支出などを巡る問題で舛添要一の二人の都知事が不祥事を起こして辞任した。新たに二〇一六年九月に新都知事に小池百合子が就いたが、今度は一転して都が開設する豊洲市場の盛り土問題や、膨張する東京オリンピック・パラリンピックの開催費用に言及し、七月に着工されたばかりのボート・カヌー会場（海の森水上競技場）、五輪水泳センター、有明アリーナの三施設について、建設中止を含めた抜本的な見直しを命じる始末だった。

二〇二〇年東京オリンピック・パラリンピックは、招かれざる客になってしまったのだ。

新国立競技場建設に関しても考えられない問題が次つぎと起こった。首相安倍が白紙撤回したため、ザハ・ハディドの旧計画に対する清算作業の結果、デザイン監修、設計、施工業者らへの支払損失総額は六十八億五千九百万円にのぼった。損失額はすべて税金で支払われる。

さらに再コンペの末、先に述べたように建築家の隈研吾のデザイン案が選ばれ、大成建設と梓設計の事務所から成るグループが新国立競技場の設計を担当。「杜のスタジアム」をコンセプトに、総工費を一千五百九十億円内とし、年間管理維持費は約二十四億円に抑えるという。だが、新たな建設計画が進むにつれ、競技場内に聖火台を置く場所が設けていないことが明らかになり、ＪＳＣと東京オリンピック・パラリンピック大会組織委員会が互いに責任のなすり合いをする始末。組織委員会関係者は、私にこう言って居直った。

「世界の競技場を見ればわかりますが、聖火台のある競技場のほうが珍しいですよ」

バリアフリーの問題も明らかになった。当初の設計案での車いす席は、たったの百二十席だったが、ＩＯＣが規定する収容能力の０・75パーセント以上、ＩＰＣ（国際パラリンピック委員会）が規定する１パーセント以上のバリアフリー席設置の国際指針を知らなかったのだろう。急遽、五百席〜七百五十席に変更するお粗末ぶりだった。

また、オリンピック・パラリンピック開催の際は、隣接する明治神宮外苑広場にサブトラックは特設される。だが、その後は専用のサブトラックが併設されないために陸上競技場として使用することはできない。さらに屋根付きではないために音を発するコンサートなどのイベント開催も難しいと指摘されている。

ともあれ、二〇一六（平成二十八）年十二月十一日に新国立競技場建設は、一年二か月遅れで着工したが、首相安倍晋三はとことんオリンピック・パラリンピックを政治に利用した。一六年八月二十一日のリオ・オリンピック閉会式のオリンピック旗引継ぎ式のときも同じだった。本来なら日本人のレジェンド的存在になっているオリンピアンの任務と思われたが、これまた驚くべきことに一国の宰相である安倍晋三が人気ゲーム「スーパーマリオブラザーズ」のキャラクターに扮して登場している。

一七年に入ると、その勘違いと驕りは、本職の政治でも表面化する。「森友学園問題」、「加計学園問題」「財務省文書改ざん問題」が明るみになり、一九年十月には「桜を見る会問題」が勃発。さらに二〇年に入ると「東京高検検事長の定年延長問題」など不正疑惑が次つぎと噴出して国会で野党に追及されても、一切非を認めなかった首相安倍晋三。二〇二〇年東京オリンピック・パラリンピック開催まで、首相でいることに固執していると思われた。

ところが、二〇年八月二十八日だった。首相安倍晋三は、持病の再発を理由に首相を辞任した。

だが、あくまでも「オリ・パラを東京に招致したのは俺」という強い自負心からだろう。辞任後は東京オリンピック・パラリンピック大会組織委員会の会長（当時）、元首相森喜朗と会談し、新たなポスト「名誉最高顧問」を設けて就任。一方、ＪＯＣも安倍に忖度した。まだ二〇年東京オリ・パラが開催されるかどうかわからないというのに、東京招致の最大の功労者としてＩＯＣに推薦状を送り、十一月十三日にオリンピック運動の推進に功績のあった人に贈る「オリンピック・オーダー金賞」の受賞者に前首相安倍晋三が選ばれたことを発表。三日後の十六日、新国立競技場が隣接する日本オリンピックミュージアムで授賞式が行われ、前日に来日したＩＯＣの会長トーマス・バッハから授与された。その際に安倍は笑みを浮かべ、次のような返礼の弁を述べた。

「どんなにうちひしがれても何度もまた立ち上がる、人間の気高さを讃える大会になる。日本国民に対し、ガンバレ、絶対に成功させろと励ましを送るつもりで、このオリンピック・オーダー賞を下さった……」

歴代首相では初めての受賞という気負いからだろう。前首相は受賞の場で、コロナ禍で喘ぐ国民に向かい「オリ・パラを成功させるんだ！」という進軍ラッパを吹いたのだ。

もちろん、首相の座を引き継いだ〝令和のおじさん〟とか〝パンケーキのおじさん〟と言われた〝ガースー〟の菅義偉。一時は人気を得たが、就任早々の九月に「日本学術会議会員候補任命拒否問題」を起こし、国会での釈明もその場しのぎのうやむやのまま。心ある国民は呆れ返り、世界のメディアも批判的に報じ、フランスのルモンド紙は「菅首相は〝知性〟と戦争中」と皮肉った。

そして、十月二十六日の第二百三回国会。第九十九代内閣総理大臣に就任した菅義偉は、所信表明演説で前首相に倣って述べた。
「人類がウイルスに打ち勝った証しとして、東京オリンピック・パラリンピック大会を開催します」
揚げ足を取るつもりはないが、あくまでも「開催したい」ではなく「開催します」だ。二一年夏のオリンピック・パラリンピック開催をあらためて強調した。

オリンピック・パラリンピックをめざすトップアスリートの口を封じ、前首相安倍に翻弄されながら突き進んだ東京オリンピック・パラリンピック。二〇一九年十二月十五日に新国立競技場は着工から三年で完成し、竣工式が行われた。総工費一千五百九十億円の上限のもと、二十一億円ほど下回る工費で収めたという。

ただし、二〇一三年九月の招致の段階では、「復興オリンピック」と同時に表向きには「コンパクトなオリンピック」を標榜し、国の総経費は約七千三百億円と見積もられていた。ところが、六年後の一九年十二月、会計検査院は約三兆円（大会経費一兆三千五百億円、大会関連経費約一兆六千五百億円）まで膨れ上がると試算した。早い話が、国民の知らないところで血税を無駄遣いしていると言ってよい。

さらに新型コロナウイルスで一年延期となり、それに伴う追

2019 年 12 月 15 日に竣工した新国立競技場

加経費（会場施設追加利用料、営業補償費、整備リース費など）は試算では約二千億円。プラスして先の見えないコロナ対策費は、少なくとも一千億円は超える。単純に一年延期で三千億円超という膨大な費用になってしまう。たとえ政府、東京都、組織委員会が「オリンピック簡素化」を叫ぼうと、最大圧縮費は三百億円ほど。焼け石に水である。コンパクトどころか、肥大化するばかりだ。

近代オリンピックの始祖ピエール・ド・クーベルタンは、厳しく指摘している。

《スポーツ的余興だけを目的に、都市の役員が考えるマンモス・スタディオンの建設を軽蔑する》

改修すれば十分に活用できた国立競技場。それを無惨にも解体し、新国立競技場を建設した為政者たちは、このクーベルタンの至言にどう耳を傾けるのか——。

合掌　国立競技場建設の犠牲者たち

建設現場は常に危険が伴っている。ときには犠牲者もだしてしまう。それは、やむを得ないことなのだろうか——。

一九五八（昭和三十三）年三月に竣工した国立競技場は、何人の犠牲者をだしたのか。すでに竣工までの経緯は第四章に詳述したが、元請けの大成建設の国立競技場建設所長を務め、後に常務取締役に就いた横内憲夫。彼は現場の至る所に作業員から募った「安全標語」を紙に書いて掲げていた。

〈安全もレコードつくれ競技場〉

〈広い現場に細かい神経〉
〈やる気がないのは怪我のもと〉
〈油断するな、一寸の不注意身の破綻〉

横内は前掲書『国立競技場建設記』で「現場で死者をだすことは、責任者としての最大の汚点であり、不名誉なことだ」と述懐している。しかし、願いは叶わず二人の犠牲者をだしていた。最初の犠牲者がでたのは、建設開始から半年も経たない五月十六日（一九五七年）だった。悲惨にも作業現場を往来するスキップカー（台車）に轢かれたのだ。所長横内は著書に記述している。要約したい。

《死人は一人夫であり、全くの本人の過失である。しかも本人は女、子どもでもできるごく簡単な土方仕事ができなかった。とうてい車にひかれるなんてことは考えられなかった。やはり優秀工員に災害なしの原則である。

もちろん、事故が起きれば、ただちに連絡をして、刑事に来てもらい、その原因、目撃者、殺人行為かどうか、運転手の素行、その他実に入念に調査を続けた。ただ即死ではなく、慶應大学病院に運び、手当の結果、四時間後に死亡したので、医師の死因の言葉やその他で、本人の過失と断定された。

現場は死人をだすと、その後が大変である。解決まで最小限三日はかかる。その都度責任者は呼びだされる。法律的手続きが大変で、やっと片付けると、遺族の問題の解決がこれまた大変で仕事にならない。とりなしやら葬式やらで、一苦労である。前にもあったことだが遺族の一人が、あたかも私が殺したごとく詰め寄り、といって私が何百人の労務者一人ひとりを監視している訳ではないので、仕方ないが、さりとて殺したことはなんと言われても返答ができない。ただお詫びするだけである。その気持ちたるや、こういう商売以外の人では想像がつかないだろう》

スキップカーに轢かれて亡くなった作業員は、届けていた作業員名簿に書いてあった本籍地も氏名も虚偽で、各地の現場を転々とする流れ者だったという。ついに遺族も現れなかった……。

もう一人の犠牲者の場合は――。

それから七か月後の十二月十二日。快晴だったこの日は、皇太子（上皇）が建設中の国立競技場を視察することになっていた。そのため午前九時過ぎには文部省（文部科学省）と建設省（国土交通省）の高官は当然として、防衛庁長官（防衛大臣）、前厚生大臣（厚生労働大臣）、国会議員、日本陸連幹部たち。もちろん、元請会社の大成建設の社長・専務を筆頭とした重役たち、報道関係者を入れれば、百人近くが殿下を迎えた。

午前十時四十分ちょうど。皇太子がお見えになり、まずはフィールドの真ん中に用意された国立競技場の完成模型を見ながら、建設省関東建設局設計プロジェクトチームチーフの角田栄が殿下に説明。その後は、貴賓室や観戦するロイヤルボックスなど場内を視察し、昼過ぎにはお帰りになった。

その四時間後だったという。コンクリート表面を仕上げていた作業員が、四㍍ほどの高さの足場を踏み外して頭から転落。二人目の犠牲者となったのだ。再び所長横内の著書から抜粋したい。

《運動神経の少し発達している者だと、足から飛び下りても、捻挫か、悪くて骨折ぐらいであったろうに、運悪く頭から落下したので六時間後、ついに永眠した。

私の担当した仕事で最近四人目の犠牲者である。足場の上で足場板を移動中あやまって落下したのであるから、全く本人の不注意であった。だが、関係者に届ける書類には私の監督よろしきを得ないということになっている。またここに死人を再びだしたことは、どこへ行っても頭が上がらない。全く労務者自身がいま少し、自分の身体を大切にしてくれないと、事故が起こるごとに全くやり切れない。

慶應大学病院の屍室（しかばねしつ）で告別式をやったが、仏（ほとけ）の奥さんと、二歳になる可愛い女の子どもを見たら、人ごとと思えなくなってきた。警察署の課長が、労務係を一時間も説教したそうであるが、立場から言われることはわかるが、私にすれば注意する立場がうらめしい。責任者の中に入っての心痛は恐らく、その立場になった人でないとわからないだろう。望みとあれば、私はいつでも私の地位を交換してやってもいいと思う》

私が取材した建設会社関係者によれば、昭和三十年代当時の建設現場の足場はいまのような金属製のとは違い、ほとんどが杉の木などの丸太であり、常に危険が伴っていた。建設費一億円につき一人の犠牲者がでても不思議ではなかったという。

毎日、千人近くの作業員が働いていた、国立競技場建設の総工費は結果的に約十五億円。その総工費から換算すれば、犠牲者が二人で済んだのは最小限に抑えたのではないか、と。そう当時の建設業関係者は胸を張るかもしれない。だが、怪我人は連日のように続出した。救急箱がある詰所の床は、赤チンで真っ赤に染まったと伝えられる。建設現場での生と死は、まさに紙一重だったのだ。

私の仕事部屋の本棚には、作家開高健の『ずばり東京』（光文社、二〇〇七）がある。そのなかの「サヨナラ・トウキョウ」の項で、一九六四年東京オリンピックの閉会式に出向いた開高健は、黛（まゆずみ）敏郎が作曲し、ＮＨＫの技術部がつくった梵鐘（ぼんしょう）の電子音楽を聴き、加えて「君が代」が奏でられたためだ。暗い、陰惨な「おとむらい気分」になったという。

そして、六四年東京オリンピック関連の工事で何人が犠牲者になったかを記述している。それによると――。

・高層ビル（競技場・ホテルなどを含む）……十六人
・地下鉄工事……十六人
・高速道路……五十五人
・モノレール……五人
・東海道新幹線……二百十一人
――以上、死者は合計三百三人。

さらに開高健は、次のようにレポートしている。抜粋したい。

《病人、負傷者の数となると、もっとふえる。〝八日以上の休職者〟という官庁用語に含められる人びとであって、これは新幹線関係が入っていないが、合計一千七百五十五人という数字になる。新幹線関係の数字を入れるともっとふえるだろう。件の役所の話によれば、この一千七百五十五人のうち、統計的にはほぼ一割近くが障害者になるのだそうである。つまり、百七十人が障害者になるのである》

六四年東京オリンピックから五十六年。二〇二〇年東京オリンピック・パラリンピックは、周知のごとく新型コロナウイルスの拡散で一年延期となり、二一年夏開催になった。しかし、新聞の投稿欄に「さあ誰が五輪出来ぬと言いだすか」「オリンピック中止になれば五輪終(ごりんじゅう)」などの川柳が載るほど中止の声も聞こえてくる。

先に述べたように、新国立競技場の竣工式は二〇一九(令和元)年十一月十五日に行われ、続いてオープニングイベントが催されたのは十二月二十一日だった。

だが、それよりも前の十二月十日にごく一部の関係者を招いた内覧会が行われたことは報じられなかった。招かれた知人によると、主催者であるＪＳＣ(日本スポーツ振興センター)の担当者は、その理由は明かさなかったものの、参加者に強く釘を刺すように言ったという。「写真撮影は一切禁止です！」「本日のことは絶対に口外しないでください！」と。そんなに秘密にしておきたいことが、何処にあるのだろうか。

「建設反対！」「外苑の杜を守れ！」と叫んだ市民を完全無視。すったもんだのあげく設備経費一千五百六十九億円という巨額の血税を投じて新国立競技場を完成させた。

それでは、新国立競技場建設に伴う犠牲者は何人だったのか――。

二〇一七（平成二十九）年の七月だ。次のようなタイトルが付いた記事を全国紙が報じた。

〈新国立競技場　現場監督過労自殺か　残業月２００時間　遺族が労災申請〉

〈新国立競技場　残業過少申告習慣に「将来の代休」差し引く〉

それらの記事によると、その年の四月十五日だった。大成建設の下請け業者で、新国立競技場建設の現場監督をしていた男性（二十三歳）が、長野県内で遺体で発見されたのだ。遺体の近くには遺書があり、次のように書かれていたという。

《突然このような形をとってしまい、もうしわけございません。身も心も限界な私はこのような結果しか思い浮かびませんでした。家族、友人、会社の方、本当にすみませんでした。このような結果しか浮かばなかった私をどうかお許しください。すみません……》

七月二十日、東京・千代田区霞が関の厚労省で遺族側の代理人の弁護士が記者会見を開き、語気を強めて訴えた。

「人間の生理的限界をはるかに超えた、常軌を逸した時間外労働だ。男性が死亡した後も、業者や関係機関が痛苦な反省の上に改善措置をとっているとは言いがたい。

使用者はもとより、元請け、発注者、さらに東京オリンピック・パラリンピック大会組織委員会、東京都、政府関係機関は、この労働者の深刻な実態を直視すべきだ。

国家的行事であるからと言って、その準備のために労働者の命と健康が犠牲になることは、断じてあってはならない……」

そして、息子の死を悔やんだ、都内在住の両親は次のコメントを発表した。

《私どもの息子は、昨年3月大学を卒業し、昨年4月から建設会社に勤め、12月からは新国立競技場地盤改良工事の現場監督をしていましたが、今年3月2日に突然失踪し、死亡しました。

私どもは、息子が死亡したのは仕事による極度の過労・ストレスが原因であると考え、7月12日に東京労働局上野労働基準監督署に労災申請を致しました。

新国立競技場地盤改良工事の現場に決まったとき、息子は「いちばん大変な現場になった」と言っていました。

今年2月になると、息子はこれまでにないぐらい忙しそうでした。朝4時30分頃に起き、朝5時頃にでかけて行きました。帰宅するのは深夜でした。朝起きるのがとても辛そうでした。睡眠時間が短く、心配でした。2月後半になると、作業着のまま寝てしまい、起こしてもすぐ寝てしまっていました。

1月の終わり頃、重機が予定通りそろわず、工期が遅れている、という話を息子から聞きました。2月頃から、息子は工期の遅れを取り戻そうとしていたようです。厳しい管理を要求されていたのだと思います。

いまは、今後、息子と同じように、過労で命を落とすような人をださないという思いでいっぱいです。

労働基準監督署におかれましては、業務の実態を調査し、息子の死を労働災害と認めていただきたいと思います。

また、会社を始め、この工事に関与しているすべての皆さま方が、働く者の命と健康を守るために力を尽くしていただきたいと思います。　以上》

東京オリンピック・パラリンピックで使用される競技会場は四十五か所。もちろん、既存の競技場や施設も利用されるが、ほとんどが多くの建設作業員が動員されて新設し、改修や増設もされた。新国立競技場を筆頭に有明体操競技場、有明アーバンスポーツパーク、大井ホッケー競技場、海の森水上競技場、カヌースラロームセンター、夢の島公園アーチェリー場などを新たに建設。加えて東京・中央区晴海の都有地に再開発整備費約五百四十億円、宿泊棟内装費約四百四十七億円の資金をつぎ込んで一万八千人収容の選手村が開場した。血税が惜しむことなく投じられたのだ。

二〇二〇年東京オリンピック・パラリンピック関連施設建設に伴う犠牲者は、はたして若い二十三歳の彼だけだったのか——。

終章　ピュアなオリンピック運動

一九九五年一月十七日朝に起こった阪神・淡路大震災。あの日から二十五年目を迎えようとしている三日前の二〇二〇年一月十四日、私は関西に向かった。以前から取材したいと思ってい兵庫県西宮市在住のトライアスロンのオリンピアン、一九七五（昭和五十）年生まれの西内洋行に会うためだ。

西内は、私と同じ福島県南相馬市生まれの原町高校卒。現在は故郷を離れ、妻の実家がある西宮市を生活の拠点としているが、とくに二〇一一年三月十一日の東日本大震災、3・11後は原発禍のフクシマを中心とした被災地に出向き、いまも復旧支援活動を続けている。もちろん、それだけではない。毎年九月には兵庫県淡路島で親子三世代が参加できるイベント「ラブトライアスロン」を主宰する一方、老若男女問わず、誰もがスポーツを楽しむことができる環境づくりに情熱を注いでいる。

被災地への愛、トライアスリート西内洋行

一月十四日の午後四時、大阪市都島区にあるNSIスイミング・スクール——。当時の西内は、妻とともにコーチを務める西内を訪ねると、まずは3・11のときについて語った。当時の西内は、妻とともに海外遠征中でシンガポールに滞在。競技会にエントリーしていた。

「3・11のときは、CNNニュースで事の重大さを知り、西宮市の妻の実家に連絡を入れると義母に『帰国しても何もできません。大会終了後に帰国したほうがいいです』と言われた。実は妻の実家は、阪神・淡路大震災の際、家屋が全壊する被害に遭っているんです。そのため災害の状況を

把握できたんでしょうね。

そこで予定通り大会に出場することにしたんですが、ＣＮＮのニュースは『あと何時間後に福島原発はメルトダウンする』なんてね、専門家が予測していた。ところが、何故か日本ではそんな報道は一切されていない。そこでぼくは、ネットで原発事故に関する情報を集めて南相馬市の実家にパソコンのスカイプを利用して連絡した。『外出せず、放射能を遮断するため窓の隙間は目張りすべきだ』とか『すぐに避難のためガソリンを確保したほうがいい』などとね。結果的に原発事故が起き、実家の家族や知人はぼくたちが住む西宮市に避難しました」

さらに西内は行動にでる。被災者の心情を想い、大会事務局に直訴したのだ。

「妻と相談し、開会式のときに大会事務局から時間をいただき、英語でスピーチをしました。『とくに私の生まれ故郷のフクシマは、地震と津波、原発事故で大変な状況になっています。募金をよろしくお願いします！』などと、参加者と観客約一千人を前にして訴えたところ、誰もがニュースで知っていて、大会スポンサーも協力してくれてね。百四十万円ほどの募金が集まり、大会事務局が日本赤十字社に送ってくれました」

補足すれば、３・11で西内の親戚は津波で二人の犠牲者をだしている。若い従弟の遺体は発見されたが、お婆ちゃんの遺体は未だに行方不明だ……。

スポーツ万能の父の影響を受け、高校時代は水泳競技でインターハイ出場経験のある西内洋行。本格的にトライアスロン競技を始めたのは、東北福祉大学に入学してからで、卒業後は新聞配達や運送会社で仕分けなどのアルバイトで生活の糧（かて）を得て、トライアスリートの道を歩むことになる。

そして、二十五歳を迎える一九九九年五月。まずは「天草宝島国際トライアスロン大会」で初優勝。続いて翌年の愛知県蒲郡市で開催された「アジア選手権大会」では、六人の日本人選手が出場したなかでトップの成績を収め、二〇〇〇年のシドニーオリンピック代表選手に選ばれた。さらに四年後のアテネ大会にも連続出場を果たし、「トライアスリートのオリンピアン西内洋行」の名を知らしめたのだ。

ところが、西内はオリンピックに出場した実感はあまりないと言う。何故なのか？

「トライアスロンがオリンピックの正式競技に採用されたのはシドニー大会のときからですから、たしかにぼくは運がいいです。でも、感激したかというとそうでもない。何故ならオリンピックの場合は、水泳が1・5キロメートル、自転車が40キロメートル、ランも10キロメートルと短く、二時間弱で競技を終えることができます。要するに、オリンピックのために短い距離に設定されたということですね。

ぼくがトライアスロンに魅了されたのは、水泳3・9キロメートル、自転車180キロメートル、ラン42・195キロメートルの距離を、まずは泳ぎ、自転車をこぎ、最後はフルマラソンの距離を走り切る。それがアイアンマンに挑むトライアスロンの本来の姿、原点なんです。そう考えた場合、オリンピックのために設定された短い距離では物足りないというか、トライアスリートとして充実感を味わうことができない……。

ぼくが理想とするトライアスロン競技は、日本の華道や書道、柔道などと同じ〝道〟を模索し、極めることです。『もう辛い。棄権しよう』なんて弱音を吐けば、『お前、もう少し頑張れ！』と叱咤する。自分自身と葛藤しつつ十時間もかけてゴールをめざす。ぼくが挑み続けているトライアスロンの最大の魅力は、そこにあります……」

思わず私は、西内に尋ねた。トライアスロンは、武道と同じように〝道〟ですか?

「はい。たとえば、毎年ハワイで開催される『アイアンマン・トライアスロン大会』は、十八歳から八十代までの男女約一千八百人が一緒に朝七時にスタートし、その日の夜中の十二時までにゴールすればいい。速い人は七時間くらいでゴールするし、十七時間近くかかる人もいる。でも、時間内に完走すればみんなに祝福されて『アイアンマン』の称号がいただける。たとえビリだろうが、みんな勝者なんです」

この説明に私は素直に頷き、クーベルタンの「勝つことではなく参加することです」の言葉を頭に浮かべた。西内は、続けて語る。

「もちろん、二回もオリンピックに参加できたことはいい経験になりました。ただし、納得できないこともあった。シドニーのときは、何故か開会式にも閉会式にもお呼びがかからなかったし、選手村にも入れなかったんです。競技を終えたらさっさと帰国せよという感じだった。でも、二回目のアテネのときは違いました。大会期間中は選手村で過ごせたし、食堂に行けばトライアスロン以外の違う競技の日本に限らず、海外の選手たちとも気軽に会話し、交流することができた。『ああ、これがオリンピックの本来の姿、素晴らしさだ』と痛感しましたね」

私が初めてユニフォーム姿の西内を見たのは、3・11から一年九か月後の二〇一二年師走。故郷南相馬市で開催された「第25回野馬追(のまおい)の里　健康マラソン大会」を取材したときだった。順天堂大学時代に大学箱根駅伝で〝山の神〟と称されて活躍した、同じ原町高校卒の今井正人(一九八四年生まれ、トヨタ自動車九州）たちとともに復旧支援のために参加していたのだ。西内はこう言った。

「3・11後に発足された東日本復興支援財団の『東北〝夢〟応援プログラム』などのメンバーとなって被災地に出向き、とくに子どもたちにスポーツを指導しています。呼ばれればどこへでも行きますね」

とにかく、西内は持ち前のフットワークのよさを生かし、各地でスポーツ推進に尽力。私が大阪で取材した四日後には3・11の被災地の宮城県利府町に行き、子どもたちにスポーツの素晴らしさを伝えた。

東北〝夢〟応援プログラム。左端が西内洋行

遠い「復興オリンピック」への道

西内洋行に会った翌一月十五日。私は二十五年前に取材した阪神・淡路大震災の被災地である神戸市、芦屋市、西宮市に出向き、当時を振り返りつつ遊歩道などにある鎮魂慰霊碑を前に合掌。新幹線で埼玉の自宅に戻った、まさにその日だった。日本における「新型コロナウイルス感染症」の一例目が確認されたのだ。

その後は周知のように、コロナ禍で他のスポーツ大会と同様に二〇二〇年夏開催の東京オリンピック・パラリンピックは揺れ動く。その経緯をあらためて記せば——。

まずは翌月の二〇二〇年二月二十五日。ＩＯＣ（国際オリンピック委員会）の前副会長ディック・バウンドが、「新型コロナウイルスの収束が五月末まで訪れなければ中止もあり得る」と言及。「予定通り夏開催を進める！」と強調していた、当時の首相安倍晋三が慌てたのは言うまでもない。

三月十二日、ギリシャ・アテネで聖火採火式が行われるが、コロナ禍でギリシャ国内の聖火リレーは中止。三月二十日に聖火は海を越え、宮城県の航空自衛隊松島基地に到着するものの、好事魔多し。二日後にＩＯＣは延期の検討を発表し、ＷＨＯ（世界保健機関）が「パンデミック（世界的大流行）加速」との見解を示した翌三月二十三日だ。この段階で首相安倍もコロナの脅威を感じたのだろう。参議院予算委員会で「完全な形での実施が困難な場合は、延期の判断を行わざるを得ない」と答弁したのだ。

そして、二〇年東京オリンピック・パラリンピック開催が一年延期の二〇二一年七月二十三日に決められたのは、翌日の三月二十四日。その夜、首相公邸で首相安倍はＩＯＣ会長のトーマス・バッハとの電話協議によって決めるわけだが、首相公邸で見守ったのは、元首相の組織委員会会長（当時）森喜朗、東京都知事の小池百合子、オリンピック担当相（当時）の橋本聖子、官房長官の菅義偉のみだった。

つまり、「アスリート・ファースト」は無視されたのだ。一年延期が決められたＩＯＣ会長バッハとの重要な電話協議の席に、何故かアスリートを代表する立場であるはずのＪＯＣ（日本オリンピック委員会）、その会長である金メダリストオリンピアン山下泰裕の姿は見られなかったのが、その証左である。ＪＯＣは東京都とともにＩＯＣと開催都市契約を結んでいるにもかかわらずだ。蚊帳の外に置かれた格好の山下は、後にこう呟いている。

「協議の内容は、組織委員会事務局から連絡がくる前にテレビニュースで知った……」

終始、東京オリンピック・パラリンピック開催は、「政治主導」で進められた。

当然、一年延期のために二日後の三月二十六日に予定されていた、原発事故の対応拠点となったJヴィレッジ・スタジアムをスタートする聖火リレーは中止となった。当時、南相馬市在住の私の友人は、電話でこう言っている。

「聖火リレーが中止になって失望したのは、除染したきれいなコースを走る聖火リレーに参加する一部の人だけ。それ以外の地元の連中は、一年延期になろうが関係ないという感じだね。原発禍の街は未だに帰還困難区域が多いし、いくら野球とソフトボールを福島で開催しても歓迎する者は少ないんじゃないか。会場の（中通りの）県庁所在地の福島市のあづま球場は、（放射性物質の）線量が高い浜通りとは違い、被災者が避難していた場所だったしね。まあ、ここよりも線量が低いために会場に選ばれたと思うけど、海外の選手は原発事故が起きたフクシマで試合することに抵抗があるんじゃないの……」

あえて補足すれば、福島市の県営あづま球場で行われるオリンピックの野球とソフトボールの競技は当初、各一試合の二試合だったが、その少なさに福島県側が不満を抱いて訴え、組織委員会が仕方なくソフトボールのみ六試合に増やしたという経緯がある。野球よりもソフトボールのほうが、試合時間が短いためだ。

もう一つ記せば、私が耳を疑ったのは、全国各地を走る一万人に及ぶ聖火ランナーの参加費についてだ。各自治体が募集し、抽選によって決めたというが、聖火ランナーに選ばれた知人よれば、組織委員会がメールで伝えてきた参加費（トーチ代金）は、なんと七万円也。ほとんどのメディアは参加費については報じていないが、トーチを掲げて走る距離はたったの二百メートルほど。その記念品として手にできるトーチが七万円ということだが、その金額に驚くのは私だけか。

ともあれ、三月二十四日夜に東京オリンピック・パラリンピック開催は一年延期となるが、その二十日前、3・11から丸九年目を迎える直前の二〇二〇年三月四日だった。四か月後に迫った東京オリンピック・パラリンピック開催に向け、政府は原発禍の街の一部区域の避難指示を解除した。だが、当然のごとく放射性物質が拡散された原発禍の街には変わりはない。

たとえば、東京電力福島第一原発を擁する双葉町の場合は——。

町域（五十一・四十二平方キロメートル）の九十六パーセントが帰還困難区域であるにもかかわらず政府は、「放射線量観測地点三十七か所のうち三十四か所で毎時3・8マイクロシーベルトを下回っている」と強調した。しかし、あくまでも基準値は毎時0・23マイクロシーベルト。それを考えれば、原発事故から九年を経ても放射線量は、驚くべきことに基準値の十六倍。復興庁が前年の一九年秋に実施した住民意向調査に

県営あづま球場前に立てられたのぼり

よると、約五千九百人が住民登録をする双葉町では「（故郷に）戻りたい」は一割にとどまり、帰還希望者のほとんどは高齢者だと言う。一方、放射能を恐れて「戻らない」住民は六割を超えている。

そして、大問題なのは、未だに三万人近い被災者が放射能に脅え、県内外に避難している現実だ。すでに彼女、彼らは東京電力（国）や県からの支援金が打ち切られたため、経済的に困窮し、PTSD（心的外傷後ストレス障害）などで苦しんでいる者が多いと聞く。加えて一九年十月十二日に福島県は、「令和元年東日本台風（19号）」で甚大な被害に遭っている。全国で犠牲者は百五人だったが、なんと福島県は最多の三十二人。当然、二〇二〇年を迎えるとコロナ禍で二重、三重の苦しみを味わっているのだ。さらに、二〇二一年二月十三日には震度6強の地震に見舞われた……。

以上が、3・11から十年の二〇二一年、令和三年を迎えたフクシマの実相である。「復興オリンピック」と呼べる状況ではない。

オリンピック教育を、熱血先生小山吉明

新型コロナウイルス国内感染者が十九万人に迫り、一日の感染者が初めて三千人（三千二十九人）を上回った日、年の瀬が迫りつつある二〇二〇年十二月十二日だった。

その日、二十三年前の一九九八（平成十）年四月号から連載（「スポーツ新職人賛歌」）をしている月刊誌『体育科教育』（大修館書店）最新刊の一月号を手にした私は、次の特別寄稿の記事に着目した。自著『大島鎌吉の東京オリンピック』も参考文献として引用されていたこともあったが、まさに目から鱗。筆者は長野県須坂市立常盤中学校教諭の小山吉明で、記事のタイトルは――。

《特別寄稿　東京大会中止を想定した五輪教育を考える》

早速、編集部に連絡。小山に取材依頼のメールを送った。

保健体育教員の小山吉明が、初めて授業に「オリンピック教育」を採り入れたのは一九九四年度からで、二か月前の二月に冬季リレハンメル大会（ノルウェー）が開催され、四年後には長野オリンピックが控えていた。当時、長野県上水内郡三水村（飯綱町）飯綱中学校に赴任していた三十五歳の小山は、生徒に接していて不安を覚えたという。何故なら、たとえば毎年十月十日の体育の日（スポーツの日、十月第二月曜日）が、六四年東京オリンピック開幕の日を記念して祝日に定められたことを、ほとんどの生徒が知らない。その上、四年に一度のオリンピックを、単なる国同士のメダル争いの場と思っていたからだ。

四年後に故郷長野でオリンピックが開催されるというのに、オリンピックについて知らないことが多すぎる。これでは平和の祭典であるべきオリンピックを温かく迎えることはできないではないか。もっとオリンピックについて学ぶべきだ――。

そう考えた小山は「オリンピックの歴史と精神」をテーマに、毎年二時間の授業を開始する。生徒たちを前に単にオリンピックについて説明するだけでなく、オリンピック関係の新聞記事、スポーツ誌、写真集、専門書などの文献から重要な箇所を引用してパネルをつくる一方、ビデオやスライドを見せる視聴覚教材も有効に活用。生徒とともにオリンピックについて追究する授業を展開したのだ。

そして、二十三年前に開催された九八年の長野オリンピック――。

私の手元には小山からいただいた、Ｂ５サイズの六十八㌻に及ぶ冊子「１９９８長野冬季オリンピック　まるごとWatching」がある。小山自身が生徒のために手づくりで出版したもので、その冒頭には近代オリンピックの理念である「スポーツを通しての青少年の教育」「スポーツを通しての世界平和」などが記述され、提唱したピエール・ド・クーベルタンが晩年に遺した言葉を引用している。

《みなさんを悲しませるかもしれないが、私は一つの予言をしておきたい。もし私が百年後に再び生を受けることになるなら、私が築きあげてきたオリンピックを破壊することに務めるかもしれない》

このクーベルタンの言葉を受け、小山は生徒たちに強く問いかけている。

《すばらしい選手たちに精一杯声援を送り、オリンピック観戦を楽しみながら、一方で現在のオリンピック問題もしっかり見ていきたいと思います。自然保護や施設の後利用、開催費用の問題は君たちが大人になっても残されていく問題です。しっかり事前学習をして中学生時代の自分自身の目にＮＡＧＡＮＯオリンピックの現実の姿を焼き付けておきましょう。一生の思い出になることは

確実です》

それでは、九八年二月七日から十六日間にわたって開催された長野オリンピック。事前に学習していた飯綱中学校の生徒たちは、実際にオリンピックを観て何を感じたのか——。

もちろん、たとえ競技会場に行けなくともテレビ観戦で、精魂傾けて頑張る各国選手に惜しみない声援と拍手を送る。寒いなか、一日中笑顔で交通整理をするボランティアのみなさんを見れば、元気よく「ご苦労さま！」「お疲れさまです！」と声をかける。道に迷っている海外や県外からの観戦者や観光客がいれば、進んで道案内をし、片言の英語で話しかける。道路にゴミが落ちていれば拾う。大会期間中は国連が世界平和を訴えて「停戦決議」を採択したことも知っていたため、住民誰もが故郷長野で開催されたオリンピックの成功を祈り、協力し、盛り上げ、平和を願ったのだ。

ただし、同時に商業主義優先でオリンピックが運営されている現実も眼にした。

二月七日に行われた長野オリンピックスタジアムでの開会式——。

最終聖火ランナーの一人、右手足を失っている地雷廃絶運動家の英国人クリス・ムーンさんを子どもたちが笑顔で温かく迎え、一緒に会場内を走る姿を観て感動したのは事実だった。しかし、アジア初の冬季オリンピックの開会式が何故に夜ではなく、午前十一時から行われたかの理由も知る。決して参加した子どもたちを考えたものではなく、三百四十六億円という高額の放映権料をIOCに支払ったアメリカのテレビ局の意向に沿ったもので、その時間帯は視聴率の取れるアメリカのゴールデンタイム（午後七時以降）だからだ。また、競技開始時刻が午後三時のスピードスケートの場合も、人気の高いヨーロッパの人たちが生放送で観られるように気遣ったため。日本の午後三時は、ヨーロッパでは午前八時なのだから。

それだけではない。長野オリンピックではコカコーラを筆頭にコダック、ＩＢＭ、マクドナルド、キリン、ミズノ、ＮＴＴ、トヨタ、セイコーなどの大手企業から協賛金として二百八十一億円ものスポンサー収入を得ていたため、たとえば聖火リレーのときだった。ルート沿いにあるコカコーラ以外の飲料メーカー、とくにペプシコーラの自販機はボードで隠され、中継所には〝ジョージア〟の幟(のぼり)旗が乱立。一方、沿道で声援を送る子どもたちにもジョージアや日の丸の小旗を持たせるため、コカコーラは事前に各小学校に小旗を送っていたのだ。これに抵抗を示し、クラスの児童に自由に応援の小旗をつくらせた賢明な教員もいたのだが……。

さらにこんなこともあった。開催地の長野市の主婦たちが、競技会場内でとん汁サービスを計画したところ、組織委員会の許可を得られなかった。その理由は、競技会場にはコカコーラ、キリン、マクドナルドなどのスポンサー企業が出店し、飲食物を販売する邪魔になるから。その後に再検討されてとん汁サービスは許可されたが、何事も商業主義優先でオリンピックは運営された。

長野オリンピックで生徒たちは多くを学んだ。長野市オリンピック記念アリーナのエムウェーブの建設費用は三百三十七億円で、その他の施設建設費用を加算すると総額一千八百二十三億円。これらの費用は国の補助金と長野県や市町村が発行する地方債、つまり借金を税金で返す形で費用を捻出する。そのこともわかった。

長野オリンピック終了後に小山は、生徒たちを前に言った。

――NAGANOから世界へ。これからのオリンピックが進む道を発信するのは君たちです。

長野オリンピックから二十三年の歳月を経ているが、現在の小山吉明は先に述べたように常盤中学校に赴任。いまも毎年「オリンピックの歴史と精神」をテーマに授業を続けている。

二〇二〇年度の新学期を迎えた――。

小山は、まず第一時の授業では三月に東京オリンピック・パラリンピックが一年延期と決まったことをあらためて生徒に伝え、その際にテニスの大坂なおみ選手が発した、次のコメントをスライドで見せた。

《スポーツには人々の心を繋(つな)ぎ、感動を与えるパワーがあります。しかし、いま私たちがしなければいけないことはスポーツを救うことではなく、世界中の人々が人種や国境の壁を超えて、数多くの命を救うのが一番大切なことです。それこそまさに〝オリンピック精神〟ではないでしょうか》

つまり、小山は大坂選手が言う「オリンピック精神」って何だろうという発問から学習に入ったのだ。もちろん、例年のように近代オリンピックの歴史をスライドで解説し、同時に一年延期して来る二〇二一年夏開催の是非についても生徒たちからアンケートを取った。

続く第二時の授業では「国や政治がオリンピックを変えてしまった時代からオリンピックが世界を変える時代へ」をテーマに、たとえば、ソ連のアフガンへの侵攻に抗議したアメリカに追従し、日本が参加をボイコットした八〇年モスクワ大会（参加ボイコット国は日米を含めてカナダ、西ドイツ、ノルウェー、トルコの六か国）。その際に涙ながら参加を訴える日本選手のスライドを見せる。一方、共産圏ではない西側の国である英国、フランス、イタリア、スペイン、オランダなどの選手たちはオリンピック旗や独自の選手団の旗を用いて参加する。そのことをＩＯＣは評価したのだろう。これを機に大会で使用される旗や歌は、「選手団の旗」「選手団の歌」となり、オリンピック憲章は改訂され「オリンピック競技大会は個人種目または団体種目での選手間の競争であり、国家間の競争ではない」と明記された。

以上のことを初めて知った、ある生徒は感想を述べている。

――オリンピックでは勝ち負けよりももっと大切なことがあることを知った。メダルの数は気になるが、国同士の友好を深めることが大事だ。国旗ではなく、選手団の旗や歌だということを知り、いつもただテレビで見ているオリンピックとは全く違うもののように思えた。本当の意味をよく考えてオリンピックを見ていきたい……。

小山は、『体育科教育』（二〇二一年一月号）の記事で次のように指摘をしている。

二〇二〇年三月に一年延期が決まった東京オリンピック・パラリンピック。しかし、コロナ禍で二〇二一年を迎えようとしていても開催の厳しさは増し、中止すべきとの声も日に日に大きくなっています。にもかかわらず、ＩＯＣや組織委員会は中止の可能性を考えない。その原因を探ると商業主義の問題に行き着く。協賛企業にとって大会中止は大きな損失だからです。しかも今回はオリンピック史上初めて複数の大手新聞社までもが契約（二〇一六年一月二十二日、オリンピック・オフィシャルパートナー契約。一社十五億円、四社で計六十億円）を結んでいるため、メディアからも中止の論調さえでてこない――。

二学期の第三時の授業において小山は、この状況をどう生徒たちに伝えるべきかを考える。その結果、すでに第一時の授業の際に生徒たちに開催の是非をアンケートで調査し、多くの生徒はさらなる延期か中止すべきと答えていた。そこで生徒たちに問いかける。

「アンケートでは、君たちの多くは中止にすべきだと答えています。では、大会が中止になった場合、大坂選手が言っていた『オリンピック精神』はどうやって広めればいいのかな？　そのことについて考えてみよう」

この問いに対し、生徒たちはこれまでの学習でオリンピック精神とは何かをおおよそ理解していた。だが、中止になった場合は、どうすればいいかわからない。考え込んでしまった。そこで小山は、商業主義優先から生じる問題を理解させるために協賛企業の一覧表をスライドで示し、その仕組みと問題点を解説する。

さらに第一時の授業で配布したプリントを手に、あらためて近代オリンピックの日的（旧オリンピック憲章）を復習させた。そこには次のように書かれていた。

①スポーツの基盤となる肉体的・道徳的資質を向上させる。
②深い相互理解と友好の精神にのっとって若人を教育し、より良い平和な社会の建設に寄与する。
③世界中にオリンピック精神を広め、国際親善を深める。

④四年毎に開催されるスポーツの祭典オリンピック大会に世界中の選手を参集する。

生徒たちを前に、小山はプリントを手にこう言った。

「大会開催については、④番目に書いてあります。でも、大会を開催することだけがオリンピックではないんです。大会が開催されなくとも、その前の①②③の三つのことをすればいいと思います。その具体的中身については、現在のオリンピック憲章にもっと詳しく書かれているから、それを勉強しよう」

そして、次のオリンピック憲章の「オリンピズムの根本原則」の部分をプリントした用紙を生徒たちに配ったのだ（抜粋）。

・スポーツをすることは人権の一つである。すべての個人はいかなる種類の差別も受けることなく、オリンピック精神に基づき、スポーツをする機会を与えられなければならない。

・このオリンピック憲章の定める権利及び自由は人種、肌の色、性別、性的指向、言語、宗教、政治的……いかなる種類の差別も受けることなく、確実に享受されなければならない。

再び小山は、プリントを読んだ生徒たちに問いかけた。

「こうしてみんながスポーツを楽しんで友好を深め、国際親善によって平和な社会をつくることがオリンピック運動です。たとえ東京でのオリンピックやパラリンピックの競技大会が中止になっても、こうしてオリンピック運動を推進して次の二〇二四年のパリ大会へバトンタッチしていかないと、世界から『東京は一体何をやっているんだ』と批判されてしまいます。

それでは、どのようなオリンピック運動をすれば次のパリ大会へ引き継ぐことができるかを考えてみよう。ＩＯＣとして、ＪＯＣや日本政府や東京都として、協賛企業として、アスリートとして、私たち中学生は何をすべきか。働く大人や高齢者の健康・スポーツ活動、障がい者のスポーツは、世界各地の青少年のスポーツはどうあるべきなのか、真剣に考えよう」

この小山の問いに、生徒たちは真剣に考える。その結果、次つぎとこう言った。要約したい。


「オリンピックが中止になったら、オリンピックの代わりにみんなが運動する」

「私たち中学生が地域と連携して、もっと自由にスポーツができる場所を考える」

「支援学校の人と運動する機会を増やす」

「こういう時だから施設を開放などをして交流して、オリンピック精神を広める」

「協賛企業は、スポーツをできない人たちがスポーツを楽しめるように応援する」

「小さな大会や交流大会のようなものを開催して、協賛企業が支援する」

「トップアスリートが子どもたちにスポーツを教える」

「テレビで『オリンピック精神』というのを放送する。たとえば世界でも名シーンとなった部分を動画にして世界に発信する」

「中学生としてオリンピックで学んだことをいろいろな人に伝える」

「オリンピック休戦をいつも通りやり、スポーツをやりたい人にスポーツを教える」
「人種差別について話し合うことができる場所を東京都に設け、スポーツ選手や一般の人の声や行動を世界へ発信する」
「日本中でたくさんの人がスポーツを楽しみ、人権など関係なしにともにスポーツを楽しんでいる様子を世界中に発信する」
「世界中がコロナとの闘いに協力し合い、協賛企業もコロナとの闘いに力を注ぐことでオリンピック精神を広める」
「人の命より大切な物なんか絶対にないと思うから、この空いた時間だからこそ、もう一度オリンピックのことをよく知った上で次の大会につなげたい」

この中学生たちの声を、私たちは素直に受け止めなければならない。第七章で紹介した「オリンピック運動と精神」を世界に発信する英国人スポーツ社会学者、J・ハーグリーブズ女史が強調する言葉をあらためて肝に銘じるべきだろう。

スポーツ・フォー・オール――

以上の第三時の授業が開始される直前、テニスの大坂なおみ選手が全米オープンで優勝する。そのときのコメントを再び小山は、スライドで示していた。

《私はアスリートである前に一人の黒人女性です。すぐそばには、私のプレーを観ることよりも

はるかに大切な、眼を向けるべきことがあると感じています》

小山は、この大坂選手の言葉も生徒たちに伝え、二〇二〇年度の「オリンピックの歴史と精神」の第三時の授業を終える。小山は言う。

「中止になった場合、予定されている大会期間の二〇二一年七月二十三日から八月八日を『国際オリンピック親善大会（仮称）』とし、世界中の人たちが東京を中心にスポーツと平和、人権、健康について考え、親しみ、実践していく期間と位置づけて様ざまな取り組みを展開すべきです」

もし二〇二一年夏開催予定の東京オリンピック・パラリンピックが中止、さらに延期も断念した場合だ。小山が独自の方針を示し、生徒たちが思いを込めて願ったように、ＩＯＣを筆頭に、ＪＯＣ、日本政府、組織委員会、東京都、アスリート、加えて協賛企業やメディアも一体となり、オリンピック・パラリンピック大会に代わるイベントなどを開催し、世界に発信することができるのだろうか――。

生徒たちにオリンピックの本来の姿を説き、オリンピック教育に情熱を燃やす中学校教諭の小山吉明――。

生まれ故郷は長野県。還暦を迎えたいまも陸上競技の棒高跳を続け、第一章に記したオリンピアン依田郁子の母校（上田染谷丘高校）と同じ上田市の上田高校時代は、東京の国立競技場で開催されたインターハイに出場している。

小山は若き日を振り返って語った。

「私も依田さんと同じ上田市営陸上競技場で棒高跳の練習に励み、高校三年のときに国立競技場でのインターハイに出場しましたが、惨敗でしたね。ただし、国立競技場は思い出深い、縁起のいい競技場なんです。中学三年の修学旅行で初めて行ったときの写真はいまも手元にありますし、筑波大学時代は一年生のときのジュニアオリンピックで二位、二年生のときは日本選手権大会で幸運にも六位入賞することができました。インカレも国立競技場でしたね。それに十二年前にマスターズの大会に出場し、五十歳代クラスの日本記録をだしたのも国立競技場でした。その国立競技場が解体された。六四年の東京オリンピック以来、私の青春時代に繋がる思い出の競技場でしたからね。残念のひと言です……」

コロナ禍のなか、年の瀬まで授業時数確保のために多くの生徒に接していた小山への直接取材は、残念ながら実現しなかった。しかし、私の取材意図を汲み、オリンピック教育の授業以外についてもメールで詳細に伝えてくれた。第一章では三十九歳で亡くなった走幅跳のオリンピアン山田宏臣についても書いたが、小山は生徒を引率して修学旅行で京都に行くたびに、八メートル超えに挑んだ山田が練習を繰り返した、知恩院の石段を見に生徒を連れて出向いている。

そのような小山は、五年前の二〇一六年に『体育で学校を変えたい』（創文企画）を上梓し、そのなかには保健体育の授業実践として「放射能汚染問題」についても言及している。福島出身の私としては頭が下がる想いでいっぱいだ。

二〇二〇年一月にトライアスロンのオリンピアン西内洋行に会い、師走にはオリンピック教育をする保健体育教員小山吉明の存在も知った。最後まで私なりに納得のいく取材ができたと思いたい。

二〇二一年、新たな令和三年を迎えた。一月一日、菅義偉首相は年頭所感でこう述べた。

「今年の夏、世界の団結の象徴となる東京オリンピック・パラリンピック競技大会を開催します。安全・安心な大会を実現すべく、しっかりと準備を進めてまいります」

この首相の所信表明演説と変わらぬ重みのない言葉。それに加えて「オリンピック憲章」を知らなかったのだろうか。東京オリンピック・パラリンピック大会組織委員会会長の元首相森喜朗の「女性蔑視発言」は、国内外から厳しい抗議や批判を浴び、困惑したＩＯＣもついに「完全に不適切な発言」と非難する始末だった。結果、八十三歳の会長森は辞任に追い込まれた。

オリンピックって何だろう？

最後にもう一度あえて強調したい。ハイチ共和国出身の父、日本人の母を持つ大坂なおみのピュアな言葉をしっかりと受け止めたい。

《スポーツには人々の心を繋ぎ、感動を与えるパワーがあります。しかし、いま私たちがしなければいけないことはスポーツを救うことではなく、世界中の人々が人種や国境の壁を超えて、数多くの命を救うのが一番大切なことです。それこそまさに〝オリンピック精神〟ではないでしょうか》

おわりに

八年前の二〇一三年九月、二〇年東京オリンピック・パラリンピック招致が決まった際には『大島鎌吉の東京オリンピック』、続いて二年前の夏には『中村裕　東京パラリンピックをつくった男』を出版。あまり世間には知られていなかった二人の存在を世に問うことができました。

そして、今回はコロナ禍のなか、あらためて「オリンピックって何だろう?」と考えつつ、私にとって「オリンピック三部作」となる『東京オリンピックへの鎮魂歌』を書きあげました。

振り返れば、スポーツを題材に本格的に取材を開始して四十余年。その間、多くのオリンピアン、さらに関係者に会い、彼女、彼らが語るオリンピックに真摯に耳を傾けてきたつもりです。しかし、一方で私は怒りを覚えました。政治主導で二〇年東京オリンピック・パラリンピックを招致し、国立競技場解体まで決めてしまったからです。

一九六四年の東京オリンピック。そのメイン会場となった国立競技場。青春の思い出が詰まった両者を、自分自身の視点で書くべきだ。そう考えたのは団塊の世代の私だけでしょうか。

二〇一九年の初夏。前作『中村裕　東京パラリンピックつくった男』を脱稿した際、版元ゆいぽおとの山本直子さんに直訴するように言ったのです。「次はどうしても東京オリンピックと、解体された国立競技場について書きたい」。対して山本さんは即座に応じました。「わかりました。タイトルは『東京オリンピックへの鎮魂歌』にしましょう」。その言葉に頷き、私は取材に拍車をかけた次第です。

最後になりましたが、取材に応じてくださった多くのみなさんに感謝すると同時に、敬称略の行為をお許しください。

また、出版を心待ちにされながらもお亡くなりになった人たちに合掌し、お礼を申し上げます。

ありがとうございます。

二〇二一年初春　　岡　邦行

《主な参考，引用文献》

岡邦行『大島鎌吉の東京オリンピック』（東海教育研究所、二〇一三）
岡邦行『南相馬少年野球団』（ビジネス社、二〇一三）
岡邦行『特別読物　五輪ヒーロー「30代の死」』（「週刊現代」、一九八四年九月八日号、取材協力山崎光夫・古川誠、講談社）
岡邦行『連載・スポーツ新職人賛歌』（月刊「体育科教育」、一九九八年四月号〜二〇二〇年一〇月号、大修館書店）
岡邦行『連載・スポーツおもしろ事件簿・五輪編』（月刊「ＢＵＬＬＤＯＧ」、一九九〇年三月号〜九二年十月号、ワールドフォトプレス社）
岡邦行『東京オリンピックと野球』（「野球太郎ｖｏｌ・７」、ナックルボールスタジアム、二〇一三）
岡邦行『マスクをしての１人野球』（「野球太郎ｖｏｌ・35」、ナックルボールスタジアム、二〇二〇）
大島鎌吉『世界のオリンピック』（偕成社、一九六九）
大島鎌吉・伴義孝『スポーツと人間』（関西大学体育ＯＢ会、一九八六）
カール・ディーム、大島鎌吉訳『スポーツの本質・その教え』（万有出版、一九五五）
カール・ディーム編、大島鎌吉訳『ピエール・ド・クベルタン　オリンピックの回想』（ベースボール・マガジン社、一九六二）
伴義孝・中島直矢『スポーツの人　大島鎌吉』（関西大学出版部、一九九三）
山田宏臣『スポーツ馬鹿　地獄へのジャンプ―「８ｍ」』（講談社、一九七四）
河西昌枝『お母さんの金メダル』（学習研究社、一九九二）
フォート・キシモト『東京オリンピック１９６４』（新潮社、二〇〇九）
野崎忠信『１９６４年東京オリンピック大会コレクションと資料』（私家版、二〇一七）
横内憲夫『国立競技場建設記』（日刊建設通信社、一九五八）
岸田日出刀『オリンピック大會と競技場』（丸善、一九三七）
伊藤公『オリンピックの本』（サイマル出版会、一九八六）
開高健『ずばり東京』（光文社、二〇〇七）

槇文彦『新国立競技場案を神宮外苑の歴史的文脈の中で考える』（月刊「ＪＩＡマガジン」二〇一三年八月号、日本建築家協会）
田中孝『物語・建設省営繕史の群像〈中〉』（日刊建設通信新社、一九八六）
磯達雄『建設趣味』（ＡＭＤ、二〇一二）
新建設社『新建築』（一九五八年六月号）
日本スポーツ振興センター『Ｓ７ＡＹＯＮＡＲＡ　国立競技場　56年の軌跡』（二〇一四）
井上斌・神山典士『勝負あり　猪熊功の光と陰』（河出書房新社、二〇〇三）
小山吉明『１９９８長野冬季オリンピックまるごとwatching』（私家版、一九九八）
小山吉明『体育で学校を変えたい』（創文企画、二〇一六）
鈴木幸子『１９３６年ベルリンオリンピック遠征記　澁谷壽光の足跡』（私家版、二〇〇四）
ＮＨＫスペシャル取材班『幻のオリンピック』（小学館、二〇二〇）
小出裕章『フクシマ事故と東京オリンピック』（径書房、二〇一九）
日本陸上競技連盟『第18回オリンピック大会陸上競技ハンドブック』（一九六四年十月九日）
日本体育協会『日本体育協会七十五年史』（一九八六）
日本体育協会『１９５６　ＯＬＹＭＰＩＣＤＡＹ』（一九五六）
樫田秀樹『オリンピックが断つ〝絆〟』（月刊「望星」、二〇一四年一月号〜二月号、東海教育研究所）
毎日新聞社『昭和スポーツ史　オリンピック80年』（一九七六）
朝日新聞社『朝日年鑑１９７５年版　世相50年史』（一九七五）
文藝春秋『Number85』（一九八三）
特殊法人国立競技場『国立競技場十年史』（一九六四）
『スポーツゴジラ』（スポーツネットワークジャパン、第二十五号、二〇一四）

＊以上のほか、新聞・雑誌などの「東京オリンピック、オリンピック」に関する記事、団体のホームページを検索。参考、引用しました。

岡　邦行（おか　くにゆき）

一九四九年、福島県南相馬市生まれ。ルポライター。法政大学社会学部卒業。出版社勤務を経てフリーに。一九九九年『野球に憑かれた男』（報知新聞社）で、第三回報知ドキュメント大賞を受賞。著書に『南相馬少年野球団』（ビジネス社）、『伊勢湾台風　水害前線の村』『中村裕　東京パラリンピックをつくった男』（ゆいぽおと）、『大島鎌吉の東京オリンピック』（東海教育研究所）などがある。

東京オリンピックへの鎮魂歌

２０２１年３月28日　初版第１刷　発行

著　者　岡　邦行

発行者　ゆいぽおと
〒４６１－０００１
名古屋市東区泉一丁目15－23
電話　０５２（９５５）８０４６
ファクシミリ　０５２（９５５）８０４７
http://www.yuiport.co.jp/

発行所　ＫＴＣ中央出版
〒１１１－００５１
東京都台東区蔵前二丁目14－14

印刷・製本　モリモト印刷株式会社

内容に関するお問い合わせ、ご注文などは、
すべて右記ゆいぽおとまでお願いします。
乱丁、落丁本はお取り替えいたします。

ISBN978-4-87758-493-1 C0095

装丁　三矢千穂

ゆいぽおとでは、
ふつうの人が暮らしのなかで、
少し立ち止まって考えてみたくなることを大切にします。
テーマとなるのは、たとえば、いのち、自然、こども、歴史など。
長く読み継いでいってほしいこと、
いま残さなければ時代の谷間に消えていってしまうことを、
本というかたちをとおして読者に伝えていきます。